21世纪经济管理类精品教材

（第3版）

新编统计学

罗洪群　　王青华／主　编
杨伊莱　　田义江／副主编

Statistics

清华大学出版社
北京

内 容 简 介

本书是根据教育部最新教材改革精神要求编写的一本实用型本科教材。

本书内容主要包括统计学的基本概念、统计数据的收集、统计数据的整理与展示、总量指标与相对指标、数据分布特征的描述、抽样估计、假设检验、相关与回归分析、时间序列分析和统计指数等，各章均配有典型案例和利用 Excel 进行有关计算分析的具体方法与输出结果解读。本书语言通俗流畅，注重启发学生思考，提高学生的实际动手能力。通过本书的学习，读者可以掌握统计学的基本知识和技能，并为进一步学好相关课程打下坚实的基础。

本书既可作为普通高等院校本科教学的统计学教材，也可作为在职人员的职业培训教材以及相关考试的参考用书。

图书在版编目（CIP）数据

新编统计学/罗洪群，王青华主编. —3 版. —北京：清华大学出版社，2018（2022.7重印）
（21 世纪经济管理类精品教材）
ISBN 978-7-302-49236-8

Ⅰ．①新…　Ⅱ．①罗…　②王…　Ⅲ．①统计学-高等学校-教材　Ⅳ．①C8

中国版本图书馆 CIP 数据核字（2017）第 331867 号

责任编辑：杜春杰
封面设计：康飞龙
版式设计：魏　远
责任校对：马子杰
责任印制：曹婉颖

出版发行：清华大学出版社
　　　　　网　　　址：http://www.tup.com.cn，http://www.wqbook.com
　　　　　地　　　址：北京清华大学学研大厦 A 座　　　邮　　　编：100084
　　　　　社 总 机：010-83470000　　　　　　　　　邮　　　购：010-62786544
　　　　　投稿与读者服务：010-62776969，c-service@tup.tsinghua.edu.cn
　　　　　质 量 反 馈：010-62772015，zhiliang@tup.tsinghua.edu.cn
印 装 者：三河市金元印装有限公司
经　　销：全国新华书店
开　　本：185mm×230mm　　　印　张：17.75　　　字　数：388 千字
版　　次：2009 年 2 月第 1 版　2018 年 1 月第 3 版　　印　次：2022 年 7 月第 10 次印刷
定　　价：55.00 元

产品编号：072710-03

第 3 版前言

本书是为高等院校经济类与管理类本科各专业开设的统计学课程编写的教材，也可作为在职人员统计方法与技能培训的教材或相关考试的参考用书。

本书系统地介绍了统计学的基本思想、基本方法及其应用，主要内容包括统计学的基本概念、统计数据的收集、统计数据的整理与展示、总量指标与相对指标、数据分布特征的描述、抽样估计、假设检验、相关与回归分析、时间序列分析、统计指数，以及 Excel 在统计中的应用等。学习本书，可以帮助读者掌握统计学的基本知识和技能，培养其应用统计方法分析与解决经济管理中实际问题的能力。

全书各章均包括学习目标、正文、案例思考与讨论、思考与练习等内容。学习目标简明扼要地对该章的教学内容提出了总体要求；案例思考与讨论给出了一些较为复杂或综合性的思考或计算分析问题，旨在增强学生运用统计知识和技能去分析和解决实际问题的能力；思考与练习给出了若干思考题及计算题，以加深读者对该章基本概念和基本理论的理解，帮助他们熟练掌握该章的基本统计方法和技能的运用。

本书第 3 版继续保留了第 1 版和第 2 版中"重统计思想，轻数理推导"、注重培养学生的岗位职业能力和综合素质、强调实用性等特点，并在第 2 版的基础上进行了适当的修订、补充和完善。

首先，本书修订中采用了最新的实际统计数据，紧密联系实际。

其次，为了让读者真正能够学以致用，进一步了解统计理论和方法是怎样应用于实践的，本书在每章后继续保留案例思考与讨论，收集或改编了最新的、具有实用价值的典型案例，并附有案例分析要求和要点提示。

最后，本书每章最后一节中仍结合具体实例介绍如何利用 Excel 来实现该章有关的计算和图表制作。本书仍然选择 Excel 进行介绍，是因为它能够与 Windows 操作系统以及 Office 中的其他软件良好结合，而且功能强大、简单易学，是目前实际工作中最为普及的应用软件之一。本书在第 2 版的基础上，增加了 Excel 最新版本的有关操作运用的介绍，以使学生能够熟练运用最新版本的工具。

本书由具有几十年教学经验的几所高校统计学教授集体讨论编写而成。具体分工是：罗洪群（西南石油大学），负责拟定编写大纲及全书的修改和审定，并编写第一章、第五章、第八章；王青华（西南财经大学），负责编写各章中 Excel 应用的有关内容、案例分析及各章案例分析要点提示,并负责第七章的编写及全书的审定;杨伊莱(四川师范大学),负责第九章、第十章的编写;田义江(成都工业学院),负责第三章、第六章的编写;严澍(四川师范大学),负责第二章、第四章的编写。由于水平有限,本书难免存在疏忽与不妥之处,敬请同行专家及读者多提意见和建议,以便进一步修改提高。

编　　者

2017 年 9 月

目　　录

第一章 总 论

学习目标

- 了解统计的含义及统计实践和统计学的产生和发展过程。
- 熟悉统计学的研究对象和统计研究的基本方法。
- 理解统计学的基本概念。
- 了解 Excel 在统计分析中的主要功能及其使用方法。

第一节 统计的产生和发展

一、统计的含义

在日常生活中经常会接触到"统计"这一术语。"统计"一词由来已久,其英文表示为 Statistics,最早出自拉丁语 Status(状态),是指各种现象的状态和状况。汉语中"统计"原为合计或汇总计算的意思。在东汉时期称统计为通计,在南北朝时期称统计为总计,至清乾隆十二年(公元 1747 年),开始使用"统计"一词。

现代"统计"一词有三种含义,即统计工作、统计资料和统计学。

统计工作即统计实践活动,是指运用科学的方法,按照预先设计的要求,对社会现象的数量方面进行收集、整理和分析的工作过程的总称。社会经济统计则是指对社会经济现象的数量方面进行收集、整理和分析的工作过程的总称。一个完整的统计工作过程包含了统计设计、统计调查、统计资料整理和统计分析等几个阶段。

统计资料是在统计工作过程中取得的各项数字资料及与之有联系的其他资料的总称。统计资料是统计工作各阶段的成果,既包括统计调查收集的原始资料,也包括经过加工整理、分析研究从而形成的综合统计资料,如综合统计报表、统计汇编、统计年鉴、统计公报及统计分析报告。准确、可靠的统计资料是宏观经济决策和微观经济管理中分析、研究社会经济现象不可缺少的重要依据。

统计学是关于认识客观现象总体数量特征和数量关系的科学。它是从统计实践中概括、提炼、总结出来的,系统地论述统计理论和方法的科学。统计学按照研究领域和研究重点的不同可以分为许多分支。研究统计的一般理论和方法的科学称为理论统计学，理论统计学一般可分为描述统计学和推断统计学两大类。而研究特定领域的统计理论和方法的科学称为应用统计学，如国民经济统计学、人口统计学、卫生统计学、工业统计学和地质统计学等。社会经济统计学则是关于社会经济现象数量方面的收集、整理、分析的原理、原则和方式方法的科学，按其性质划分，它属于应用统计学。

统计的三种含义之间存在着密切的联系。

统计学与统计工作的关系是理论与实践的关系。一方面，统计工作是形成统计学的基础。统计理论是统计工作经验的总结，只有当统计工作实践发展到一定阶段时，才能形成独立的统计科学。统计实践的发展，又不断地丰富并推进着统计科学理论的发展。另一方面，统计工作的发展又需要统计理论的指导，统计科学研究大大促进了统计实践工作水平的提高，统计工作的现代化与统计科学的进步是分不开的。

统计工作和统计资料的关系是统计活动与统计成果的关系。一方面，统计资料的需求支配着统计工作的设计；另一方面，统计工作的质量高低又直接影响着统计资料的数量和质量。统计工作的现代化关系到向社会提供丰富的资料和信息、提高决策可靠性和工作效率的重要问题。

本书主要介绍的是统计学的基本理论和方法，并且侧重于介绍这些理论和方法在社会经济领域中的应用，但实质上大部分知识是可以通用于各个领域的，如数据分布特征描述、时间序列分析、抽样估计和相关与回归分析等。

二、统计实践的产生与发展

统计的起源很早，统计的实践活动已经存在了几千年。一般的计数活动早在原始社会时期就已存在，主要表现在人们对仅有的剩余劳动成果或其劳动对象加以清点与度量。逐渐地，有了结绳记事、绘图记事等统计计量的方法。

在奴隶社会，由于国家在赋税、徭役、征兵及治水等方面的需要，就开始了人口、土地等基本国情的登记和计算工作。据《书经·禹贡篇》记载，我国在 4 000 多年前的夏朝（公元前 22 世纪），全国人口总数为 13 553 923 人，当时我国的基本土地情况是拥有土地24 328 024 顷，并根据山川土质、人口物产及贡赋多寡，将全国分为九州。由此可见我国人口统计历史的久远。我国这些人口、土地等统计，被西方经济学家推崇为"统计学最早的萌芽"。西周建立了较为系统的统计报告制度，统计作为治理国家的重要手段已经被人们认识。而在地中海沿岸，统计活动也有悠久的历史。公元前 27 世纪，埃及为了建造金字塔和大型农业灌溉系统，曾进行过全国人口和财产调查。公元前 15 世纪，罗马帝国规定每 5年进行一次人口、土地、牲畜和家奴的调查，并以财产总额作为划分贫富等级和征丁课税的依据。

在中国封建社会，统计实践已初具规模，户籍统计和田亩统计等都有很大的发展，其制度、方法和组织都居于当时世界先进水平。例如，战国各封建领域的人口数字；秦统一六国后，为了国防和财政的需要，进行了户口、土地、物产和赋税统计，有了地方田亩和户口国籍统计资料；唐代计口授田的统计计算；宋明时期采用鱼鳞册的比较完整的土地调查登记方法。清光绪三十年（1904 年）已正式设立统计机构——宪政编查馆统计局，这是我国第一个以统计命名的全国性统计领导机构，进行关于国情、国力的统计。当然，由于在资本主义社会前期，生产力水平较低，商品经济尚不发达，统计只在有限的范围内（如人口、土地、财产和税收等方面）对国情、国力进行一些简单的登记和计算，发展缓慢。

随着资本主义社会制度的出现和迅速发展，社会分工日益具体，社会生产力和商品经济得到高度发展，国内外竞争日趋激烈，社会生活日趋复杂。为了满足管理国家以及对内对外进行资本主义掠夺和扩张的需要，许多国家对有关的经济活动进行了广泛的统计。欧洲各国政府相继建立了独立的统计机构，为统计的发展提供了客观条件。定期或不定期地举行人口、工业、农业、贸易和交通等各项调查，出版统计刊物，使统计工作成为社会专业性活动。除了人口、税收、土地等传统内容外，商业、航运、外贸和工业等领域统计数字的记录和传播也空前活跃，使统计工作开始从国家管理领域扩展到社会经济活动的多个领域，成为经营决策和生产管理的重要手段。在 19 世纪上半叶，欧洲出现了所谓的"统计的狂热时代"：工业、农业、商业、交通、邮电、海关、银行、保险乃至于人口、社会各方面都逐步形成专业的统计；建立了人口、工业、农业普查制度；各国先后成立了统计学会，大大促进了统计事业的发展，积累了大量的统计资料。

20 世纪 50 年代以后，随着电子计算机技术的发展和各种统计分析软件的应用，使统计数据的汇总整理、计算分析、发布、传输和储存管理都发生了革命性的变化，统计活动的开展更加方便、快捷，统计的应用几乎无所不在。

新中国建立以来，我国统计工作经历了曲折的发展过程。第一个时期是"文革"以前的 17 年（1949—1966），这是新中国统计工作建立、健全和发展的时期。第二个时期是"文革"时期，统计工作遭到严重的破坏。第三个时期是统计工作恢复和重新发展的时期。在这一期间，全面恢复了统计机构，建立和健全了从中央到地方的统计组织；调整了统计指标，产生了一系列从多角度、多侧面反映我国社会主义经济建设的统计指标体系；颁布了多项法律法规。1984 年 1 月 1 日颁布了《中华人民共和国统计法》（以下简称《统计法》）；1987 年 2 月国家统计局发布了《中华人民共和国统计法实施条例》，对我国《统计法》的基本内容作了具体的规定；1996 年 5 月在第八届全国人民代表大会常务委员会第十九次会议上审议通过了《关于修改〈中华人民共和国统计法〉的决定》，2009 年 6 月 27 日第十一届全国人民代表大会常务委员会第九次会议修订自 2010 年 1 月 1 日起施行。新的《统计法》的颁布实行，更标志着我国统计法制建设取得了突破性的进展，大力推进了统计现代化建设，灵活应用多种调查方法，广泛开展统计工作和统计理论的国际交流，使我国的统计工作逐步与国际统计接轨。

三、统计学的产生与发展

随着统计实践活动的产生和发展，人们对统计工作实践经验不断进行总结和概括，进而形成了指导统计实践的统计科学。在统计科学的发展史上，从 17 世纪到 19 世纪中叶，形成了各种不同的统计学派。统计学的产生与这些统计学派的理论和研究成果密切相关。

（一）国势学派

国势学派是 17 世纪中叶产生于德国的统计学派，是最早的流派之一。其创始人是德国赫姆斯特（Helmstadt）大学教授海尔曼·康令（H. Conring，1605—1681），主要继承人是德国哥廷根（Gottingen）大学教授哥特弗里德·阿亨华尔（G. Achenwall，1719—1772）。该学派认为统计学是研究一个或几个国家的显著事项的学问，即"关于国家组织、人口、军队、领土、财产、地面和地下资源等事实的学问"；其研究对象是有关国家富强的重大事项，包括地理、政治、经济、法律等；研究方法是对各国情况进行比较，以文字记述为主，记述国情、国力的情况。阿亨华尔在 1749 年出版的《近代欧洲各国国势学论》中首创了一个新的德文词语——Statistik，即"统计学"。统一了统计学的称谓是该学派的主要贡献。但这一学派主要使用文字记述的方法而很少用数字手段进行研究，可谓有统计学之名，而无统计学之实。

（二）政治算术学派

政治算术学派是 17 世纪中叶在英国兴起的统计学派，其创始人是威廉·配弟（William Petty，1623—1687）和约翰·格朗特（John Graunt，1620—1674）。约翰·格朗特在《关于死亡表的自然与政治的观察》（1662 年）一书中，运用数量对比的方法对伦敦人口的有关重要指标进行了分析，发现了其中的数量规律性，成为政治算术学派的先驱之一。威廉·配弟在他的代表作《政治算术》（*Political Arithmetic*）（1676 年）一书中，把政治算术看作是"对于人口、土地、资本、产业的真实情况的认识方法"。该学派认为统计研究的目的是揭示以数量表现的社会经济现象的规律性，为制定政策提供依据；研究对象是社会经济现象，包括人口、资本、土地、军事等；研究方法采用以数字、重量、尺度表现和比较的方法，对社会经济现象进行比较和推算。威廉·配弟首创的数量对比分析方法为统计学的创立奠定了方法论基础，在典型调查、统计分组法、统计平均数、相对数、统计推算、国民收入估计和统计分析报告等方面做出了重大贡献。但该学派一直没有采用"统计学"这一名称，可谓有统计学之实，而无统计学之名。直到 1850 年，德国学者克尼斯（A. Knies，1821—1898）在其《独立科学的统计学》中，提出把"统计学"作为政治算术的科学命名，才结束了这种名实不符的局面。

（三）数理统计学派

19 世纪中期，产生了主张以数理方法去研究社会经济现象和自然现象的数理统计学派，该学派的先驱是比利时科学家阿道夫·凯特勒（A. Quetelet，1796—1874），他首次把概率论应用于社会经济统计，对法国、英国和比利时的犯罪统计资料进行了研究，从中发现了某些社会现象的规律性，使统计方法的发展得到了质的飞跃，为统计的数量分析奠定了数理基础。伯努利（Jakob Bernoulli，1654—1705）的大数定理、莫阿弗尔（Abraham de Moivre，1667—1754）的中心极限定理、贝叶斯（Thomas Bayes，1702—1761）的主观概率、高斯（Carl Friedrich Gauss，1777—1855）的误差理论等又丰富和完善了数理统计理论。英国统计学家葛尔登（F. Galton，1822—1921）首先提出了生物统计学，皮尔逊（K. Pearson，1857—1936）将生物统计一般化进而发展成为描述统计学，埃奇沃思（F. Y. Edgeworth，1845—1926）、鲍莱（A. L. Bowley，1869—1957）则侧重于描述统计在社会经济领域中的应用和方法的研究，费歇尔（R. A. Fisher，1880—1962）则创立了推断统计学。20 世纪 50 年代，又出现了贝叶斯统计学，将统计推断运用于决策问题。数理统计逐渐形成一个完整的学科体系。1867 年在名为《关于数理统计学及其在政治经济学和保险学中的应用》的论文中，威特斯坦（T. Wittstein）首次提出了"数理统计学"这个术语，随即成为该学科和学派的正式名称。

（四）社会统计学派

19 世纪后半叶，正是数理统计学派突飞猛进的发展之时，德国出现了社会统计学派。社会统计学派也是统计学历史上比较有影响的学派之一，其主要的代表人物是德国学者恩格尔（L. E. Engel，1821—1896）、克尼斯（A. Knies，1821—1898）、梅尔（C. G. V. Mayer，1841—1925）等。从学术渊源上看，社会统计学派实际上融汇了国势学派和政治算术学派的观点，又继承和发扬了凯特勒强调的研究社会现象的传统，并把政府统计与社会调查结合进来，进而形成了自己的观点。该学派认为统计学是一门社会科学，因而研究目的在于查明社会生活中的规律性；研究对象是社会现象，以现象的数量为主，此外还包括政治、经济、道德、文化等；研究方法是大量观察法，并强调全面调查；同时，强调把作为一门应用数学的数理统计学的某些分析方法引进社会统计学中。

以上这些统计学派构成了统计学历史上的主流学派，其不同观点中的科学内容构成了统计学的基础。统计学正是对上述统计学派的观点进行归纳、提炼和总结的结果，是它们的精华部分。

第二节　统计学的研究对象和方法

一、统计学的研究对象

统计学的研究对象是现象总体的数量特征和数量关系，通过这些数量方面来反映现象变动的规律性。统计学研究对象具有以下特点。

（一）数量性

统计学研究的是现象的数量方面，通过对数量特征和数量关系的研究来揭示现象的本质和发展规律。现象的数量方面具体指它的规模、水平、结构、比例关系和速度等。统计认识过程也就是对客观事物量化和深化的过程。首先，统计在对客观事物定性认识的基础上，确定与事物性质适应的量，并表现为一定的数，再通过实验或调查取得实际的数据，使定性的认识数量化、具体化，最后对大量数据加以综合分析和对比研究，达到认识事物变动量的类型、量的顺序、量的大小和量的关系的目的。

（二）总体性

统计研究社会现象的数量方面，是从总体的角度来认识现象的数量特征的。如果要研究我国国民经济态势，就要研究我国所有部门、地区或所有经济活动单位组成的总体的发展变化情况；若研究某企业职工的基本情况，就要研究该企业所有职工组成的总体的基本特征。统计研究的是总体综合的数量特征，而不是个别事物的数量特征。因而，统计具有总体性特点。

要形成对总体数量特征的认识，必然以个体事物量的认识为起点。统计在认识现象时，需要通过对组成其总体的个别事物的量的认识来达到对总体的认识，例如，为研究全国人口数量、性别构成、出生率（死亡率）等方面的情况，首先必须对每一个人进行调查研究，收集与研究总体数量相应的资料，汇总整理后形成对现象总体量的认识。认识总体的数量特征是目的，而调查研究个体是起点。

（三）具体性

统计学研究的是具体事物的数量方面，即研究社会现象在一定时间、地点、条件下的数量表现，而不研究抽象的数量，故它具有具体性的特点。这是统计学和数学的一个重要区别。数学也是以数量作为其研究对象的，但它在研究客观世界的空间形式和数量关系时，具有高度的抽象性，可以撇开所研究客体的具体内容。而统计在研究现象的数量方面时，则必须紧密联系被研究现象的具体内容，联系其质的特征。

二、统计研究的基本方法

在调查、整理、分析的各个阶段，统计运用各种专门方法对现象进行分析研究。其最基本的研究方法有大量观察法、统计分组法、综合指标法、归纳推断法和统计模型法等。

（一）大量观察法

大量观察法是指统计研究客观现象和过程，要从总体上进行考察，对总体中的全部单位或足够多的单位进行调查并加以综合研究的方法。统计研究运用大量观察法是由社会经济现象的大量性和复杂性所决定的。复杂的社会经济现象是在诸多因素的错综作用下形成的，各单位的数量特征有很大差别，不能仅取少数单位或任意抽取个别单位进行观察，必须从总体出发，收集大量调查单位的材料，才能从中认识社会经济现象的规律性。

（二）统计分组法

统计分组法是指根据统计研究的任务和现象本身的性质特点，按照某种标志将总体区分为若干组成部分的一种统计方法。例如，将人口按性别分组、职工按职业分组、学生按成绩分组、企业按经济类型分组、公司按经营收入分组等。

现象总体是由某一方面具有同质性的许多单位组成的群体，但由于在其他方面总体单位之间具有一定的差别，因此有必要进行统计分组。统计分组法是研究社会经济现象总体内部差异的重要方法，通过分组可以研究总体中不同类型的性质，如工业企业按所有制不同划分、按轻重工业划分等，都说明了经济类型的不同特点；通过分组可以研究国民经济的生产力布局和产业结构问题，如国内生产总值在第一产业、第二产业和第三产业的总值和比重资料能够较为清楚地表明国内生产总值在三类产业间的分布情况；通过分组还可以研究总体中现象之间的依存关系，如劳动者的收入和劳动生产率之间的关系、商业企业的销售额与流通费用率之间的关系等。统计分组法在统计研究中的应用非常广泛。

（三）综合指标法

综合指标是指综合反映社会经济现象总体数量特征和数量关系的指标。常用的综合指标有总量指标、相对指标、平均指标等。综合指标法是指运用各种统计综合指标对社会经济现象的数量方面进行综合、概括的分析方法。通过对大量的原始数据进行汇总整理，计算出各种综合指标，可以反映出现象在具体时间、地点、条件下的总体规模、相对水平、平均水平和差异程度，概括地描述总体的综合数量特征及其变动趋势。

综合指标法和统计分组法之间存在着密切的关系。统计分组如果没有相应的统计指标来反映现象的规模水平，就不能揭示现象总体的数量特征，而综合指标如果不进行科学的统计分组，就无法划分事物变化的数量界限，就会掩盖现象的矛盾，成为笼统的指标。所以，在研究社会经济现象的数量关系时，必须科学地进行分组，合理地设置统计指标，指标体系和分组体系应该相适应。一般应把统计分组和综合指标结合起来进行应用。

（四）归纳推断法

归纳推断法是指对所获得的大量观察资料，通过观察各单位的特征，归纳推断总体特征的方法。一般以一定的置信度要求，采用归纳推理方法，根据样本数据来推断总体数量特征。这是从个别到一般，由具体事实到抽象概括的推理方法。归纳推断法可用于总体数量特征的估计，也可用于对总体的某些假设进行检验，在统计研究中有广泛的用途，是现代统计学的基本方法之一。

（五）统计模型法

统计模型法是根据一定的经济理论和假定条件，用数学方法模拟客观经济现象相互关系的一种研究方法。利用这种方法可以对社会经济现象和过程中表现出来的数量关系进行比较完整和近似的描述，从中将客观现象的其他复杂关系影响加以抽象和抵消，以便于利用数学模型对社会经济现象的变化进行数量上的模拟和预测。如长期趋势分析、相关回归分析、统计预测等。

统计模型法一般必须包含三个方面的构成要素，即社会经济变量、基本数学关系式和模型参数。在进行实际计算与分析时，一般将总体中一组相互联系的统计指标作为社会经济变量，其中有些变量会被描述为其他变量的函数，可称为因变量，而它们所依存的其他变量则称为自变量。往往要用一个或一组数学方程式来表示现象的基本关系式，该数学方程可以是直线的，也可以是曲线的；可以是二维的，也可以是多维的。

第三节　统计学中的几对基本概念

一、统计总体与总体单位

统计总体简称总体，是指根据一定的目的和要求所确定的研究对象的全体。它是由客观存在的某些性质相同的许多个别事物组成的整体。总体单位是构成统计总体的基本单位。例如，要研究全国钢铁企业的生产经营情况，则全国的钢铁企业就是总体，每个钢铁企业就是总体单位。

各总体单位在某一方面的同质性（共同性）是形成统计总体的必要条件，同时也是总体的一个重要特征。例如，上例中每一个钢铁企业间存在诸多不同的特征，但它们都是"我国的钢铁企业"，在这一点上是相同的，即具有相同性质。但总体的同质性不要求总体单位在各个方面都具有共同性，而只是当统计研究目的确定后，总体所构成的各总体单位在某一点上或某些方面应具有共同性。如上例，研究钢铁企业的发展，只要是钢铁企业就应该包括在该总体内，而不考虑它是国有的还是私营的。但如果目的是研究私营经济的发展，则只要是个体经济就包含在该总体之中，并不考虑其行业的归属。

一个统计总体所包含的总体单位的数量有时是无法计量的，如宇宙中星球的个数，这样的总体称为无限总体；有时是可以计量的，如一个国家或地区的人口总数，这样的总体称为有限总体。社会经济现象一般都是有限总体。显然对无限总体不能采用全面调查的方法，而对有限总体则既可以用全面调查的方法，也可以用非全面调查的方法。当然，即使是有限总体也应该根据现实需要和可能来确定统计调查方法，只要是调查单位足够多就符合大量性的要求了。

随着统计研究的目的和任务的不同，构成统计总体的总体单位也不尽相同。总体单位可以是人（如一个职工），可以是物（如一台设备），也可以是企事业单位（如一个公司），还可以是一个事件、状况、长度、时间等。

统计总体和总体单位的确定是由统计研究的目的和任务决定的。因此，总体和总体单位不是一成不变的，当统计研究的目的和任务发生变化时，总体和总体单位必将随之发生变化。

二、统计标志与标志表现

统计标志简称标志,是说明总体单位属性或特征的名称。如学生的身高、体重、性别,企业的收入、规模、经济性质等。每个总体单位从不同角度去观察,都具有许多特征,如将每位职工作为总体单位,他们都具有性别、文化程度、民族、职业、年龄、工龄和工资收入等特征。将每个企业作为总体单位,都具有所属行业、职工人数、占地面积、生产能力、经营收入、上缴税金、成本和利润等特征。

统计标志按其性质不同可分为品质标志和数量标志。品质标志是说明总体单位属性特征的名称,一般用文字表现,如人口的性别、民族、文化程度,企业的经济类型、行业、地址等;数量标志是说明总体单位数量特征的名称,一般用数值表现,如人口的年龄、学生的学习成绩、企业的利润和产量等。

标志表现是标志特征在各总体单位的具体表现,如某学生的某门课程考试成绩是 80 分,某单位的经济性质是股份制企业等。任何一项统计工作,首先要掌握的是现象总体的各个总体单位在特定的时间、地点、条件下实际发生的情况。因此,标志的具体表现便是统计最为关心的问题。如果说标志就是统计所要调查的项目,那么,标志表现则是调查所得到的结果。

三、统计指标和指标体系

(一)统计指标

1. 统计指标的概念

统计指标简称指标,是综合反映总体数量特征的范畴和数值的总称。一个完整的统计指标包括指标名称、指标数值、空间范围、时间和计量单位等构成因素。如"2010 年年末我国总人口为 133 972 万人"就是一个完整的统计指标。在统计设计阶段,统计指标是说明总体现象的数量特征的名称。例如,"全国的国内生产总值",它不含数值,只有名称,因为其指标数值尚待统计,但设计统计指标最终都是为了取得相应的指标数值。

统计指标是统计中常用的重要概念。无论是统计研究,还是统计实践活动,自始至终都离不开统计指标,统计活动过程也就是统计指标的设计、数据形成和应用的过程。统计指标虽然依照客观实际具有不同类型,但其共同作用表现为:从认识的角度,统计指标是以具体数值来反映社会经济现象的数量特征、变化规律及数量关系;从社会管理和科学研究的角度,统计指标是制定政策、管理国民经济、进行科学研究的事实依据。

2. 统计指标的特点

(1)可量性。所谓可量性是指客观存在的现象的大小、多少可以实际进行计量。统计指标是离不开数量的,凡是不能直接表现为数量的,都不能称之为统计指标。可量性是社会经济现象的范畴转化为指标的前提，只有那种在性质上属于同类，而在数量上又可量的大量社会经济现象，才能成为统计指标反映和研究的对象。

（2）综合性。统计指标是大量个别单位标志表现的综合结果。例如，以某城市商业企业为统计总体，统计其企业数、经营收入、上缴税金、职工平均工资收入等指标。通过统计调查，进而通过汇总综合得出这些指标，从这些指标所反映的情况看不到企业规模的差异，职工们劳动效率和工资水平的差异也被忽略了，这些指标显示的是该城市商业企业的整体情况和职工们的一般收入水平。可见，统计指标的形成必然经过从个别到整体的过程。通过个别单位数量差异的抽象化，来体现总体各单位的综合数量特征。

3．统计指标的分类

统计指标按其反映总体内容的不同可分为数量指标和质量指标。数量指标是反映社会经济现象总规模水平和工作总量的统计指标，一般用绝对数表示，如职工人数、工业总产值和工资总额等；质量指标是反映总体相对水平或工作质量的统计指标，一般用相对数或平均数表示，如计划完成程度、平均工资等。

由于统计指标反映的是一定社会经济范畴的内容，因此，统计指标的确定，一方面必须和经济学理论对范畴所作的一般概括相符合，要以经济理论为指导，设置科学的统计指标；另一方面，统计指标又必须是对社会经济范畴的进一步具体化，才能确切地反映社会经济现象的数量关系。例如，政治经济学对劳动生产率这个经济范畴作了一般的概括说明，即劳动生产率是表明单位劳动时间所创造的使用价值。但当劳动生产率作为一个统计指标时，就必须明确规定其劳动时间是指企业生产工人的劳动时间还是企业全体职工的劳动时间，即确定是工人劳动生产率还是全员劳动生产率。

4．指标和标志的区别与联系

指标和标志的区别有以下两方面。

（1）指标是说明总体特征的，标志是说明总体单位特征的。

（2）所有指标都必须用数值表示，而标志有不能用数值表示的品质标志和能用数值表示的数量标志两种。

指标和标志的联系有以下两方面。

（1）许多统计指标的数值都是从总体单位的标志值汇总得到的。

（2）指标和标志的确定也不是一成不变的，当总体和总体单位随研究目的发生变化时，指标和标志也必然随之发生相应的变化。

例如，以某企业的全部职工为研究对象，该企业职工工资总额、女职工比重两个指标分别是由该企业每个职工的工资额、性别两个标志的具体表现汇总而得的。若以全国工业企业为研究对象，则每个企业的职工工资总额、女职工比重又都属于标志。

（二）统计指标体系

某一单个指标只能反映总体某一个特定的数量特征，要反映客观现象各方面的数量特征，则需将一系列有联系的统计指标有机地结合起来进行分析研究，这就需要设置统计指标体系。

统计指标体系是由一系列相互联系的统计指标所构成的整体，它从相互依存和相互制约的多个方面来反映所研究现象的数量特征。例如，为了全面反映工业企业生产经营的全貌，有必要设置产量、收入、成本、税金、产品品种与质量、职工人数、职工工资、劳动生产率、原材料、设备和资金等指标组成的工业企业统计指标体系。再如，为了完整反映我国人口的有关情况，为党政领导制定政策、经济决策提供理论依据，就有必要设置全国人口总数，按性别、民族、年龄、地区等划分的人口数及其比重，以及人口的平均年龄等人口统计指标体系。

一般来说，社会经济统计指标体系分为两大类，即基本统计指标体系和专题统计指标体系。基本统计指标体系一般又可分为三个层次：最高层是反映整个国民经济和社会发展的统计指标体系；中间层是各部门和各地区的统计指标体系；最基层是各企业和事业单位的统计指标体系。专题统计指标体系是针对某一社会经济现象而制定的统计指标体系，如经济效益指标体系、人民物质文化生活水平指标体系、商品价格指标体系和财政金融统计指标体系等。

国民经济和社会发展的统计指标体系是最主要的指标体系，以它为中心组成了一个既有分工又有联系的统计指标体系系统。在对社会经济现象进行了解、研究、评价和判断时，要使用配套的、口径和范围一致的、互相衔接的统计指标体系。

四、变异和变量

（一）变异

变异是指标志在总体各单位具体表现上的差异。如人的性别表现为男、女，年龄表现为 19 岁、20 岁等，前者体现为质的差异，后者体现为量的差异。变异是统计研究的前提，没有变异就没有统计。

（二）变量

变量是指可变的数量标志。变量的具体取值称为变量值，是对客观现象进行观测与统计分析的结果。如各职工工资存在差异，则职工的工资是一个变量，各职工工资为 3 000 元、4 000 元等，这是职工工资这个变量的具体表现，即变量值。

变量按其变量值是否连续可分为离散型变量和连续型变量。离散型变量是指可以按一定顺序一一列举其整数变量值，且两个相邻整数变量值之间不可能存在其他数值的变量。例如，企业数、设备数、学生人数等都是离散型变量。连续型变量是指其变量值不能一一列举，相邻整数变量值之间存在无限多个变量值的变量，如职工的身高、工资等。

第四节　用 Excel 进行统计分析

在统计工作中需要对各种数据进行制表、绘图、分组整理、分析和管理等。在计算机普及时代，烦琐的数据处理工作离不开先进、实用的数据处理软件。在众多的数据处理软件中，由于 Excel 能够与 Windows 操作系统以及 Office 中的其他软件良好结合，而且普及面广、使用简便、功能强大、能够满足一般统计分析的需要，所以本教材选择 Excel 来进行统计分析。

利用 Excel 进行统计分析主要是利用 Excel 中的统计函数、数据分析工具和图表。本节先对 Excel 的这几种统计功能作一个简单的概述，在后面各章中还将会结合各章例题分别介绍怎样使用这些功能进行各种统计分析。

一、统计函数

Excel 内置的函数中有很多可用于统计，其中常用的统计函数有：AVEDEV（平均差）、AVERAGE（算术平均值）、CONFIDENCE（总体平均值的置信区间）、CORREL（相关系数）、COVAR（协方差）、GEOMEAN（几何平均值）、HARMEAN（调和平均值）、KURT（峰度）、MEDIAN（中位数）、MODE（众数）、NORMDIST（正态分布的概率值）、NORMINV（正态分布的累积函数的逆函数）、NORMSDIST（标准正态分布的概率值）、NORMSINV（标准正态分布累积函数的逆函数）、SKEW（偏度）、STANDARDIZE（正态化数值）、STDEV（样本的标准差）、STDEVP（总体的标准差）、VAR（样本方差）、VARP（总体方差）和 ZTEST（Z 检验的双尾 P 值）等。

使用函数功能最直观的方式是单击编辑栏的 fx 按钮，弹出"插入函数"对话框，如图 1-1 所示。在"插入函数"对话框中的"或选择类别"框中选定函数类型"统计"，在下面的"选择函数"列表中选择所需的函数，单击"确定"按钮，弹出"函数参数"对话框，在对话框中再按提示输入数据区域和相关参数即可。图 1-2 就是利用 AVERAGE 函数计算 A1～A10 单元格这 10 个数据的算术平均值的对话框，单击对话框中的"确定"按钮，计算结果"5.5"就将显示在预先选定的输出单元格 A11 中。

使用函数功能的另一种方式，是在公式编辑栏中按 Excel 的规定输入函数名和有关参数的数值或所在区域，其大致形式为"=函数名(参数 1,参数 2, …)"。不同的函数需指定不同的参数。图 1-2 中的计算可用"=AVERAGE(A1:A10)"来完成。

函数实际上就是一些预定义的计算公式。在统计数据处理中，通常需要自己输入一些公式来完成计算。使用公式不仅可以由现有数据得到计算结果，便于检查和修改，而且通过公式的复制功能可大大提高同类计算的工作效率，还具有随数据源的更新而自动更新计算结果的功能。Excel 中的所有公式都以等号（=）开头。公式可以包括数字、数学运算符、单元格引用和函数命令。

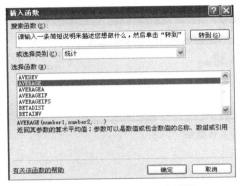

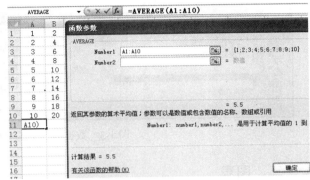

图 1-1　"插入函数"对话框　　　　　　　　　　图 1-2　"函数参数"对话框

　　公式复制是 Excel 数据成批计算的重要操作方法，它可以使用自动填充功能来实现，也可以用"复制"和"粘贴"命令来实现。在复制公式时，须注意单元格引用的方式是绝对引用和相对引用。绝对引用的单元格地址的行号和列标前带有"$"符号，无论将公式复制和剪切到哪里，该单元格都固定不变。相对引用不加"$"符号，将公式复制和剪切到别处时，公式中所引用的一个单元格地址也会随之变动。例如，图 1-2 中的在单元格 B1 中输入"=A1*2"，确定后将鼠标放到单元格 B1 右下角，按住鼠标向下拖拽至 B10，即可将 B1 的计算公式复制到 B2～B10，并且得到相应的计算结果；将单元格 A11 的公式复制到 B11，即可得到 B1～B10 的算术平均数。

　　如果仅需要将公式的计算结果复制到目标区域，并不想复制公式本身，则在粘贴时应使用"选择性粘贴"命令，即右击目标区域，选择"选择性粘贴"命令，在其对话框中选择"数值"或"值与数字格式"选项，再单击"确定"按钮即可。

二、数据分析工具

　　Excel 提供了一组可直接使用的数据分析工具，称为"分析工具库"，为统计分析提供极大的方便。使用这些工具的方法是：在 Excel 2007 或 Excel 2010 中选择"数据"→"数据分析"命令；在弹出的"数据分析"对话框中选择所需的分析工具，如图 1-3 所示；在所选工具的对话框中填写必要的数据或参数的信息后单击"确定"按钮，即可得到所需的输出结果（表格或图表形式）。各种分析工具的使用方法将在后面章节中具体说明。

　　如果菜单栏中没有出现"数据分析"命令，则应先执行"加载宏"命令。在 Excel 2007 工作表中，单击文档左上角的 Office 按钮，在菜单中单击其下端的"Excel 选项"按钮（在

Excel 2010 工作表中，选择菜单栏的"文件"→"选项"命令），在打开的"Excel 选项"对话框中选择"加载项"选项中的"分析工具库"，单击下方的"转到"按钮，在弹出的"可用加载宏"对话框中选择"分析工具库"后单击"确定"按钮即可。

 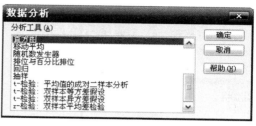

图 1-3　数据分析中的分析工具菜单

三、图表

Excel 具有强大而灵活的图表功能，使枯燥乏味的数据形象化。利用 Excel 的图表向导可以轻松地创建图表。

Excel 2007 或 Excel 2010 的图表共有 11 种标准图表类型、170 多种常用子图表。单击"插入"，工具栏显示出常用图表类型，单击"其他图表"，即可查看所有图表类型及其子图形，如图 1-4 所示。

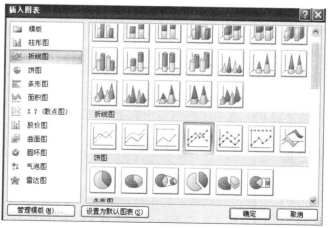

图 1-4　Excel 2007 的统计图表类型

选定图表类型后单击"下一步"按钮，弹出"图表数据源"对话框，在"数据区"选项卡中输入数据所在区域。每一行（或一列）数据作为一个系列，如果有多个系列，则可在"系列"选项卡中添加（或删除）、命名、指定相应数据区域，并指定分类轴。然后根据提示填写标题、分类轴和数值轴的名称等，即生成所需的统计图表。

对自动生成的图表可以进行缩放、移动、复制和删除等操作，也可以单击图表的任一部分（如标题、图例、坐标轴、绘图区等）对其进行修改或美化。

案例思考与讨论

【案例 1-1】 <center>**应届本科毕业生就业状况的调研**</center>

就业竞争越来越激烈，大学毕业生的就业问题已经越来越受到全社会关注。很多学校专门成立了毕业生就业指导机构，这些机构常常需要对大学生的求职与就业的状况进行调查和分析研究，以便及时了解学生们的就业意愿、择业倾向、求职经历、主要困难和障碍等相关状况，调查目的是为高校有针对性地做好大学生就业指导工作、完善学校教育改革、及时采取促进就业的必要措施提供科学的参考信息。

为了搞好大学生求职与就业状况的统计调查和分析，必须首先明确统计总体、总体单位，设计有关的标志、变量、统计指标和统计指标体系，理解它们之间的关系和它们在统计研究中的作用。

思考与讨论问题：

1．若要对某高校应届本科毕业生的就业状况进行调研，统计总体和总体单位分别是什么？

2．研究者需要了解哪些信息？这些信息具体用哪些指标来反映？

3．为了得到研究者所需的信息，必须对每个总体单位调查哪些项目？其中哪些是数量标志、哪些是品质标志？

4．上述指标与标志之间存在什么联系？

5．这项调查研究所关注的变量有哪些？其中哪些是定量变量、哪些是定性变量？在定性变量中又有哪些是分类变量、哪些是顺序变量？

【案例 1-2】 <center>**取得巨大新成就的收官之年**</center>

——《2015 年统计公报》评读①

2015 年是"十二五"规划的收官之年，按照惯例，《2015 年国民经济和社会发展统计

---

① 此文来源于国家统计局网站，http://www.stats.gov.cn/tjsj/sjjd，发布时间：2016-02-29。作者为国家统计局副局长许宪春。

公报》如期发布了。公报中的笔笔数据、张张图表如实展现了过去一年我国经济社会发展所取得的新成就新进展。这一年，面对世界经济复苏乏力，国内经济下行压力不断加大的复杂局面，党中央、国务院团结带领全国各族人民，以新思想引领新常态，以新理念指导新实践，以新战略谋求新发展，坚持改革发展稳定，取得了经济社会发展巨大的新成就，圆满完成"十二五"规划目标任务，为"十三五"发展，决胜全面建成小康社会奠定了坚实基础。为便于读者更好地全面准确把握2015年经济社会发展状况，需要抽出其中主要方面和主要脉络，结合统计公报的内容，谈一些体会，以飨读者。

一、实现 6.9% 的经济增长，来之不易又十分珍贵

2015 年，国内生产总值 676 708 亿元，比 2014 年增长 6.9%。尽管经济增速比 2014 年有所放缓，但来之十分不易，不仅有较高的含金量，而且对稳定就业也发挥了重要作用，对世界经济增长贡献也十分抢眼。

6.9% 的增速稳住了就业。就业形势好于预期，全年城镇新增就业 1 312 万人，农民工总量比 2014 年增长 1.3%；物价水平较为稳定，居民消费价格上涨 1.4%；农业生产形势较好，粮食产量增产 2.4%，实现"十二连增"。这些情况表明，尽管与过去两位数左右的高速增长相比，6.9% 的增速有所回落，但稳定增长态势没有改变，继续处在合理区间，同时稳住了就业和物价。

6.9% 的增速来之不易。2015 年，世界经济复苏持续乏力，国际贸易延续低迷态势，全球金融市场大幅震荡，地缘冲突加剧；国内产能过剩与有效供给不足、去产能去库存与稳增长、融资难融资贵与财政金融风险上升、"走出去"与国际市场萎缩等两难多难问题更趋突出，趋势性、阶段性、周期性矛盾相互叠加，经济下行压力持续加大。在这样复杂严峻的国际国内形势下，6.9% 的增速难能可贵、来之不易。

6.9% 的增速"含金量"较高。随着经济规模的增大，6.9% 的增速所对应的经济增量超过 5 000 亿美元，不仅相当于我国 20 世纪 90 年代初期一年的国内生产总值，也超过了目前一个中等国家一年的国内生产总值。从世界范围看，6.9% 的经济增速仍然是比较快的增速，在全球主要经济体中位居前列。2015 年，美国国内生产总值比 2014 年增长 2.4%，日本增长 0.4%，印度增长 7.5%；根据国际货币基金组织最新预计，欧元区增长 1.5%，南非增长 1.3%，俄罗斯下降 3.7%，巴西下降 3.8%。

6.9% 的增速稳住了对世界经济增长的突出贡献。我国经济总量稳居世界第二，经济平稳较快增长，有力拉动世界经济增长，为世界经济复苏做出重要贡献。2015 年，我国对世界经济增长的贡献超过 25%，名列前茅。我国经济仍然是世界经济的稳定之锚、增长之源。

二、结构调整稳步推进，协调发展成效明显

党中央、国务院一方面加快体制机制改革，更好地发挥市场在资源配置中的决定性作用，利用市场机制优化资源要素的流向和配置；另一方面更好地发挥政府作用，坚定不移地调结构、转方式，既坚定淘汰落后产能和化解过剩产能，又加大对符合结构调整和转型升级方向重点领域的支持力度，经济结构加速优化、更趋协调。

服务业对经济增长贡献继续加大。 全年第三产业增加值比 2014 年增长 8.3%，增速比第二产业快 2.3 个百分点，占国内生产总值的比重为 50.5%，比 2014 年提高 2.4 个百分点，比第二产业高 10 个百分点。

消费对增长的拉动作用进一步增强。 全年最终消费对经济增长的贡献率为 66.4%，比 2014 年提高 15.4 个百分点。同时，投资结构不断优化。全年基础设施和高技术产业投资分别比 2014 年增长 17.2% 和 17.0%，分别比固定资产投资（不含农户）增速快 7.2 和 7.0 个百分点，占固定资产投资（不含农户）的比重分别为 18.4% 和 5.9%，比 2014 年分别提高 1.2 和 0.3 个百分点。

城镇化水平继续提高。 年末常住人口城镇化率为 56.10%，比 2014 年末提高 1.33 个百分点。同时，城乡居民收入差距继续缩小。全年城乡居民人均可支配收入倍差为 2.73，比 2014 年降低 0.02。

中西部一些主要指标增速快于东部。 中西部地区主要指标增速快于东部。全年中、西部地区规模以上工业增加值增速分别快于东部地区 0.9 和 1.1 个百分点；中部地区全社会固定资产投资增速快于东部地区 2.8 个百分点。

三、创新创业方兴未艾，经济动力正在积聚，经济活力不断增强

党中央、国务院加大简政放权力度，完善金融支持，强化激励机制，加快科技体制改革，强化产权保护和科技创新投入，推动形成大众创业万众创新热潮，经济发展向创新驱动转变趋势明显。

创新创业投入力度不断加大。 全年研究与试验发展（R&D）经费支出 14 220 亿元，比上年增长 9.2%，相当于国内生产总值的 2.10%；国家新兴产业创投计划累计支持设立 206 家创业投资企业，资金总规模 577 亿元，投资创业企业 1 223 家。

大众创业万众创新效果显现。 全年授予境内专利权 157.8 万件，比 2014 年增长 32.4%，其中授予境内发明专利权 25.6 万件，增长 62.5%。全年共签订技术合同 30.7 万项，技术合同成交金额 9 835 亿元，比 2014 年增长 14.7%。全国新登记企业 444 万户，比 2014 年增长 21.6%，注册资本（金）增长 52.2%。

"三新"发展势头良好。 在一系列创新创业活动和成果的支撑下，新产业、新业态、新产品加快孕育并迅速发展。新产业快速成长。全年规模以上高技术制造业、装备制造业增加值分别比 2014 年增长 10.2% 和 6.8%，增速分别比规模以上工业快 4.1 和 0.7 个百分点。新业态蓬勃发展。全年网上商品零售额比 2014 年增长 31.6%，增速比社会消费品零售总额快 20.9 个百分点；全年完成快递业务量 206.7 亿件，增长 48%；移动互联网接入流量增长 103%。新产品不断涌现。全年新能源汽车产量比 2014 年增长 161.2%，运动型多用途乘用

车（SUV）增长 48.0%，工业机器人增长 21.7%，智能电视增长 14.9%，智能手机增长 11.3%。

劳动生产率不断提高。科技创新促进了劳动生产率的提高，全年全员劳动生产率为 76 978 元/人（以 2010 年价格计算），比 2014 年提高 6.6%。

四、能源消费结构优化调整，节能降耗和生态建设成效明显

针对资源环境约束日趋强化，党中央、国务院着力改变过去的粗放型发展方式，加快建设资源节约型、环境友好型社会，推动形成绿色发展方式和生活方式，促进人与自然和谐共生，推动低碳循环发展，全面节约和高效利用资源，加大环境治理力度，节能降耗成效明显，生态安全屏障更加牢固。

能源消费结构优化。全年煤炭消费量占能源消费总量的比重为 64.0%，比 2014 年下降 1.6 个百分点；水电、风电、核电、天然气等清洁能源消费量占能源消费总量的比重为 17.9%，提高 0.9 个百分点。

能源利用效率提升。全年万元国内生产总值能耗比 2014 年下降 5.6%，降幅比 2014 年扩大 0.8 个百分点；万元工业增加值用水量下降 3.9%。铜、钢、烧碱、水泥等产品的单位生产综合能耗持续下降。

生态安全屏障加固。全年完成造林面积 632 万公顷，新增水土流失治理面积 5.4 万平方千米，新增实施水土流失地区封育保护面积 2.0 万平方千米。年末城市污水处理厂日处理能力比 2014 年末增长 5.3%，城市污水处理率达到 91.0%，城市生活垃圾无害化处理率达到 92.5%，城市建成区绿地率达到 36.3%。

生态环境进一步改善。十大流域水质监测断面中，I～III 类水质断面比例为 72.1%，比 2014 年提高；近岸海域海水水质监测点中，达到国家一、二类海水水质标准的监测点比例为 70.4%，提高 3.6 个百分点。

五、对外贸易和投资仍取得可喜成绩，"一带一路"倡议迈出坚实的一步

党中央、国务院着眼国际国内两个大局，不断完善对外开放战略布局，促进对外贸易优化升级，推动外贸从"大进大出"向"优进优出"转变；着力构建对外开放新体制，加快自贸区建设，加大人民币国际化步伐，积极推进"一带一路"倡议实施，加强国际产能合作，推动"引进来"和"走出去"更好结合，开放型经济水平进一步提高，国际影响力不断增强。

货物贸易占比继续提高。全年货物进出口总额达到 24.6 万亿元，继续位居世界第一，占世界贸易总额的比重进一步提高。其中，出口 14.1 万亿元，下降 1.8%。尽管出口有所下降，但降幅小于世界出口降幅，出口占世界出口总额比重继续提高。

服务贸易加快发展。全年服务进出口总额 7 130 亿美元，比 2014 年增长 14.6%。其中，服务出口 2 882 亿美元，增长 9.2%，保险、金融、咨询等高附加值服务出口增长势头强劲；服务进口 4 248 亿美元，增长 18.6%。

利用外资继续增加。全年吸收外商直接投资（不含银行、证券、保险）新设立企业 26 575 家，比 2014 年增长 11.8%；实际使用外商直接投资 7 814 亿元，增长 6.4%，其中信息传输、计算机服务和软件业实际使用外资增长 40.1%，批发和零售业增长 28.0%。

"走出去"步伐明显加快。全年对外直接投资（不含银行、证券、保险）1 180 亿美元，比 2014 年增长 14.7%，截至 2015 年年末对外直接投资存量首次超过万亿美元大关。其中，投向信息传输、软件和信息技术服务业的对外直接投资比 2014 年增长 2.4 倍，投向制造业的对外直接投资增长 105.9%。

"一带一路"倡议深入实施。2015 年，我国与"一带一路"沿线国家进出口总额 6.2 万亿元，占同期我国进出口总额的比重超过 1/4；全年实际使用"一带一路"沿线国家外商直接投资（不含银行、证券、保险）526 亿元（折 85 亿美元），增长 25.3%；投向"一带一路"沿线国家对外直接投资（不含银行、证券、保险）148 亿美元，增长 18.2%。

六、居民收入增长快于经济增长，贫困人口大幅减少

提高人民群众的物质文化生活水平，是改革开放和社会主义现代化建设的根本目的。为此，党中央、国务院坚持民生优先，按照人人参与、人人尽力、人人享有的要求，大力增加公共服务供给，奋力实施脱贫攻坚工程，着力提高教育质量，努力确保充分就业，致力缩小收入差距，协力完善社会保障安全网，民生事业持续改善。

居民收入增长快于经济增长。全年全国居民人均可支配收入 21 966 元，比 2014 年增长 8.9%，扣除价格因素，实际增长 7.4%，快于国内生产总值增速 0.5 个百分点。其中，农村居民人均可支配收入 11 422 元，比 2014 年实际增长 7.5%；城镇居民人均可支配收入 31 195 元，实际增长 6.6%。

居民收入分配继续改善。全年全国居民人均可支配收入五等份中，最高收入组与最低收入组的人均收入倍差为 10.45，比 2014 年降低 0.29；全国居民人均可支配收入中位数比 2014 年名义增长 9.7%，比平均数增速高 0.8 个百分点。

贫困人口大幅减少。按照每人每年 2 300 元（2010 年不变价）的农村扶贫标准，2015 年农村贫困人口 5 575 万人，比 2014 年减少 1 442 万人。

社会保障网进一步完善。年末参加城镇职工基本养老保险、城乡居民基本养老保险、城镇基本医疗保险人数分别比 2014 年末增加 1 236 万人、365 万人和 6 823 万人，享受城市居民最低生活保障、农村居民最低生活保障和农村五保供养人数分别为 1 708 万人、4 903 万人和 518 万人。全年资助 5 910 万城乡困难群众参加基本医疗保险。

民生投入持续增加。在财政收入增速放缓、收支矛盾突出的情况下，政府对重点领域民生投入仍在加大。全年全国城镇保障性安居工程基本建成住房 772 万套，新开工 783 万套，均超额完成年度目标任务。

过去的一年，我国经济爬坡过坎，走过了不平凡的发展历程，在全面建成小康社会的征程上取得新进展。在国际国内环境错综复杂的情况下，取得这样的成绩，充分表明以习

近平同志为总书记的党中央治国理政的新理念、新思想、新战略是正确的、有效的，不仅有利于破解发展难题，而且有利于激发发展潜能，是新的历史条件下促进经济持续健康发展、加快推进社会主义现代化的科学理论指导和行动指南。"雄关漫道真如铁，而今迈步从头越。"新的一年是全面建成小康社会决胜阶段的开局之年，也是推进结构性改革的攻坚之年，风险和挑战不少，但"无限风光在险峰"，机遇和希望仍然较大。只要按照"十三五"规划的战略部署和中央经济工作会议的全面安排，坚持以创新提升供给，以减负激励供给，以新供给创造新需求，以市场机制去产能，加快培育新的发展动能，改造提升传统比较优势，就一定能够推动我国经济保持中高速增长、迈向中高端水平，谱写经济社会发展的新篇章，夺取全面建成小康社会的新胜利！

思考与讨论问题：

1．从本文可以看出社会经济统计的研究对象是什么？结合本文体会统计的分析研究具有哪些特点？该研究报告是运用哪些统计研究的基本方法取得的成果？

2．本文中运用了大量统计指标来阐明 2015 年我国经济社会发展所取得的新成就、新进展。其中，哪些统计指标是数量指标？哪些统计指标是质量指标？哪些是绝对数表示的？哪些是相对数表示的？哪些是平均数表示的？

3．从文中举几个例子来说明每个统计指标包括了哪些构成因素。

4．怎样理解统计指标具有可量性和综合性两个特点（结合该报告中的指标来说明）？

5．本文指出尽管我国经济增速比往年有所放缓，但这个 6.9% 的增长速度有较高的含金量。本文主要是从哪些方面来分析说明的？

6．本文在分析我国结构调整方面取得的成就时，主要分析了哪些结构？结构调整的积极变化又是通过哪些指标来具体表现的？请注意文中是如何运用统计指标来得出结论的。

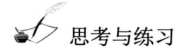 思考与练习

1．如何理解统计的不同含义？它们之间有何关系？

2．举例说明总体、总体单位、指标和标志之间的区别与联系。

3．完整的统计工作过程一般包括哪几个阶段？

4．数量指标和质量指标如何区别？

5．在班里组织一个 5～7 人的学习小组，自选课题确定调查目的并展开统计调查，明确在此目的下的统计总体、总体单位，同时列出标志（包括品质标志、数量标志）与标志表现，变量（包括离散变量、连续变量），变量值和统计指标（包括数量指标、质量指标）

等，并尝试列出一套指标体系。

6．2016 年 6 月初，某校工商管理学院对该院全体应届毕业生进行了一次调查。调查数据显示，该专业应届毕业生 200 人，其中有 29 人考上了研究生，占该专业应届毕业生的14.5%；5 月底已签订就业协议的学生有 154 人，占该专业应届毕业生的 77%；统计学课程的平均成绩为 82.5 分，优良率高达 66.7%。总成绩排名第一的学生是一个女生，她的统计学成绩为 98 分，24 门课程的成绩达到优秀标准，共获得校级以上奖励 6 项。

要求：请指出上述数据哪些是统计指标？哪些是标志值？

第二章 统计数据的收集

● 了解统计数据收集的来源及质量要求。
● 熟悉统计调查方案和调查问卷的设计方法。
● 掌握各种统计调查方式的特点及应用场合。

第一节 统计数据的来源及质量要求

统计数据收集是根据统计研究的目的和要求，运用科学的统计调查方法，有组织、有计划地收集统计数据的过程。统计数据收集是统计工作的基础阶段，它为统计整理和分析提供基础资料。这一阶段工作质量的好坏，直接影响到统计整理和分析结果的可靠性、真实性，关系到能否确切地反映客观实际、得出正确的结论。

一、统计数据的来源

从统计数据本身来看，统计数据都来源于直接的调查或实验。但从使用者的角度看，统计数据则主要有两个来源：一是直接的调查和科学的实验，这是数据的直接来源，这种数据被称为一手数据或原始数据；二是别人的调查或实验数据，这是数据的间接来源，这种数据被称为二手数据或间接数据。

（一）一手数据的收集

二手数据是为其他目的而收集的信息，而一手数据是为当前特定的目的而收集的信息。使用者在实施数据收集时，总是先收集二手数据，以判断问题是否已部分或全部解决，再决定是否需要收集一手数据。

一手数据的来源主要有两个渠道：一是调查或观察；二是实验。通过调查而取得一手数据是取得社会经济数据的重要手段，主要通过各种调查方式而取得；实验也是取得统计数据的重要方法之一，是取得自然科学数据的主要手段。本章将在第三节中对取得统计调查数据的各种调查方式进行详细介绍。

（二）二手数据的收集

与一手数据相比，二手数据有很多不同的特点。二手数据是长期积累形成的，具有信息量大、用途多样、来源广泛，且收集迅速、成本较低、花费的时间短等特点。因此，对于大多数数据使用者来说，亲自做调查去获取数据往往是不可能或不必要的，所使用的数据大多数都是别人的调查或科学实验的数据，即二手数据。

1. 内部二手数据的收集

企业内部二手数据包括有关企业自身的二手数据和企业掌握的企业之外的其他数据。企业自身的二手数据有公开与非公开之分。公开的数据如企业的内部报表、统计报告、财务报告、公司刊物、向媒体透露的产品测试数据和上市公司的各种公开披露的信息等。非公开的数据如营销计划、产品供销存数据等。对于企业非公开的数据，需防止泄露。企业内部二手数据的收集可以从企业的数据库、企业信息管理系统、企业决策支持系统和企业数据仓储中获得。

2. 外部二手数据的收集

企业外部二手数据主要是一些公开出版或公开发布的数据。在我国，公开出版或公开报道的社会经济统计数据主要来源于国家或各级地方统计部门以及各种报刊、图书、广播、电视和互联网等，如《中国统计年鉴》、《中国人口统计年鉴》以及省、市、区编辑的各种统计年鉴等。另外，政府和国际组织，如联合国、世界银行、国际货币组织等，也会定期公布一些相关数据。也可以从行业协会出版的定期刊物、大企业（特别是上市公司）发布的信息中获取二手数据。随着计算机网络技术的快速发展，互联网已成为获取所需的各种数据的主要渠道，它使二手数据的收集变得更加简便、快捷。

在收集二手数据时，必须注意以下问题：该数据最初是由谁收集的？当初收集数据的目的是什么？该数据是什么时间收集的？原始数据收集的方法是什么？该数据与其他调查结果是否一致？是否有关于调查精度的说明？

二、统计数据的质量

（一）统计数据的质量评价标准

数据的质量问题是数据收集阶段应该重点关注的问题，因为数据质量的好坏直接影响到统计分析结论的客观性与真实性。就一般统计数据而言，可将其质量评价标准概括为以下几方面。

1. 准确性

准确性就是要求收集的数据必须符合客观实际，真实可靠。因为只有这样，才能对事物做出正确的判断，得出科学的结论。统计数据的准确性不仅涉及技术性问题，还涉及统计制度和纪律，是否坚持实事求是的原则问题。在中国，统计立法是为了保障统计资料的准确性。各机关、社会团体、各企事业组织以及个体工商户都应该按照《统计法》的规定如实提供统计资料，不得虚报、瞒报、拒报、迟报，不允许伪造、篡改。公民有义务如实提供国家统计调查所需要的资料，统计工作人员也应该如实反映情况，要有高度的责任心和职业道德。

2. 及时性

及时性就是要求收集数据要在规定的时间内及时完成。统计数据是进行管理、决策以及制定政策不可缺少的依据，而社会经济现象又是不断发展变化的，因而统计数据具有很强的时效性，如果统计数据收集不及时，就难以发挥它的作用。而统计数据的及时性是一个全局性问题，每一项统计工作的完成，都是由诸多单位共同努力的结果，任何单位不按照规定完成，都会影响整个统计工作的开展。因此，各调查单位要增强全局观念，共同遵守制度和纪律才能做好此项工作。

3. 全面性

全面性就是要求统计调查收集的数据要完整、全面。只有齐全的统计数据，才能正确地反映所研究的社会经济现象的全貌。

4. 系统性

系统性就是要求收集的各项统计数据应该配套，要能从不同侧面、不同层次上对调查对象的整体进行全面反映，能够从事物的内部结构和外部联系上进行对比分析。

另外，在满足以上标准的基础上，还应考虑其成本问题，即应以最经济的方式取得所需数据。由此可见，数据的质量是多方面要求的综合体现。在设计统计调查方案、收集数据、整理与分析数据各环节上都应该注意保证数据的质量，以便得出切合实际的结论。

（二）统计调查误差

统计数据的准确性如何主要是由调查误差的大小来反映的。统计调查误差是指调查结果或实验结果所得的统计数据与调查总体实际数据之间的差异。

统计调查误差有两种：一种是登记性误差；另一种是代表性误差。登记性误差是由于错误判断事实或者错误登记事实而发生的误差，无论是全面调查还是非全面调查都会产生登记性误差。产生登记性误差的原因主要是计量错误，记录错误，抄录错误，在上报过程中的汇总错误，以及被调查者不如实上报或有意虚报、瞒报等。这是由人为因素或仪器设备和技术条件等因素造成的。这种误差在全面调查和非全面调查中都可能发生。代表性误差是非全面调查所固有的一种误差。在非全面调查中，由于只对现象总体的一部分单位进行调查，这部分单位不可能正好完全代表总体的情况，这样产生的误差则为代表性误差。非全面调查中只有抽样调查能够计算代表性误差，所以通常讲的代表性误差是针对抽样调查而言的。代表性误差的大小，直接影响到对总体的认识，并且常随调查单位的增加而减小。

为了取得准确的统计资料，必须采取措施防止可能发生的登记误差，把它缩小到最低范围内。可以通过完善调查方案，加强调查过程的检查监督，提高调查人员的素质和业务水平，采用现代化的信息手段等方法，把登记性误差降低到最低限度。

第二节　统计调查设计

一、调查方案的设计

统计数据收集是一项系统工程，为了使统计数据收集能顺利进行，在收集数据之前，必须设计一个周密的调查方案，使调查工作有计划、有组织地进行。设计一项完整的统计调查方案一般包括以下几个方面的内容。

（一）确定调查目的

确定调查目的是制订统计调查方案的首要问题。所谓调查目的，是指为什么要进行调查，调查要解决什么问题。只有确定了调查目的，才能据此确定调查对象、调查单位和应采用的调查方式、方法，才能做到有的放矢、节约人力、缩短调查时间、提高调查资料的时效性。调查目的应尽可能规定得具体明确、中心突出，以使调查得来的资料正是我们所需的资料，避免人、财、物的浪费。

（二）确定调查对象与调查单位

调查对象是指要调查的社会经济现象的总体，它由性质相同的许多调查单位组成，是统计总体在统计调查阶段的具体化。例如，我国的人口普查，调查对象就是具有中华人民共和国国籍并在中华人民共和国国境内居住的人。又如工业普查，调查对象就是全部工业企业。需要注意的是，调查对象应该有明确、严格的定义，明确所要调查的社会经济现象总体的界限，避免因界限不清而产生调查资料的重复和遗漏，以保证调查资料的准确性和可信性。

调查对象确定之后，就要确定调查单位。调查单位是构成调查对象的基本单位，也就是在调查对象中所要调查的具体单位，是总体单位在统计调查阶段的具体化。例如，我国人口普查的调查单位就是每一个国民；在进行工业普查时，调查单位就是每一个工业企业。确定了调查单位，才能明确有关调查的内容和资料由谁来提供，这对于保证资料的准确性和完整性至关重要。

在确定调查单位的同时，还应规定报告单位。报告单位也称填报单位，也是调查对象的组成要素，是指负责回答或提交调查资料的单位，一般是基层企事业组织。例如，进行工业普查，报告单位就是每一个工业企业。

调查单位和报告单位有时一致，有时不一致。例如，进行全国工业企业普查时，调查单位是每一个工业企业，报告单位也是每一个工业企业，两者一致；但在进行工业企业设备普查时，调查单位是每一台设备，而报告单位则是每一个工业企业，两者不一致。

（三）确定调查项目

调查项目就是需要向调查单位了解的有关标志，包括品质标志和数量标志，是调查内容的具体表现。设计具体调查项目是落实调查任务的关键环节，调查项目制定得成功与否，关系到整个调查的成效。

具体调查项目的设计或取舍，一般应从理论模型分析和统计数据分析两方面进行。理论模型分析就是根据调查的目的，详细列出有关概念、相关因素，并判断这些因素或概念之间的关系，即形成"假设"。内容上有关联的一组假设就构成了"理论模型"。这种理论模型分析能够使调查规划人员清楚地从逻辑上分析，这次调查的主体是否体现在调查项目中，有无遗漏，有无偏离，哪些因素是关键的。因而，这种分析是决定调查项目保留或舍弃的理论基础，从而使最终确定的调查项目适当。统计数据分析也是确定调查项目的有效途径，它根据需要的分析资料来决定所需调查的项目，调查项目就是为了获得这些资料而定的。我们可以构想一个调查项目可以得到哪些统计数据，这些数据对这次调查的主题有什么作用，有用的保留，没用的舍弃。

此外，在设计调查项目时还应注意以下几个问题。

（1）所选的调查项目必须是能够取得确切资料的项目，以便获得更可靠的资料。对于不必要或虽然需要但不可能取得资料的内容不应列入调查项目中。

（2）调查的每一个项目应该有确切的含义和统一的解释，避免调查人员或被调查者按照各自的理解进行回答，使调查结果无法汇总。

（3）各调查项目之间尽可能做到相互联系以便有关项目之间相互核对，以提高调查资料的质量。

（四）设计调查表或调查问卷

为了便于登记和汇总，调查项目都要通过调查表或调查问卷以规范的形式表现出来。

调查表是将调查项目按照一定的逻辑顺序用框格形式表现的一种表格。调查表有单一表和一览表两种形式。单一表是指每个调查单位填写一份的调查表，它可以容纳较多的项目。一览表是在一张表格上填写许多调查单位的调查表，它主要适用于调查项目不多的情况。两种调查表各有利弊，可视具体情况而采用。单一表可以容纳较多的调查项目，便于详细了解情况和数据的汇总，但在每张表格上必须注明调查地点、时间等，造成人力和时间的浪费；一览表可以容纳许多调查单位，每个单位的共同事项只需登记一次，可以节省人力和时间，还可以将调查表中的各单位的数据相互核对，以保证数据填报的准确性，但每个调查单位不可能登记更多的标志。

设计调查表时，同时还应该附填报说明，以提示填报人员正确理解和按照规定填写。填报说明应该按照统一标准，以保证统计调查中采用的指标含义、计算方法、分类目录和统计编码等方面的标准化。另外，填报说明应力求通俗易懂、简明扼要。

有些调查采用调查问卷的形式来表达调查内容。关于调查问卷将在后面专门介绍。

（五）确定调查时间和调查期限

调查时间是指调查资料所属的时间。如果所反映的现象是时期现象，则调查时间就是资料所属的起止时间；如果调查的是时点现象，调查时间就是统一规定的调查资料所属的标准时点。调查期限是进行调查工作的期限，包括收集资料和报送资料的整个工作所需要的时间。例如，某企业进行设备调查，要求了解 8 月 1 日的设备状况，调查登记工作从 8 月 1 日开始持续到 8 月 20 日结束，则前一个时间 8 月 1 日就是此项调查的调查时间，而后一个时间 8 月 1 日至 20 日就是此项调查的调查期限。

（六）确定调查的组织实施计划

调查的组织实施计划包括：确定调查地点，确定调查组织机构，选择调查方法，确定参加调查的单位和调查人员，调查文件的准备，经费来源和开支计划，以及调查质量控制的要求和措施等。

如果是大规模的统计调查，方案设计好后，还应该进行试调查，以验证该计划的可行性，发现问题，及时修改、补充，以使调查工作保质保量地完成。

调查方案的设计请参阅本章"案例思考与讨论"部分的案例 2-1"××市香烟消费市场调查方案"。

二、调查问卷的设计

调查问卷是收集统计数据的工具，是调查者根据调查目的和要求设计的，由一系列问题、备选答案、说明以及代码组成的一种书面文件。调查问卷在统计数据收集中扮演着十分重要的角色，很多数据的收集都是依赖于问卷而完成的。

（一）问卷的基本结构

问卷一般由四个部分构成，即开头部分、甄别部分、主体部分和背景部分。

1. 开头部分

开头部分一般包括问候语、填表说明和过程性记录等内容。

（1）问候语。在问卷中，语气亲切、诚恳礼貌、文字简洁而准确的问候语能够引起被调查者对调查的重视，可以消除顾虑，激发参与意识，以争取被调查者的积极合作。问候语一般包括称呼、问好、自我介绍、调查内容、责任交代、保密承诺、配合请求和致谢等内容。

（2）填表说明。填表说明主要是让被调查者知道如何填写问卷。填表说明一般包括以下内容：有关记录工具的统一规定；对填答符号的统一规定；各种题型的答题规则；问卷的回收时间和问卷的回收方式等。

（3）过程性记录。过程性记录主要用于识别问卷、调查者、被调查者姓名与地址、核对员和录入员等，以便校对检查，更正错误，分清责任。过程性记录的主要内容有问卷编号、被调查者姓名、被调查者地址、被调查者联系方式、访问员姓名、访问员编号、具体访问时间、核查人、核查时间、录入人、地域编号、类别编号以及其他环节负责人编号等。

2. 甄别部分

甄别也称过滤，先对被调查者进行过滤，筛掉不需要的部分，然后针对特定的被调查者进行调查。通过甄别，可以筛掉与调查事项有直接关系的人，以达到避嫌的目的，同时，也可以确定哪些人是合格的被调查者。

甄别的目的是确保被调查者合格，能够作为该项调查的代表。甄别的主要任务是筛选掉两类不合格者：一类是常规禁止被调查者，如广告、公关机构从业者，调查研究机构从业者，电视、广播、报纸等机构从业者；另一类是特定禁止被调查者，如与调查内容利害相关的单位机构从业者，某些特征如户籍、年龄、职业、收入、教育程度、家庭类型和民族等不符合要求者。

3．主体部分

该部分是问卷的核心内容，由一系列围绕调查主题的提问和备选答案组成。

4．背景部分

背景部分的主要内容是有关被调查者的一些背景资料，通常放在问卷的最后。该部分中包括的问题，可以使研究者根据背景材料对被调查者进行分类比较分析。

（二）提问项目的设计

在问卷设计中，如何科学准确地提出所要调查的问题是问卷设计中的一个重要环节。从总体上看，一份问卷的内容不宜过多，不必要的问题不要列入问卷中。

在设计提问项目时，需要注意以下问题。

（1）提问的内容要尽可能短。如果提问的内容过长，会给被调查者带来一定困难，也不利于被调查者对这个问题的理解和回答，会使其感到厌烦。

（2）用词要具体、确切、通俗，必须是被调查者知识、能力所及的问题，尽量少用专业术语。例如：

请问您使用什么牌子的牙膏？

这个问题中时间界定不清楚，是指过去还是指现在？可以表述为：

请问您最近一个月使用什么牌子的牙膏？

再如：

请问您对本公司的理赔时效是否满意？

该问题中的"理赔时效"过于专业，让被调查者无法回答。

（3）一项提问只能包括一项内容。如果在一项提问中包括两项以上内容，被调查者就很难回答。例如，要调查消费者对某产品的价格和服务质量是否满意，询问消费者：

您对它的价格和服务质量满意还是不满意？

该问题中实际上包括价格和服务质量两个方面的问题，结果"对价格不满意（对服务满意）"、"对服务不满意（对价格满意）"或"对价格和服务都不满意"的被调查者可能都回答"不满意"，该结果显然不能得到想要的信息。所以，应该把它分成两个问题：

您对它的价格满意还是不满意？

您对它的服务质量满意还是不满意？

（4）避免诱导性提问。问卷中提出的问题语言应该保持中立，不能有诱导性。例如：

今年看电影《战狼2》的人比看其他电影的人多。您看过这部电影吗？

这样提问实际上是在暗示被调查者应该参与某一行为。应该改为：

您看过电影《战狼2》吗？

（5）避免否定式提问。在实际生活中，人们往往习惯于肯定式的提问，而不习惯于否定式的提问。因为否定式提问会影响被调查者的思维，从而影响信息的质量。例如：

您并不认为应该增加反污染法规吧？

而采用肯定式的提问则是：

您认为应该增加反污染法规吗？

（6）注意敏感性问题的提问方式。在实际调查中，往往会涉及一些敏感性问题，如个人收入问题、个人生活问题等。对于这些敏感性问题，被调查者往往不愿意让别人知道，因而可能会拒绝回答，或者用虚报的方式来应付，从而影响整个调查的质量。对于调查中必须涉及的敏感性问题，应该在提问的方式上加以考究，尽量采用间接的方式提问。例如，在对个人收入提问时，可以采用递进式构造问句。

先问："您的月收入在家中排第几位？"再问："您的月收入属于下面哪一档？"

（三）回答项目的设计

回答项目是针对提问项目设计的备选答案。问卷中的问题类型包括两类：一类是开放式问题；另一类是封闭式问题。

由于问卷中的问题不同，所设计的答案类型和对被调查者的回答要求也就不同。

1．开放式问题

开放式问题是指未提供任何具体答案，而由被调查者根据自己的想法自由做出回答的问题。例如：

您对本公司产品的售后服务有何意见？

您对社区开展节能环保活动有何建议？

这就是两个开放式问题。开放式问题的主要优点是被调查者可以充分表达自己的意见和看法，能调动被调查者的积极性，防止固定选项对被调查者的诱导。适合于收集更深层次的信息，特别适合于那些尚未弄清各种可能答案或潜在答案类型较多的问题。开放式问题的缺点是标准化程度低，调查结果不易处理，无法作深入的定量分析，它要求被调查者有一定的文字表达能力，需要占用较多时间，因而回答率较低。因此，在一份问卷中，开放式问题不宜太多。

2．封闭式问题

封闭式问题是指对问题事先设计出了可能答案，由被调查者从中选择。封闭式问题的答案是标准化的，有利于被调查者对问题的理解和回答，同时，也有利于调查资料的整理。由于封闭式问题要设计答案，对于一些较复杂的问题，很难把答案设计得准确、周全，一旦设计出现差错，就会影响调查质量。因此，如何设计好封闭式问题的答案，是问卷设计中的一个关键问题。

封闭式问题答案的设计应遵循穷尽和互斥原则。所谓穷尽是指一个问题中的答案要全部列出，不能有遗漏。例如，在对家长进行孩子的学习情况调查时有这样一个问题：

您在辅导孩子学习中感到有什么困难？

A. 自己的文化程度太低

B. 无法与学校教学相配合

C. 没有适合的补充辅导材料

D. 孩子不愿意学习作业之外的内容

E. 没有时间

F. 学校老师留的作业太多

以上提供的答案实际上并不全面，使得有的家长没法回答。应该在上面六个答案后加上"G. 其他"。

所谓互斥就是要求所提供的答案之间不能有重叠或包容。例如：

您现在从事的职业是什么？

A. 工人　　B. 农民　　　C. 干部　　　D. 医生　　　E. 教师

F. 律师　　G. 科技人员　　H. 建筑工人　　I. 中学教师　　J. 其他

以上提供的答案中就有包容现象，如工人与建筑工人，教师与中学教师等。

根据提问项目或内容的不同，封闭式问题的回答方法主要有两项选择法、多项选择法、顺序选择法、评定尺度法和双向列联法等。

（1）两项选择法。两项选择法中问题的答案只有两项，要求被调查者在其中选择一项。例如：

您家里有汽车吗？

A. 有　　　B. 没有

两项选择法的回答比较容易，但两项选择法得到的信息量较少，特别是当被调查者对所提供的两项答案均不满意时，很难做出回答。

（2）多项选择法。多项选择法是在设计问卷时，对一个问题给出三个或三个以上的答案，让被调查者从中选择进行回答。主要有以下几种情况。

① 要求被调查者对所给出的问题答案只选择其中一项。例如：

平时您最喜欢用哪种品牌的香水？（选一项）

A. 雅诗兰黛　　B. 香奈儿　　C. 迪奥　　D. 兰蔻　　E. 美宝莲　　F. 其他

② 要求被调查者在所给出问题的答案中，选出自己认为合适的答案，数量不限制。例如：

以下产品中，您比较熟悉的香水品牌是哪些？

A. 雅诗兰黛　　B. 香奈儿　　C. 迪奥　　D. 兰蔻　　E. 美宝莲　　F. 其他

③ 要求被调查者在所给出的答案中，选出自己认为合适的答案，但数量要求受一定限制。如上例可限选三项。

（3）顺序选择法。顺序选择法要求被调查者在回答时，对所选的答案按要求的顺序或重要程度加以排列。例如：

您在购买洗衣机时，主要考虑哪些因素？（按重要程度进行排序）

A. 产品的品牌　　　B. 价格合理　　　C. 售后服务

D. 外形美观　　　　E. 维修方便

（4）评定尺度法。评定尺度法中的问题答案，由表示不同等级的形容词构成，并按照一定的程度排序，由被调查者依次选择。例如：

您对这种洗衣机是否感到满意？

A. 非常满意　　　　B. 比较满意　　　C. 一般

D. 不太满意　　　　E. 非常不满意

（5）双向列联法。双向列联法是将两类不同的问题综合到一起，通常用表格来表现。表的横向是一类问题，纵向是另一类问题。其结构可以说明两者的对应关系，提供单一类型问题无法提供的信息。如表 2-1 所示，请在您所选项目的空格内画"√"。

表 2-1　三种品牌汽车优点调查表

项　　目	帕 萨 特	卡 罗 拉	东 风 标 致
耗油量低			
外观大方			
乘坐舒适			
价格合理			
驾驶方便			
维修方便			
制动性能好			
零配件齐全			
售后服务好			

（四）问题顺序的设计

在一份问卷中，问题顺序安排不同，调查得出的结果就不同。设计问卷时，对于问题顺序的排列应该注意以下四个方面。

（1）问题顺序的安排应有逻辑性。设计问卷时，问题顺序的安排应有逻辑性，以符合被调查者的思维习惯，使问题容易回答。

（2）问题的安排应先易后难。将简单问题放在前面，复杂问题放在后面，使被调查者开始时感到轻松，有信心继续回答下去。一开始就提出复杂问题，会影响被调查者回答问题的情绪和积极性。

（3）把能引起被调查者兴趣的问题放在前面。把能引起被调查者兴趣的问题放在前面，比较敏感的问题放在后面，这样可以引起被调查者填写问卷的兴趣和注意力。如果开始就遇到敏感性问题，会使被调查者产生防卫心理，不愿意回答或拒绝回答。

（4）把开放式问题放在后面。开放式问题的回答需要一定的思考时间，且回答有一定难度，所以一般放在问卷的后面。

总之，问题顺序的排列既要便于被调查者顺利回答，又便于调查者事后的整理分析。

除上面介绍的问题外，问卷设计还应该注意版面格式的设计。有时，版面格式也会影响调查质量。在设计时，不要编排过密，各问题之间要留出一定空间，版面格式要美观，这样会使被调查者产生亲和感，从而激发其填写兴趣。在本章案例分析中，我们选录了一份"应届本科毕业生就业状况调查问卷"（见案例 2-2），从中可以领会到问卷设计的基本要求和方法。

第三节　统计调查方式

所谓调查方式是指组织收集调查数据的形式与方法。常用的统计调查方式主要有五种，即统计报表、普查、抽样调查、重点调查和典型调查。各种方式各有其特点和作用，适用于不同的调查对象。

一、统计报表

统计报表是按照国家有关法规的规定，自上而下地统一布置，以一定的原始记录为依据，按照统一的表式、统一的指标项目、统一的报送时间和报送程序，自下而上地逐级定期提供基本统计资料的一种调查方式。统计报表也是一张调查表，报表中的项目就是调查项目。

统计报表制定、实施和管理的一整套规章制度统称为统计报表制度。按照《统计法》的有关规定，执行统计报表制度是各地方、各部门、各单位必须向国家履行的一种义务。统计报表的基本内容包括报表目录、表式及填表说明三部分。报表目录是指应报送的报表名称、报送日期、编报单位、编报范围等有关事项的说明；表式即报表的具体格式、要求填报的各项指标等；填表说明是指填表时有关事项的说明，包括统计范围、统计目录和指标的解释、计算方法等的具体规定。

统一性是统计报表的基本特点，具体表现为：第一，统计报表的内容和报送的时间是由国家强制规定的，以保证调查资料的统一性；第二，统计报表的指标含义、计算方法、口径是统一的。

按照不同的角度，统计报表可进行各种分类。

1. 按调查范围划分

按调查范围，统计报表可分为全面统计报表和非全面统计报表。全面统计报表要求调查对象中的每一个单位都要填报，非全面统计报表只要求调查对象的一部分单位填报。

2．按报送周期长短划分

按报送周期长短，统计报表可分为日报、周报、旬报、月报、季报、半年报和年报。日报、周报、旬报和月报称为进度报表，主要用来反映生产、工作的进展情况。季报和半年报主要用来掌握国民经济发展的基本情况，检查各季度的、半年的生产工作情况。年报是每年上报一次，主要用来全面总结全年经济活动的成果，检查年度国民经济计划的执行情况等。报告的周期长短不同，不仅是时间上的差别，在内容和作用方面也是有差别的。报送的周期越短，其指标项目就越简单，反之，指标项目就越复杂。

3．按实施范围不同划分

按实施范围不同，统计报表可分为国家统计报表、部门统计报表和地方统计报表。国家统计报表是由国家统计部门统一制发，用来反映全国性的经济和社会基本情况的统计报表。部门统计报表是为了适应本部门业务管理的需要而制定的专业统计报表，在本系统内实施，用来收集有关部门的业务技术资料，作为国家统计报表的补充。地方统计报表是针对地区特点而补充规定的地方性统计报表，是为本地区的计划和管理服务的。

统计报表的资料来源于基层单位的原始记录。从原始记录到统计报表，中间还经过统计台账和企业内部报表。原始记录是基层单位通过一定的表格形式，对生产经营活动的具体内容和状况所进行的最初的数字和文字记载，具有广泛性、群众性、经常性和具体性的特点。如企业的产品产量、工人的出勤和工时记录、库存物资收付记录等。设置原始记录时，应遵循切合实际、统一协调、简明通俗、容易操作的设计原则，这样才能保证原始记录的准确可靠。

统计台账是基层单位根据统计报表的要求和基层经营管理的需要，按时间顺序设置的一种系统积累统计资料的表册。设置统计台账便于准确及时地填报统计报表，也便于系统地积累统计资料。原始记录、统计台账和统计报表之间联系密切，逐层递进。

二、普查

普查是一种为某种特定目的而专门组织的一次性全面调查。普查一般用来调查属于一定时点状态的重要社会经济现象，如人口普查、工业普查、农业普查等。普查能够掌握全面系统的国情、国力方面的统计资料，对于国家从实际情况出发制定国民经济和社会发展计划及产业政策，加强国民经济管理具有重要意义。

1．普查的特点

（1）普查是一种不连续调查。因为普查常用于调查时点现象，时点现象的数量在短期内往往变动不大，不需要做连续调查。

（2）普查是一种全面调查。它比其他任何调查方法都更能全面、系统地反映国情、国力方面的基本统计资料。

（3）普查花费的人力、物力、财力和时间较多，不宜经常组织。普查和全面统计报表都属于全面调查，但两者是有区别的。普查属于不连续调查，调查内容主要是反映国情、国力方面的基本统计资料；而全面统计报表属于连续调查，调查内容主要是需要经常掌握的各种统计资料。全面统计报表需要经常填报，因此报表内容固定，调查项目较少；而普查是专门组织的一次性调查，在调查时可以包括更多的单位，分组更细，调查项目更多。因此，有些社会经济现象不可能也不需要进行经常调查，但又需要掌握更全面、详细的资料，这就要通过普查来解决。普查要耗费较大的人力、物力和财力，还会耗费较多的时间，不能经常进行，因此，取得经常性的统计资料还要靠全面统计报表来完成。

进行普查的方式有两种：一种是自上而下成立专门普查机构，并由这些机构组织普查人员对调查单位进行直接登记，如我国历史上几次人口普查都采用这种形式；另一种是在各单位的会计统计和业务核算资料、报表资料的基础上，结合实际盘点和实际观察，由调查单位自己填写调查表，如我国历次进行的物资库存普查就属于这种形式。

2．组织普查工作时应遵循的原则

（1）规定统一的普查标准时间，即普查资料的所属时间，以避免收集资料的重复或遗漏。如我国第六次人口普查的标准时间是 2010 年 11 月 1 日零时。

（2）普查期限应尽可能统一。在普查范围内的各调查单位应尽可能同时进行调查，并尽可能在最短期限内完成，以便在方法、步调上取得一致，以保证资料的真实性和及时性。

（3）统一规定普查的项目和指标。普查项目一经统一规定，就不能任意改变或增减，以免影响汇总综合，降低资料质量。

（4）同类普查应按照一定的周期进行。普查可以不定期进行，但某些重要的普查，应尽可能按照一定周期进行，这样便于历次资料进行动态对比，也便于尽早做好普查的各项准备工作。例如，我国对目前法定的几项全国性普查的规定是：人口普查和农业普查均每10 年进行一次，调查的标准时间分别为逢 0 和 6 的年份；2004 年开展了第一次全国经济普查，它是以前的工业普查、第三产业普查和基本单位普查的合并，并且纳入了建筑业普查，以后经济普查每 5 年一次，调查的标准时间为逢 3 和 8 的年份。

按照普查资料汇总特点的不同，普查又可分为一般普查和快速普查两种组织形式。一般普查是采取逐级布置和逐级汇总上报的方法，这种普查所花费的时间较长。快速普查无论是布置普查任务还是报送资料，都越过中间环节，由组织领导普查工作的最高机关直接把任务布置到各基层单位，各基层单位把调查结果直接报送组织普查工作的最高领导机关，这样可以缩短资料的传递和汇总时间。

三、抽样调查

抽样调查是一种非全面调查，可分为随机抽样和非随机抽样两种。随机抽样是在全部调查单位中按照随机原则抽取一部分单位进行调查，根据调查的结果推断总体的一种调查方式。例如，要检验某种产品的质量，从整个产品中随机抽取若干产品进行检验，看它们的合格率或不合格率是多少，然后以此推断全部产品的合格率或不合格率，还可以推算合格或不合格产品的总量等。非随机抽样是有意识地抽取单位进行调查，从而认识研究对象的变动情况和发展规律。非随机抽样一般不以样本数据来推断总体，且其误差难以事先计算，主要用于探索性调查。下文中谈到的抽样调查仅指随机抽样调查。

1. 抽样调查的基本特征

（1）按照随机原则抽选单位。所谓随机原则是指总体的每一个单位都有同等被抽中或不被抽中的可能，哪个单位被选中或不被选中不受主观因素的影响。例如，采用随机数表法来抽选调查单位，总体中每个单位都有同等被选中的可能，因此，抽选的结果有很大的可能性使样本保持同总体相似的结构，样本对总体的代表性大大增强，能够如实地反映总体的特征，估计误差也较小。

（2）对部分单位调查的目的是推算总体的基本情况。根据数理统计的原理，抽样调查中样本指标和对应的总体指标之间存在内在联系，而且两者的误差也是有规律可循的，因而提供了用实际调查的部分信息对总体数量特征进行推断的科学方法。

（3）抽样误差可以事先计算并加以控制。以样本资料对总体数量特征进行推断，不可避免地会产生代表性误差，但抽样调查的代表性误差是可以根据有关资料事先计算并可通过一定途径来控制的，这样可以保证推断结果达到预期的可靠程度。

2. 抽样调查的优越性

（1）费用少。与全面调查相比较，抽样调查的调查单位少，可以大大减少工作量，节省各种费用开支。

（2）速度快。抽样调查是组织专业队伍，只对抽取样本单位进行调查，减少了很多中间环节，增强了调查的时效性。

（3）灵活性大。抽样调查组织方便，调查项目可多可少，调查范围可大可小，既适用于各种专门调查，也适用于经常性调查。只要需要，随时都可以进行调查。

（4）准确性高。抽样调查是采取随机原则从总体中抽取样本单位进行调查，完全排除了调查者主观因素的影响，使样本更具代表性。同时，经由少数优秀人员施予特殊训练及配合特殊设备实行调查，可得到较深入、正确的调查结果。

3. 抽样调查的主要应用场合

（1）用于没有可能或没有必要进行全面调查的场合。抽样调查能够解决全面调查无法解决的问题，如要检查灯泡的使用寿命情况，属于破坏性实验，只有通过抽样调查来完成。再如，要了解炮弹的平均射程，只有通过有限次的实验，利用样本数据来进行估计。另外，还有些现象由于总体范围大，时间空间跨度大，很难也没有必要进行全面调查，而一般采用抽样调查；如要了解某城市居民家庭的消费支出、消费者对某品牌商品的满意度等。

（2）用于时效性要求较高、来不及进行全面调查的场合。例如，农产品的供求关系到国计民生，及时掌握主要农产品产量的信息是十分必要的，但我国幅员辽阔，若要对农产品产量进行全面调查，势必耗时太久，影响数据的时效性。所以，我国农产品产量的调查主要采用的是抽样调查。

（3）用于补充和修正全面调查的结果。例如，我国的人口普查每 10 年进行一次，在每两次普查之间要进行一次 1%人口抽样调查（逢 5 的年份），用以补充人口普查的结果。再如，在每次人口普查填报和复查完毕后，按照规定就要采用抽样方法抽出一定比例的人数进行重新调查，以此为标准来衡量普查的出错率，以修正普查的数字。

4. 抽样调查的基本形式

抽样调查的组织形式有多种，其基本形式有简单随机抽样、类型抽样、等距抽样和整群抽样等。

（1）简单随机抽样。简单随机抽样是指按随机原则直接从总体 N 个单位中取 n 个单位作为样本。即在抽样之前，对总体不作任何分组、排列，完全客观地从中抽取样本单位。简单随机抽样在抽取样本单位时主要有以下几种抽选方法。

① 抽签法。即先给总体的各个单位编上序号，将号码写在纸片上，掺和均匀后从中随机抽选，直到抽够预先规定的样本单位数为止。例如，在某城市某街道所管辖的 10 000 户居民中，采用抽签法抽出 200 户居民进行调查。其操作方法为：做 10 000 张纸片，写上 1～10000 号，从中抽取 200 张，被抽中的居民就构成样本。

② 随机数表法。即先将总体的全部单位加以编号，根据编号的位数确定使用随机数表的栏数，然后从随机数表的任意一栏、任意一行的数字开始，按事先规定的方向依次摘录属于编号范围内的数字，即为样本单位。

③ 利用摇号机或计算机随机取数。随着科学技术的进一步发展，应用现代技术进行的随机抽样也大量应用于抽样实践中。如许多彩票的中奖号码就经常是使用摇号机来随机产生的。采用计算机随机取数的方法是利用一个计算机程序或随机函数来自动生成一系列随机数字。

简单随机抽样的优点是方法简单，易于理解，直接从抽样框中抽取样本，抽取概率相同，计算抽样误差及总体指标比较方便。当总体较小时，可采用抽签法；当总体较大且方便得到一个有顺序号的清单时，可采用随机数表法。简单随机抽样在理论上是最符合随机原则的一种方式，但在实际调查时遇到的总体往往很大，给编号带来困难，而且有些总体清单是根本无法得到的，所以这种方式在实际调查时很少单独应用。

（2）类型抽样。类型抽样也称分层抽样，它先对总体各单位按一定标志进行分类（也叫分层），然后再分别从每一类（层）中按随机原则抽取一定的单位构成样本。类型抽样可分为等比例抽样和不等比例抽样两种组织方式。

等比例抽样是指各层中的抽样比例相同，即各层样本单位数与该层总体单位数的比例相同，如抽样比例为 5%，则各层都按 5%来抽样，那么包含 500 个总体单位的层就要抽 25 个样本单位，包含 800 个总体单位的层就要抽 40 个样本单位。采用等比例抽样是为了使样本结构与总体结构接近，避免样本平均数因各组比重差异而产生误差。等比例抽样易于理解和操作，可以保证样本结构与总体结构在选中的分类标志方面的一致性，因而提高了样本的代表性。但在实际操作中，特别是在各类别的差异很大时，等比例抽样显得很不经济。

不等比例抽样是指各层中的抽样比例不完全相同。一般是根据实际情况和大数定理要求，对有较大影响但数量较少的层次分配较大的抽样比例，而对数量较多的层次分配较小的抽样比例。

类型抽样比简单随机抽样更精确，能够通过对较少的样本单位的调查，得到较精确的推断结果。但是，类型抽样要求在抽样之前必须具有完整的包含总体单位分类信息的抽样框。

（3）等距抽样。等距抽样也称机械抽样或系统抽样，它是事先将总体按某标志进行顺序排列，然后按固定间隔来抽选样本单位的一种抽样组织形式。等距抽样表面的特点是"等距"，而实质的特点是对其抽样框的要求按"一定标志"排列起来。这种标志可以是已经存在的（如家庭住址、电话号码等），也可以是陆续出现的（如流水作业上连续不断出现的产品，则以"出现时间顺序"为标志）。作为总体各单位顺序排列的标志，可以是无关标志，也可以是有关标志。

无关标志排序抽样是指排序的标志与所研究的单位标志值的大小无关或不起主要影响作用，如居民家庭生活水平调查按街道的门牌号码抽取调查户，学生的学习情况调查按班级里的学号顺序抽取学生等。无关标志排序抽样可以保证抽样的随机性，实质上相当于简单随机抽样。

有关标志排序抽样是指排序的标志与被研究的标志有关。例如，要研究家庭消费水平，按家庭收入额进行排序；要了解学生的学习情况，按考试成绩进行排序等。按有关标志排序可以利用辅助信息，使抽样估计的效率提高，但必须采用科学的方法，以避免由于抽样间隔与排序标志的周期性变化的重合所产生的系统性误差。

等距抽样能够使抽出的样本单位更均匀地分布在总体中，其误差一般比简单随机抽样的误差小，特别是当研究现象的标志变异程度较大时，更能显示出它的优越性。

（4）整群抽样。整群抽样是先将总体划分为若干群，然后从中随机抽取部分群，对抽中群的所有单位进行全面调查。整群抽样的优点是节约和方便。整群抽样不需要编制总体单位的名单，只需编制总体群的名单，确定一个群便可以调查许多单位。但是，正由于抽样单位比较集中，限制了样本在总体中分布的均匀性，所以以代表性较低，抽样误差较大。在实际工作中，运用整群抽样时通常都应增加一些样本单位，以减小抽样误差，提高估计的准确性。

四、重点调查

重点调查是在全部调查单位中，只选择一部分重点单位进行调查，借以了解总体基本情况的一种非全面调查。所谓重点单位是指其数目在全部单位数中只占很小的比重，但其调查的标志值在总体的标志总量中却占很大的比重，通过对这部分单位进行调查，就能够从数量上反映出总体的基本情况。例如，要了解全国钢铁生产的基本情况，只要对钢铁产量位居全国前列的几家或几十家钢铁企业进行调查，就能及时掌握全国钢铁产量的基本情况。因为这些重点钢铁企业在全国钢铁企业中虽然是少数，但它们的钢铁产量却占有很大的比重，足以反映我国钢铁生产的基本情况。可见，采用重点调查要比全面调查节省人力、物力和时间，能及时了解并掌握调查对象的基本情况。

正确选择重点单位，是组织重点调查的关键。重点单位并不是固定不变的，而是随着调查任务、调查对象、调查时间的不同有所变化。因此，要随着情况的变化而随时调整重点单位。选择重点单位的一般原则是：首先，选出的重点单位要尽可能少，而它们的指标值在总体指标中所占的比重要尽可能大。其次，要求被选中单位的管理制度必须健全、完善，统计工作扎实，这样才能及时提供详细、准确的资料。根据调查任务和所研究问题的性质不同，重点单位可以是一些重点企业，也可以是某些重点行业、重点地区和重点城市。由于重点调查中重点单位的选择主要取决于所研究现象的主要标志总量的比重，因而其选择不带有主观因素。例如，某单位管理先进、技术先进，但其主要标志的标志总量不占有较大比重，这个单位就不能列为重点单位。

由于调查单位较少，调查项目可多一些，所以了解的信息就更详细。又由于所选择的重点单位一般管理水平较高，技术水平较强，统计基础工作较好，因此在调查资料的质量方面会比全面调查的效果好。对于具有大量总体单位的现象，其中一些单位规模很小，重点调查就更具有应用意义了。

在实际工作中，根据研究问题的需要，重点调查可以定期进行，也可以不定期进行。更多的重点调查是临时的专门组织进行的调查。

五、典型调查

典型调查是一种非全面调查，它是根据调查的目的和任务，在对所研究现象总体进行初步分析的基础上，有意识地选取若干具有典型意义的或具有代表性的单位进行的调查，其目的是认识事物发展变化的规律。

1. 典型调查的特点

（1）调查单位的选择主要取决于调查者的主观判断与决策。因为调查单位是根据调查的目的与任务，在对现象总体进行初步分析的基础上，有意识地选择出来的。显然，调查单位的选择更多地取决于调查者的主观判断与决策。因此，调查人员的经验将会影响到调查单位的选择。

（2）典型调查的结果一般不宜用于推断总体。典型调查主要是为了探索认识事物发展变化的趋势及规律性。

2．典型调查的作用

在统计实践中，典型调查的作用也是其他调查方式无法取代的，具体表现在以下方面。

（1）它只对少数典型单位进行调查，调查单位少，能对典型单位做深入细致的调查，进行具体剖析。

（2）调查的内容具有很大的灵活性。根据需要，调查既可以从事物的数量方面进行，也可以从事物的质量方面进行。

3．典型调查的形式

典型调查的形式有两种：一种是"解剖麻雀"式的典型调查，这是一种对个别典型单位进行的深入、细致的调查；另一种是"划类选典"式的典型调查，这种调查先对现象总体按照与研究目的任务有关的主要标志进行分类，然后在各类型中选择典型单位进行调查。

做好典型调查的关键是正确选择典型单位，保证其有充分的代表性。典型单位的多少，要根据调查对象的特点来确定。如果调查对象的各单位之间差异较小，发展比较均衡，可选择一个或若干个典型单位进行，即采用"解剖麻雀"式的典型调查；如果调查对象的各单位之间差异较大，发展很不均衡，或者研究的问题比较复杂，可采取"划类选典"式的典型调查，从各种类型中选取少数典型单位进行调查。

一般情况下，为推动事物的发展，形成科学预见，应选择新生事物的典型；为推广先进的经验、树立榜样，应选择先进的典型；为总结经验教训，应选择落后的典型。

不同的统计调查方式，各有其特点和作用。在实际工作中，并不是单独使用一种调查方式，而是多种方式结合应用。因为国民经济和社会发展情况复杂，国民经济门类众多，必须应用多种多样的统计调查方式才能收集到丰富的统计资料。任何一种统计调查方式都有它的优越性和局限性，也有不同的应用条件，所以只用一种统计调查方式是无法满足多种需要的。

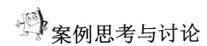 案例思考与讨论

【案例 2-1】　　　　　　　××市香烟消费市场调查方案[①]

1．调查背景、目的

为加强烟草专卖管理，有计划地组织烟草专卖品的生产和经营，提高烟草制品质量，维护消费者利益，以期对××香烟市场有一个更为准确、真实的认识。

[①] 这是一家调查咨询中心受某市××烟草公司的委托所策划和实施的一项调查的计划。本书尊重有关单位的意愿，隐藏了调查地区和相关单位的名称。编者对方案内容作了适当删减和修改。

本次调查收集××烟草市场的第一手数据，了解××的烟民现状及烟民变化趋势、××香烟消费者的香烟消费现状及消费变化趋势、××香烟的消费特性及变化趋势、××香烟市场结构现状及变化趋势、××香烟市场容量状况及需求变化趋势、××香烟市场业态结构状况及其行为状况。

2．调查范围和调查对象

本次调查将对××香烟市场进行第一手资料的收集，对××香烟的消费者和香烟零售商分别进行问卷调查。

调查范围为××市及其所辖区、县。

调查对象：（1）消费者调查，16～65 岁的香烟消费者；（2）终端销售调查，香烟零售商。

3．调查方法

本次专题调查采用对抽中样本派访问员到户面访法（Door to Door）。

拟采用分层、多阶段、整群、等距随机抽样。根据调查经费来确定调查的样本量，然后收集区县人口数，并按全市各区县的地理位置和人口等进行抽样，确定抽选距离，确定抽样调查城市。

分层就是将被调查城市居民调查总体按地理区域（区县）分为 N 层。每一居民家庭作为一个群体，对抽中家庭中的香烟消费成员进行调查。

多阶段抽样是指在总体中分别采用四个阶段抽选居民调查户：第一阶段，按人口比例确定区县样本；第二阶段，从区县抽选调查街道；第三阶段，从抽中街道抽选调查居委会；第四阶段，从抽中居委会抽选最终调查单位居民家庭。

抽选调查街道、抽选调查居委会均采用人口比例法（PPS），抽选调查户采用随机等距法。

本次烟草专题调查的主要指标的调查结果既要兼顾所抽中城市的代表性，又要考虑委托方所能够提供的调查经费等因素。为保证调查信息的准确性，根据调查经验，初步确定调查样本由 6 000 个样本单位组成，其中居民家庭 4 500 个，零售商 1 500 个。以抽样地区的母体结构抽取样本，在各调查城市按第二阶段 PPS，各调查区县具体建议样本量如表 2-2 所示（单位：户）。

表 2-2　各调查区县具体建议样本量

区　县　编　号	消　费　者	零　售　户
1	300	120
2	280	100
3	300	120
4	300	120
5	300	120
6	200	50

续表

区县编号	消费者	零售户
7	200	50
8	220	70
9	200	60
10	240	90
11	220	70
12	220	90
13	200	60
14	200	60
15	220	60
16	220	60
17	240	80
18	220	70
19	220	50
合　计	4 500	1 500

4．调查内容

（1）消费者调查的内容。性别、年龄、职业、文化程度、个人月收入、居住、区域、家庭结构、家庭月消费状况；香烟消费总量；消费频率；各品牌知名度测试；各品牌市场占有率；消费者的品牌偏好及原因；消费者了解新品上市的途径；购烟时最关心的因素；改换常抽品牌的原因；对所消费产品的评价；今后消费变化趋势。

（2）零售商（户）调查的内容。香烟销售数量及品牌；接受过的宣传促销活动；各品牌销量；主要销售品牌；最畅销品牌及原因；最乐意销售品牌及原因；影响销售的原因。

5．调查分析的流程

确定项目→确定调查方案→项目培训→抽样实施→访问开始→返回问卷→问卷审核、编码→数据处理→提供分析报告。

6．时间进度安排

今年 11 月中旬　　××调查咨询中心准备"××香烟市场状况调查"策划书。

今年 11 月下旬　　××烟草公司对策划书进行研究、比较和认定。

今年 11 月底　　项目组设计问卷。

今年 12 月初　　××烟草公司与信息中心共同讨论、确认问卷。

今年 12 月上旬　　开始抽样工作。

今年 12 月中旬　　对调查负责人和访问员进行培训。

今年 12 月底　　各地进行入户调查。

明年 1 月初　　　各地对调查结果进行复查，对部分区县进行检查。

明年 1 月上旬　　各地对数据进行审核并上报。

明年 1 月中旬　　数据审核、汇总、检索。

明年 2 月初　　　提交调查报告。

明年 3 月初　　　提交深度分析报告。

7．质量控制措施

调查质量控制的要求和措施有以下几个方面。

（1）要严格按照抽样方案抽选调查样本，保证调查样本的随机性、准确性。

（2）现场调查中，在对每一个被调查者访问记录后，调查员都要对填写的内容进行全面检查，如有疑问应重新询问落实，如有错误应立即改正。

（3）调查员对每天的调查结果应进行检查，如发现疑问应尽快重访，不得主观臆造、弄虚作假。

（4）督导员对调查员经过复查送交的调查表，要认真核实无误后，方可签字验收。

（5）在数据录入过程中，录入人员若发现调查表有错误，要及时记录并报告督导员，必要时应通知调查责任人回访。

（6）调查实施过程中，××调查咨询中心和××烟草公司将组成联合检查组，随时对部分市县的调查工作进行抽查。

8．调查分析报告

本项目除得到××香烟市场第一手原始数据外，还将整理调查数据，撰写调查报告。

（1）撰写统计报告，对第一手资料进行简单汇总，产生相应的统计图表。

（2）撰写深度分析报告。为便于××烟草公司对调查结果的充分利用，将调查得到的第一手资料进行深加工，利用经济学、市场学、心理学的理论，先进的运筹学、统计学方法以及现代数据挖掘技术，对原始数据进行处理和专题分析。利用调查原始数据，进行如下四个方面的专题深度分析：烟民现状及变化特性分析、香烟市场结构及变化趋势预测分析、香烟市场容量及趋势预测分析以及香烟零售商现状及其行为特性分析。

9．调查的组织与实施

为保证项目的顺利进行，××烟草公司、××局、××学会、××大学工商管理学院将组织项目小组负责项目研究及协调进度。

双方项目小组固定两周开会一次（或电话会议），讨论相关信息及研究进度。决策主管须参与会议，若不能参加，须派决策主管助理参与会议讨论。定期讨论项目执行情况。会议由×××调查咨询中心主持。

10．成本预算

调查过程中必然发生的费用有调查礼品费、调查劳务费、抽样费、复核费、会议费、培训费、交通费、通信费、问卷设计费、问卷印刷费、数据处理程序费、数据处理费和调查报告费等。平均摊在每份问卷上的费用及费用总额（具体数据略）。

思考与讨论问题：

1．此项调查的调查目的与调查对象和调查内容之间有什么样的联系？

2．该调查方案是否完整？

3．香烟消费者的调查内容除了香烟消费量、消费频率和品牌偏好等内容外，为什么还要包括性别、年龄、职业和文化程度等消费者基本信息？

4．尝试根据该方案中的要求设计出对香烟消费者的调查问卷或对香烟零售商的调查问卷。

【案例2-2】 **应届本科毕业生就业状况调查问卷**

亲爱的同学：

你好！

我们正在进行一项关于应届本科毕业生就业问题的问卷调查，希望通过这一调查对完善学校的就业指导工作提供科学参考，从而对有效解决毕业生面临的就业难题产生积极影响。请根据自己的实际情况回答每一个问题。你的回答将直接影响本项研究的可信度和有效性。

谢谢你的理解和合作！

××大学就业指导中心

主 问 卷

Q1．你的毕业去向是（　　　）。

  A．就业   B．读研

  C．出国   D．其他（请注明具体去向_____）

Q2．在求职过程中，你优先考虑的因素是（　　　）。（可选一项或两项）

  A．地域   B．单位性质   C．家庭期望

  D．薪酬与福利   E．个人发展机会

Q3．你优先考虑的就业单位类型是（　　　）。（限选一项）

  A．政府机关   B．国有企业   C．三资企业

  D．民营企业   E．其他（请注明单位类型_____）

Q4．你能接受的月薪起点是（　　　）。

  A．2 000 元以下   B．2 000～4 000 元   C．4 000～6 000 元

  D．6 000～8 000 元   E．8 000 元以上

Q5．在求职过程中最困扰你的问题是（　　　）。（可选一项或两项）

  A．个人能力不足   B．学校就业指导不够（包括就业信息不足）

C. 求职方法技巧欠缺　　D. 缺乏社会关系

E. 用人单位选拔不公正　　F. 其他

Q6. 你在求职过程中遇到的与自身能力相关的主要问题是（　　）。（可选一项或两项）

A. 专业能力　　　　　　B. 自我表达能力　　　　C. 外语能力

D. 人际交往能力　　　　E. 环境适应能力

Q7. 你的求职现状是（　　）。

A. 已签约　　　　　　　B. 已有意向但还没有签约（转到 Q10）

C. 还没有签约意向（转到 Q10）

Q8. 你已签约的就业地区是（　　）省（市）。

Q9. 你已签约的就业单位是（　　）。

A. 政府机关　　　　　　B. 国有企业　　　　　　C. 三资企业

D. 民营企业　　　　　　E. 其他（请注明单位类型＿＿＿＿）

Q10. 你所找的工作与所学专业的关联程度是（　　）。

A. 专业对口　　　　　　B. 有一定关联　　　　　C. 几乎没有联系

Q11. 你认为解决就业问题的有效方法是（　　）。（可选一项或两项）

A. 调整个人心态，降低择业标准

B. 学校与社会提供更好的就业指导和服务

C. 在大学期间重视自身能力的全面培养

D. 政府相关政策的支持

E. 其他

Q12. 你认为最有效的求职途径是（　　）。（可选一项或两项）

A. 通过家庭和个人社会关系、托熟人

B. 通过学校提供信息和推荐

C. 人才招聘会和人才市场

D. 人才招聘网络

E. 其他

Q13. 你认为以下证书对于找工作的影响程度是（请在你认为合适的空格上打 √）。

证　书	很　重　要	重　　要	一　　般	不　重　要	很 不 重 要
计算机等级证书					
外语六级证书					
辅修专业证书					
从业资格证书					
省部级以上获奖证书					
其他（请注明）					

Q14. 就个人知识结构与职业需求来看，你认为改革学校教育包括改革课程体系对改善大学生就业状况有帮助吗？（　　　）

  A. 非常有帮助   B. 比较有帮助

  C. 不太有帮助   D. 没有帮助

Q15. 结合你的求职经历，你认为现在用人单位的需求与学校教育模式（包括专业培养，如课程设置和其他能力培养）之间存在怎样的差距？

回答：

Q 16. 请问你对解决大学生就业难问题有何建议？

回答：

个人基本情况

D1. 你的性别（　　　）。

  A. 男性   B. 女性

D2. 你的专业是（请注明_____）。

D3. 你来自（　　　）。

  A. 大城市   B. 中小城市   C. 农村

D4. 你在大学期间是否担任过学生干部？（　　　）

  A. 是   B. 否

D5. 你的家庭经济状况使你在大学学习期间（　　　）。

  A. 不需要申请助学贷款或其他方面的资助

  B. 需要申请经济方面的支持但没有申请

  C. 依靠助学贷款或其他形式的资助以完成学业

思考与讨论问题：

1. 该调查问卷由哪几大部分的内容组成？设计"个人基本情况"的调查项目（问题）对此项调查分析有何具体意义？

2. 该调查问卷中设计了哪些类型的问题？哪些是封闭式问题？哪些是开放式问题？

3. 该调查问卷中设计的问题答案选项有哪些类型？为什么有些问题可选两项而有的只要求选择一项？两者对数据汇总有何影响？

4. 该调查问卷中问题的排列顺序是否合理？每个问题下备选答案的表述、数量及顺序是否恰当？

5. 如果要对全国应届大学本科毕业生进行就业状况调查，你认为该调查问卷是否同样适用？

6. 如果采用网上调查来收集数据，你认为有何优点和缺点？调查数据与实际情况的误差可能来源于哪些方面？

思考与练习

1．统计数据的来源及其质量要求有哪些？

2．一个完整的统计调查方案包括哪些主要内容？

3．请在本校随机抽取部分学生，对其手机消费情况进行调查，通过本次调查，了解以下主要内容：（1）了解大学生每月手机的消费状况，包括每月平均话费等；（2）了解大学生对手机的喜好偏向；（3）通过调查，分析现在大学生对手机品牌及生产商的认知情况；（4）掌握大学生对各种手机品牌的态度；（5）分析大学生对手机的消费行为和消费特点。

要求：

（1）设计一个完整的调查方案。

（2）设计一份调查问卷。

（3）利用业余时间进行调查。

（4）将调查资料收集好待整理分析使用。

4．某床上用品公司为了解其床上用品、布艺品、睡衣等产品的市场竞争环境和客户需求等情况，决定进行一次市场调查。这次调查的主要目的有以下几个方面。

（1）获得某市消费者的个性化特征，包括年龄、性别、收入、职业、教育、婚姻、家庭人口和居住城区等信息，并作为分析变量与其他因素结合，以便深入分析该市消费者行为特征。

（2）了解消费者最喜欢的品牌、目前使用的品牌、打算购买的品牌等。

（3）了解相关产品的消费者行为特征，包括获得采购信息的主要途径，购买时间选择，购买渠道选择，购买动机，价格段分布（包括单件、套件），影响购买决策的主要因素，以及顾客最喜欢的促销方式、产品规格、花色、款式、质地、包装等。

（4）结合消费者的购买渠道选择情况，了解该市主要商圈的租金、人流量等信息。

（5）结合消费者获得采购信息的主要途径，提供该市相关媒体的受众和价格信息。

要求：根据以上调查目的，确定调查对象及调查单位，确定具体调查项目，设计一份调查问卷，并选择适合的调查方式。

5．一份完整问卷的结构包括哪些内容？

6．什么是甄别？甄别的主要目的是什么？

7．在设计问卷提问项目时应注意哪些问题？

8．什么是开放式问题？什么是封闭式问题？各有什么特点？

9．封闭式问题答案的设计应遵循哪些原则？

10．封闭回答式问题答案的设计可采取哪些形式？

11．问卷中问题顺序的设计应注意哪些问题？

12. 下面是在一些问卷中挑出的不恰当问句，请你指出其错误之处，并改正。

（1）你是经常还是偶尔坐飞机？

（2）你用什么剃须刀？

（3）请问去年以来，你都用过哪些品牌的卫生纸？

（4）请问你的年龄？

（5）你的月收入是多少？

（6）你的轿车是贷款买的吗？

（7）你认为葡萄酒的分销是否充分？

（8）你认为《销售与市场》杂志是最好的营销杂志吗？

（9）买可口可乐，让外国人赚更多的钱；买非常可乐，扶持民族产业，你的选择是什么？

（10）为了减少环境污染，所有的洗衣粉都应该是无磷的，你是否同意？

13．什么是抽样调查？随机抽样调查的特点是什么？

14．举例说明抽样调查在现实生活或工作中的应用。

15．重点调查、抽样调查、典型调查在选取调查单位时有何不同？试举例说明。

16．简述整群抽样、分层抽样和系统抽样的区别。

17．某市旅游局为了了解当地居民的旅游消费行为，决定在该市进行抽样调查。这次调查的要求是：调查内容全面，调查精确度高。调查的条件是：调查时间和经费比较宽松。此外，已知该市共有 500 万常住居民。该旅游局设计的调查方案中有关调查方式的内容如下。

根据该市城区的布局，按照城北、城南、城东、城西、城中对居民进行分群，采用电脑随机抽样方式选出调查的居民家庭。然后，根据在本市居住 5 年以上、年龄在 28 岁以上两个指标选出居民家庭中被调查的成员，有关方面的内容如下。

（1）目标总体：调查期内，在该市根据工作电话号码选择居民家庭中符合条件的成年人。

（2）抽样方式：利用计算机程序产生随机的电话号码。

（3）抽样规模：10 000 人。

（4）调查对象：如果一个家庭中有多个符合条件的成员，则选择即将过生日的那位成员。

要求：根据以上案例回答下列问题。

（1）你认为这份调查方案中抽样方式的设计是否恰当？为什么？

（2）你认为这份调查方案中抽样规模的设计是否恰当？为什么？

（3）你认为这份调查方案中确定调查对象的方式是否恰当？为什么？

第三章　统计数据的整理与展示

📚 学习目标

- 了解统计数据整理的意义。
- 掌握统计分组的方法。
- 掌握分配数列的编制方法。
- 熟悉统计表的结构及编制方法。
- 熟悉统计图的特征和绘制方法。
- 掌握 Excel 在统计数据整理中的运用。

第一节　统计数据的整理

一、统计数据整理概述

（一）统计数据整理的意义

统计数据整理是根据统计研究任务的要求，对统计调查阶段所收集到的大量原始资料进行加工与汇总，使其系统化、条理化、科学化，最后形成能够反映现象总体综合特征的统计资料的工作过程。

通过统计调查所收集到的统计数据是零星的、分散的、不系统的，它只能说明总体单位的个别情况，而不能反映总体的特征，不能深刻揭示现象的本质，更不能从量的方面反映现象发展变化的规律性。统计数据整理是对调查所收集的资料进行科学加工，使之系统化、条理化，成为说明总体特征的综合资料，实现由反映总体单位特征的个别标志向反映总体综合数量特征的统计指标的转化，是从对社会经济现象个体量的观察到对社会经济现象总体量的认识的连接点，是人们对社会经济现象从感性认识到理性认识的过渡阶段。

（二）统计数据整理的程序

1. 对原始资料进行审核

在对数据进行汇总整理之前，必须对调查收集的原始数据进行审核，以确保统计工作的质量。对原始资料的审核主要包括资料的及时性、完整性和准确性审核。经审核后若发现错误，应根据不同情况及时纠正和处理。

　　2．进行统计分组

　　按照整理表的要求选择最能说明现象本质特征的分组标志对原始资料进行科学的统计分组，统计分组是统计整理的关键。

　　3．进行加工汇总，编制分配数列

　　按统计分组的要求对统计调查单位的项目进行分组汇总，并在此基础上加以全面汇总，编制分配数列，使之能反映调查对象的全貌。

　　4．编制统计表和绘制统计图

　　将汇总整理后所得的结果采用恰当的统计表或统计图简明扼要地表达出来，以表明现象总体综合特征。

　　5．统计数据资料的积累、保管和公布

二、统计分组

　　（一）统计分组的意义和种类

　　1．统计分组的意义

　　统计分组是根据统计研究的需要，按照某种标志将统计总体区分为若干性质不同而又有联系的几个部分的一种统计方法。

　　总体的变异性是统计分组的客观依据。其做法对总体而言是"分"，对总体单位而言是"合"。其目的是把同质总体中的具有不同性质的单位分开，把性质相同的单位合并在一个组，保持各组内统计资料的一致性和组与组之间统计资料的差异性，以便进一步运用各种统计方法，研究现象的数量表现和数量关系，从而正确地认识事物的本质及其规律性。

　　科学的统计分组在统计数据整理中占有十分重要的地位，它是统计研究中最重要、最基本的方法之一，人们对社会现象进行的不同类型的研究，以及对现象内容结构及其相互关系等的研究，都是通过统计分组进行的。

　　2．统计分组的种类

　　（1）统计分组按分组标志的性质分为品质分组和变量分组。品质分组是指按品质标志进行的分组，主要反映的是被研究现象的质的属性或特征方面的差异。例如，人口按性别分为男、女两组，按居住地区分为城镇和乡村两组；企业按经济类型分为国有经济、集体经济、私营经济、个体经济、联营企业、股份制经济、外商投资经济以及港澳台投资经济等，均属于品质分组。变量分组是指按数量标志进行的分组，主要反映的是总体单位的数量特征方面的差异。例如，企业按职工人数、生产能力或固定资产数额分组等。

　　（2）统计分组按分组标志的多少分为简单分组和复合分组。根据研究现象总体的复杂程度和分析研究的任务，只按照一个标志进行分组，就是简单分组；如果按两个或两个以上的标志进行分组，并且层叠在一起，称为复合分组。例如，工业企业按规模可分为大、中、小型工业企业三个组，或将工业企业按轻重工业分为两个组，均属于简单分组；而如果将工业企业先按轻重工业分组，在此基础上又按企业规模分组，则形成以下的复合分组。

轻工业	重工业
大型企业	大型企业
中型企业	中型企业
小型企业	小型企业

复合分组的特点是可以从几个不同的角度了解总体内部的差别和关系，比简单分组更全面、更深入地研究问题。但在应用时要注意：第一，复合分组的标志不宜过多。复合分组随着分组标志的增加，所分组数也会成倍增加，被分配到各组的总体单位就会更加分散，这样违背了"大量"的原则，因而失去了通过分组来分析问题的意义。第二，只有在总体包括的单位数很多的条件下，适当采取复合分组才有意义。

（二）关于分组标志的选择问题

分组标志是将总体划分为不同组的标准或依据。统计分组的关键是分组标志的选择，因为选择什么样的分组标志就有什么样的分组、什么样的分组体系。分组标志选择得是否正确，关系到能否正确地反映总体的性质特征，能否实现统计研究的目的和任务。分组标志一旦选定，就必然突出了总体在该标志下的性质差异而掩盖了总体在其他标志下的差异。分组标志选择不当，就无法显示现象的根本特征，歪曲社会经济的真实情况。因此，正确选择分组标志是保证实现统计分组任务的关键，是统计研究获得正确结论的前提。

因此要恰当地选择好分组标志，必须注意以下问题。

1. 根据统计研究的目的进行选择

任何一个总体单位都有许多标志，究竟选择什么样的标志对总体中各单位进行分组，要依据统计研究的目的和任务来确定。例如，要研究某单位的生产经营情况，则其经营规模、职工人数、上缴税金、盈利能力和业务收入等都可以成为分组标志；如果要了解某学校学生的身体健康情况，应选择健康状况作为分组标志。

2. 若干个标志中，要选择最能反映事物本质特征的标志作为分组标志

每一个总体单位一般都具有多个标志，其中有的标志是反映其本质特征的，而有些则是非本质的、次要的。因此，进行统计分组时，要根据统计分组的目的，从众多的标志中选择最能反映现象本质特征的标志作为分组标志，并进行统计分组。例如，要说明改革开放以来我国居民家庭生活水平提高的情况，可供选择的分组标志有家庭就业人口数、赡养人口数、家庭收入总额和家庭人均收入额等。当然，最能体现我国居民家庭生活水平高低的标志应当是居民家庭人均收入额。

需要注意的是，同一标志在某一历史条件下最能反映事物的本质特征，而在另一历史条件下不一定能反映事物的本质特征。因此，随着历史条件的变化，分组标志也应改变。例如，在技术不发达的条件下，用职工人数的多少来表示企业的规模比较恰当，而在技术进步的时期或技术装备比较先进的条件下，采用固定资产的价值或产值作为分组标志就会

更恰当，更切合实际。

（三）统计分组的方法

1．品质分组的方法

如前所述，品质分组是按照品质标志进行的分组，品质分组有的比较简单，如人口按性别、民族分组等；但有的也比较复杂，各组界限不易划分，如国民经济按照部门进行分类。实际工作中，对于比较复杂的品质分组国家有统一规定的统计分类标准或分类目录，如我国把社会经济各部门划分为第一产业、第二产业和第三产业，如表 3-1 所示。

表 3-1 2015 年我国国内生产总值构成表

按产业划分	增加值/亿元	比重/%
第一产业	60 863	9.00
第二产业	274 278	40.53
第三产业	341 567	50.47
合　　计	676 708	100.00

资料来源：中华人民共和国 2015 年国民经济和社会发展统计公报

2．变量分组的方法

变量分组是按数量标志进行的分组，进行变量分组的目的并不是单纯确定各组在数量上的差别，而是要通过数量上的变化来区分各组的不同类型和性质。变量分组比较灵活，下面对其分组方法进行具体阐述。

（1）单项式分组与组距式分组。分组时，如果一个变量值作为一组，称为单项式分组。例如，居民家庭按人口数分组可分为 1 人、2 人、3 人、4 人、5 人及以上，共五个组。如果一个区间作为一组，就是组距式分组。区间的距离称为组距。例如，产品按合格率（%）可分为 70～80、80～90 和 90～100，共三个组，组距为 10 个百分点。

分组时，究竟应该在什么情况下采用单项式分组，什么情况下采用组距式分组呢？对于离散变量，如果变量值的变动幅度较小，可采用单项式分组，如家庭按人口数进行分组。如果变量值的变动幅度较大，变量值的个数又很多，则可采用组距式分组。因为这时如果再采用单项式分组，组数就会太多，单位在各组间的分布也太分散，这就会失去分组的意义。例如，某地区将企业按职工人数划分为 1 999 人以下、2 000～2 999 人、3 000～3 999人、4 000～4 999 人和 5 000 人以上，共五个组。由于该地区职工人数变动幅度大，则采用了组距式分组。

对于连续变量由于不能一一列举出其变量值，就不能采用单项式分组，只能采用组距式分组。例如，职工按月工资分组可分为 2 000 元以下、2 000～3 000 元、3 000～4 000 元、4 000～5 000 元和 5 000 元以上，共五个组。

在进行组距式分组时还应该注意组数与组距的确定问题。如果分组太多、太细，组距太小，容易将属于同类性质的单位划分到不同的组中；如果组数太少，组距太大，就会把不同性质的单位划分到同一组中，无法区分事物的界限，达不到正确反映客观事实的目的。因此，组距的大小、组数的多少，从原则上说，应该力求符合现象的实际情况，能够将总体分布的特点充分反映出来，不能强求一致。对于组数与组距应该先确定哪个，不能作机械规定，应该在大致了解原始资料分布集中趋势的基础上，对两者都要考虑。

（2）等距分组与不等距分组。在组距式分组中，如果每组的组距相等，则称为等距分组；组距不全等，则称为不等距分组。一般来说，在标志值变动比较均匀的情况下，采用等距分组。如前例的产品按合格率分组、企业按职工人数分组、职工按月工资分组均属于等距分组。在标志值变动很不均匀、变动幅度较大时，采用不等距分组。不等距分组更多地应根据事物性质变化的数量界限来确定组距。例如，中华人民共和国2016年国民经济和社会发展统计公报中将我国人口按年龄分组为：0～15岁、16～59岁和60周岁以上三个组。

有时，标志值是按照一定比例发展变化的，则可按照等比的组距间隔进行分组。例如，某商店按销售额分为50万元～500万元、500万元～5 000万元和5 000万元～50 000万元三个组，这是一个公比为10的不等距分组。不等距分组有时更能说明现象的本质特征。

（3）组限与组中值。在进行组距式分组时，组距两边的数据称为组限。其中，每组的起点值称为下限，每组的终点值称为上限。例如，50万元～500万元这组销售额中，50万元是下限，500万元是上限。组距等于上限与下限之差。

在确定组限时应该注意以下几个方面。

第一，最小组下限应低于最小变量值，最大组上限应高于最大变量值。

第二，组限的确定应该有利于反映总体分布的规律性。

第三，如果组距为5、10、…、100，则每组的下限最好是它们的倍数。

组限的表示方法应根据变量的性质而定，对于离散变量由于可以一一列举其变量值，而且相邻两个数值之间没有中间数值，不会出现遗漏问题。因此，离散变量相邻两组的上下限既可以间断，也可以重叠。例如，前面列举的企业按职工人数分组，其相邻两组上下限是间断的，也可采用重叠分组为：2 000人以下、2 000～3 000人、3 000～4 000人、4 000～5 000人和5 000人以上。连续变量相邻两个数值之间可能有无限多个中间数值，不可能一一列举，所以只能采用重叠组限，即上一组的上限就是下一组的下限，如前面列举的职工按月工资分组。

需要注意的是，在分组时，当某个标志值刚好就是相邻两组上下限数值时，一般是把此值归并到下限组。例如，前面列举的职工按月工资分组中月工资为3 000元时，应归为第三组（3 000～4 000元）中。

组中值是上限和下限之间的中点数值，它是各组上下限数值的简单平均，用来代表各组标志值的一般水平。计算方法为：(上限+下限)/2或下限+组距/2。例如，月工资2 000～3 000元一组的组中值为2 500元，3 000～4 000元一组的组中值为3 500元。

在组距式分组中，经常采用"多少以上"或"多少以下"来表示，这种组称"开口组"。例如，企业按职工人数分组中的"2 000 人以下""5 000 人以上"，职工按月工资分组中的"2 000 元以下""5 000 元以上"，均属于开口组。开口组组中值的确定是参照相邻组组距来确定的，即将相邻组组距作为本组组距以计算组中值。例如，职工按工资分组中，月工资"2 000 元以下"的组中值为 1 500 元，即(1 000+2 000)/2；5 000 元以上的组中值是 5 500 元，即(5 000+6 000)/2。

三、分配数列

（一）分配数列的概念和种类

分配数列也称次数分布或次数分配，是统计资料经过对某一标志分组后按一定的分组顺序，列出各组的总体单位数，形成一个反映总体单位在各组间分配情况的统计数列。分布在各组的总体单位数称为次数，又称频数。各组次数与总次数之比称为频率。

分配数列由两个要素构成：一是总体按某标志进行的分组；二是各组所出现的次数或比重，如表 3-2 所示。

表 3-2 　 2015 年年末我国人口的性别分布

性　　别	人口数/万人	占总人口的比重/%
男	70 414	51.22
女	67 048	48.78
合　　计	137 462	100.00
⇑	⇑	⇑
统计分组	次数（频数）	比重（频率）

资料来源：中华人民共和国 2015 年国民经济和社会发展统计公报

分配数列是进行统计分析的重要方法，是统计资料整理的一种重要结果。它可以表明总体的分布特征及内部结构情况，并可据此研究总体某一标志的平均水平及其变动的规律性。

分配数列按分组标志的性质不同可分为品质数列和变量数列。

按品质标志分组所编制的分配数列称为品质数列。对于品质数列，如果分组标志选择得当，分组标准定得合理，事物性质的差异表现就更清楚，总体中各组的划分也较容易解决，从而能准确地反映总体的分布特征。如表 3-2 就是一个品质分配数列。

按数量标志分组形成的分配数列称为变量数列。根据分组方法不同，变量数列又可分为单项数列和组距数列，组距数列根据组距是否相等又可分为等距数列和不等距数列。如表 3-3 就是一个变量数列且属不等距数列。

表 3-3　2015 年年末我国人口的年龄分布

按年龄分组/岁	人口数/万人	占总人口的比重/%
0～15	24 166	17.60
16～59	91 096	66.30
60 岁及以上	22 200	16.10
合　　计	137 462	100.00

资料来源：中华人民共和国 2015 年国民经济和社会发展统计公报

（二）变量数列的编制

考虑到单项数列的编制不存在困难，不等距数列的编制只能根据研究目的和现象的性质、特点而定等因素，所以这里仅以组距数列中等距数列为例来介绍其编制方法。

【例 3-1】某车间工人进行技能测试成绩（单位：分）如下。

57	89	49	84	86	87	75	73	72	68
75	82	97	81	67	81	54	79	87	95
76	71	60	90	65	76	72	70	86	85
89	89	64	57	83	81	78	87	72	61

要分析该车间工人的测试成绩，可以通过编制变量数列来反映工人的成绩情况，其编制步骤如下。

第一步，将原始数据按大小进行顺序排列，确定变量值的变动范围。以上数据杂乱无章，不易看出问题，将这些数据按大小顺序加以排列，就可以确定其变动范围、最大值、最小值，显示出基本变动趋势。

49	54	57	57	60	61	64	65	67	68
70	71	72	72	72	73	75	75	76	76
78	79	81	81	81	82	83	84	85	86
86	87	87	87	89	89	89	90	95	97

通过初步整理，可以看出该车间工人测试成绩的基本情况，最低分为 49 分，最高分为 97 分，成绩的变动幅度在 49～97 分，全距为 97-49=48（分），大多数工人的测试成绩在 60～90 分，不及格的和优秀的工人人数不多。

第二步，确定组数和组距。测试成绩属于连续变量，且变动幅度较大，采用组距式分组。组数的确定要根据研究对象的具体情况而定，对测试成绩的分析主要是从不及格、及格、中、良好、优秀等方面来考虑，可分为五个组。组数确定之后，就可以确定组距了。从资料及其研究目的来考虑，采用等距分组比较合适。组距的计算方法为：组距=(最大值-最小值)/组数=(97-49)/5=9.60（分），从计算角度出发，组距一般为 5、10 的倍数最好，尽量用整数，所以将组距定为 10。

第三步，确定组限的表示方法。测试成绩是连续变量，采用重叠组限的形式。

第四步，汇总各组次数，并计算各组频率。根据所确定的组数、组距及组限的表示方法，可以分别汇总出各组测试成绩出现的次数，并计算频率，形成变量分配数列，如表 3-4 所示。

表 3-4 某车间工人技能测试成绩统计表

按测试成绩分组/分	工人数/人	各级工人占总人数的比重/%
60 以下	4	10.00
60~70	6	15.00
70~80	12	30.00
80~90	15	37.50
90~100	3	7.50
合　计	40	100.00

从变量数列中可以看出，该车间的工人在不同分数层次上的分布情况。

为了进一步分析工人数在各成绩段上的分布情况，还可以在分组计算的基础上计算累计频数和累计频率。向上累计是将各组次数从变量值最小的组向变量值最大的组依次累计。反之称为向下累计。

【例 3-2】仍以例 3-1 的资料，分别进行向上累计和向下累计，如表 3-5 所示。

表 3-5 某车间工人技能测试成绩累计表

向 上 累 计				向 下 累 计			
成绩分组上限/分	频　数	累计频数	累计频率/%	成绩分组下限/分	频　数	累计频数	累计频率/%
60	4	4	10.00	0	4	40	100.00
70	6	10	25.00	60	6	36	90.00
80	12	22	55.00	70	12	30	75.00
90	15	37	92.50	80	15	18	45.00
100	3	40	100.00	90	3	3	7.50
合　计	40	—	—	合　计	40	—	—

向上累计的各累计数的意义是各组上限以下的累计频数或累计频率。当所关注的是标志值较小的现象的次数分配情况时，通常采用向上累计，以说明这些数值以下的所有数值所占的比重。表 3-5 第一组说明在 40 名工人中，测试成绩在 60 分以下的有 4 人，占总数的 10%。第二组则说明成绩在 70 分以下的有 10 人，占总数的 25%，依此类推。有时为表示在一定成绩以上的累计频数和累计频率，则采用向下累计。向下累计各累计数的意义是各组下限以上的累计频数或累计频率。当所关注的是标志值较大的现象的次数分配情况时，通常采用向下累计，以说明在这些数值上所有数值所占的比重。如表 3-5 中第五组表示在 40 名工人中，90 分以上的工人有 3 人，占总数的 7.5%。第四组表示 80 分以上的有 18 人，占总数的 45%，

依此类推。

（三）次数分布的主要类型

不同的社会经济现象会呈现出不同的次数分布。次数分布主要有以下几种类型。

1．钟型分布

钟型分布的特征是"两头小，中间大"，所绘图形似一口古钟，如图3-1所示。

从图 3-1 中可以看出，靠近中间的变量值分布的次数多，靠近两边的变量值分布的次数少。一般社会经济现象的次数分布都服从于这种分布，如居民家庭月生活费收入、商品市场价格等。

2．U型分布

U型分布的特征是"两头大，中间小"，所绘图形似倒扣的古钟，故又称倒钟型分布，如图3-2所示。

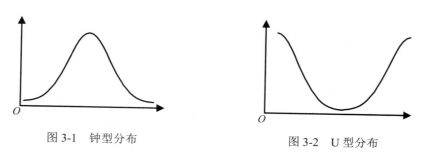

图3-1 钟型分布   图3-2 U型分布

从图 3-2 中可以看出，靠近中间变量值的频数少，两端变量值的频数多，如人口死亡现象按年龄分布即属于这种分布。

3．J型分布

J型分布的特征是次数随变量值的增大而增多，所绘图形是一条形似字母J的曲线。例如，人口按年龄大小的分布，如图3-3（a）所示；而如图3-3（b）所示似反向J字，属于J型的一种变型。

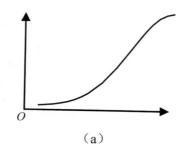
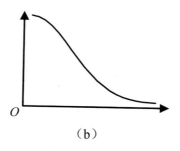

（a）   （b）

图3-3 J型分布

第二节　统计数据的展示

一、统计表

（一）统计表的意义和结构

1. 统计表的意义

统计表是用来表现统计资料的表格，是展示统计资料的常见方式。统计表能够将大量统计数字资料加以综合组织安排，使资料更加系统化、标准化，更加紧凑、简明、醒目和有条理，便于人们阅读、对照比较，说明问题清楚，从而更加容易发现现象之间的规律性。利用统计表还便于资料的汇总和审查，便于计算和分析。因此，统计表是统计分析的重要工具。

2. 统计表的结构

从表的形式上看，统计表由四个部分组成，即总标题、横行标题、纵栏标题和数字资料。总标题为整个统计表的名称，用来简明扼要地说明全表的主要内容，一般列在表的上端中部；横行标题是表中各横行的名称，在统计表中通常用来表示各组的名称，它代表统计表所要说明的对象，一般列在表的左方；纵栏标题是表中各纵栏的名称，在统计表中通常用来表示统计指标的名称，一般列在表的上方；数字资料列在各横行标题与各纵栏标题的交叉处，即统计表的右下方。统计表中任何一个数字的含义都由横行标题和纵栏标题共同说明。

从表的内容来看，统计表包括主词和宾词两个部分。主词是统计表所要说明的对象，也就是统计表所要反映的总体或总体的各个分组；宾词是说明总体的各个指标。一般情况下，主词排列在统计表的左方，即列于横行；宾词排列在表的上方，即列于纵栏。如表 3-6 所示是 2015 年我国人口按城乡分组形成的统计表。

总标题

表 3-6　2015 年年末我国人口城乡分布表

按城乡分组	人口数/万人	比重/%
城镇	77 116	56.10
乡村	60 346	43.90
合　计	137 462	100.0

主词栏　　　　宾词栏　　　横行标题　　纵栏标题

资料来源：中华人民共和国 2015 年国民经济和社会发展统计公报

（二）统计表的种类

统计表按照主词是否分组和分组的程度不同可分为简单表、分组表和复合表三类。

1. 简单表

主词未经任何分组的统计表称为简单表。它的特点是反映的内容只按顺序或按逻辑排列，并有合计数，一般是在对调查来的原始资料进行初步整理时采用这种形式。简单表的主词可以按总体单位简单排列，也可以按时间先后顺序简单排列。如表 3-7 就是按时间先后顺序排列的简单表。

表 3-7 2010—2015 年我国国内生产总值及人均国内生产总值统计指标

年　　份	国内生产总值/亿元	人均国内生产总值/元
2010	401 202.00	29 992
2011	471 564.00	35 083
2012	524 123.00	39 544
2013	588 018.80	43 320
2014	636 138.70	46 629
2015	676 708.00	49 229

资料来源：《中国统计年鉴 2015》及中华人民共和国 2015 年国民经济和社会发展统计公报

2. 分组表

主词只按某一个标志进行分组的统计表叫作分组表。其主词可按品质标志分组，也可按数量标志分组，如表 3-8 就是按一个品质标志分类的分组表。

表 3-8 2015 年我国对外直接投资额及其增长速度

按行业分组	对外直接投资金额/亿美元	比上年增长/%
农、林、牧、渔业	20.50	17.80
采矿业	108.50	-43.90
制造业	143.30	105.90
电力、热力、燃气及水生产和供应业	27.90	51.60
建筑业	45.00	-35.90
批发和零售业	160.20	-7.20
交通运输、仓储和邮政业	30.90	5.50
信息传输、软件和信息技术服务业	57.80	240.00
房地产业	90.60	193.20
租赁和商务服务业	416.70	11.90
合　　计	1 101.4	14.70

资料来源：中华人民共和国 2015 年国民经济和社会发展统计公报

3. 复合表

复合表是指主词按两个或两个以上标志进行重叠分组的统计表。复合表能把更多的标志结合起来，可以更加深入地分析现象的特征和规律性，如表 3-9 所示。

表 3-9　2015 年我国货物进出口总额及其增长速度

指　　标	金额/亿元	比上年增长/%
货物出口额	141 255	-1.8
一般贸易	75 456	-1.8
加工贸易	49 553	-8.8
货物进口额	104 485	-13.2
一般贸易	57 323	-15.9
加工贸易	27 772	-13.7

资料来源：中华人民共和国 2015 年国民经济和社会发展统计公报

统计表按照宾词设计进行分类，可分为宾词简单排列、宾词分组平行排列和宾词分组层叠排列三种。宾词简单排列是指宾词不进行任何分组，只按一定顺序排列在统计表上。宾词分组平行排列是指宾词栏中各分组标志彼此分开，平行排列。宾词分组层叠排列是指统计指标同时有层次地按两个或两个以上的标志进行分组，各种分组层叠在一起。

（三）统计表的编制规则

（1）表的各种标题，特别是总标题，要简明确切，概括地反映出表的基本内容，表明统计资料所属的地点和时间。

（2）表中的横行标题各行、纵栏标题各栏一般按先局部后整体的原则排列，即先排列各个项目，后排列总计，当没有必要列出所有项目时，可先列总计，后列其中一部分项目。

（3）如果统计表的栏数较多，通常应加以编号。主词栏一般用甲、乙、丙等文字编号；宾词栏各统计指标一般用（1）、（2）、（3）等数字编号。

（4）表中的数字要对准位数，填写整齐，当某项无数字可填时，必须用规定符号表示，如有的规定用"—"表示，有的规定用符号"…"表示。对于统计表中的计量单位，若整个统计表中数据的计量单位相同，则可以省去计量单位栏，将共有的计量单位写在统计表的右上方；若每一栏的计量单位不同，则将计量单位写在该栏指标名称后。

（5）统计表的上、下横线一般用粗线条封口，左右两端不封口，即统计表采用"开口表"格式。

二、统计图

（一）统计图的意义和绘制原则

统计图是利用统计资料绘制成的几何图形或具体事物形象和符号来说明社会经济现象

数量方面的一种形式。统计图与统计表一样，可以从数量方面反映出研究现象的规模、水平、结构、发展趋势和比例关系，是展示统计数据的一种重要形式。它不仅使统计资料鲜明醒目、生动活泼，而且具体、形象、通俗易懂，给人以清晰而概括的印象，使人一目了然。

绘制统计图应遵循以下原则。

（1）统计图要反映客观实际情况。统计图不同于一般的美术图，不允许夸张。所用的统计资料及绘制的统计图都必须准确，给人留下正确的印象。

（2）统计图要简明扼要，主题突出，通俗易懂。绘制的统计图应该使读者一看就知道所表达的基本内容，每一个图形都应有一个确切的、简明扼要的标题，必要时可对图中的各项内容附加注解和说明。

（3）要根据不同的统计资料和不同的目的绘制不同的图形，尽量做到内容与形式的协调，在准确反映客观实际的前提下，尽量做到美观，以增加读者的兴趣，提高对读者的吸引力。

（二）统计图的结构

1．图题和图号

图题是说明统计图内容的标题或名称；图号是统计图的编号。一般将图题和图号放在图的下方中部。

2．图目

图目是用来说明纵轴、横轴所代表的类别、时间、地点、单位等。

3．图尺

图尺也称尺度，是指在统计图中测定指标数值大小的尺度，包括尺度线、尺度点、尺度数和尺度单位。

4．图形

图形是据统计数据绘成的各种曲线、条形或平面、立体图形等。

5．图注

图注是指统计图的注解和说明，包括图例、资料来源、说明等。

6．其他

其他是指为了增强图示效果而在图形上附加的插图、装饰等。

（三）统计图的绘制步骤

1．决定绘制的图式

要根据所确定的绘制统计图的目的和收集的统计资料的性质与内容，决定所要绘制的统计图的式样，并同时考虑统计图的作用、分布场合和应用对象。

2．绘制图形

一般先用铅笔画好草图，待校对准确后再绘制出正式图形，并要书写图名、加注数字与文字说明（如绘制单位、日期、资料来源等）和必要的图例。

以上介绍的是手工绘制统计图的程序，用手工制作统计图是一件费工、费时的工作，而今计算机图表软件已经普及，使图表的制作越来越方便、轻松，而且美观。用计算机绘制统计图的操作将在本章第三节中介绍。

（四）几种常用的统计图

1. 线型图

线型图是以线条的连续升降来表示现象动态及现象间的依存关系的统计图形。线型图是统计图形中最简单的也是最常见到的图形，尤其适用于显示变量值在不同时间上的差异。

【例3-3】将表3-7中的我国2010—2015年国内生产总值绘制成线型图。

根据表3-7中的资料，在平面坐标图上，以横轴表示年份，纵轴表示国内生产总值，可绘制线型图如图3-4所示。

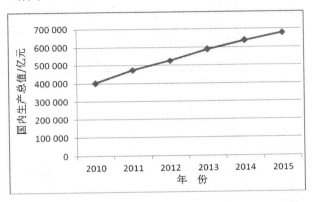

图3-4 2010—2015年我国国内生产总值

2. 直方图

直方图是用矩形的宽度和高度来表示次数分布的图形。绘制直方图时，横轴表示各组组限，纵轴表示次数或比率，即以各组组距为矩形宽度、次数为矩形高度绘制成直方图。

【例3-4】将表3-4中某车间工人技能测试成绩绘制成直方图，如图3-5所示。

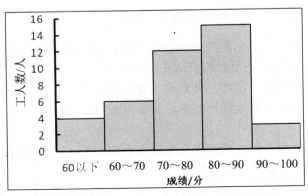

图3-5 工人技能测试成绩直方图

3．条形图

条形图是用宽度相同的条形的高度或长度来表示数据变动的图形。条形图可以纵置，纵置时又称为柱形图。

【例3-5】将表3-10中的数据绘制成条形图，如图3-6所示。

表3-10　2010—2015年我国各类教育招生人数

年　份	普通高等教育/万人	中等职业教育/万人	普通高中/万人
2010	662.0	868.0	836.0
2011	681.5	808.9	850.8
2012	688.8	754.1	844.6
2013	699.8	674.8	822.7
2014	721.4	619.8	796.6
2015	737.8	601.2	796.6

资料来源：《2015中国统计年鉴》及中华人民共和国2015年国民经济和社会发展统计公报

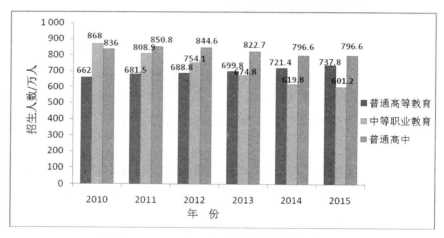

图3-6　2010—2015年我国各类教育招生人数

直方图与条形图不同。条形图的条形长度（横置时）表示各类频数的多少，其宽度是固定的（表示类别）；直方图是用面积表示各组频数的多少，矩形的高度表示每组的频数密度，宽度则表示各组的组距，因此，其高度与宽度均有意义。此外，由于分组数据具有连续性，直方图的各矩形通常是连续排列的，而条形图则是分开排列的。

4．饼状图

饼状图是以圆形和圆内的面积来表现数值大小的图形。饼状图适合于表示总体中各组成部分所占的比例，主要用于研究结构性问题。

【例3-6】将表3-1中2015年我国国内生产总值的构成用如图3-7所示的饼状图展示。

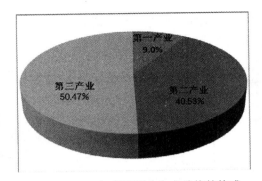

图 3-7　2015 年我国国内生产总值的构成

以上介绍了几种常用的统计图，应用时可根据所掌握资料的性质以及绘图的目的选择适合的图形。

第三节　统计数据整理中 Excel 的运用

一、利用 Excel 软件对原始数据进行分组并得到频数分布和直方图

下面以例 3-1 的数据来说明怎样利用 Excel 进行统计分组并绘制直方图。

在工作表中输入原始数据（原始数据可放在一列，也可以放在一个矩形区域，本例中位于 A1～J4），指定各组上限数值（本例五个组的上限分别为 59、69、79、89、100）。需要注意的是：Excel 在统计各组频数时，是按"各组上限在本组内"的原则处理的（如本例中，59 分及 59 分以下都归入第一组，其余数据中 69 分以及 69 分以下都归入第二组，这样得到的频数才相当于统计习惯上所指的"60 以下""60～70"的频数，依此类推）。具体步骤如下。

（1）选择"数据"菜单栏中的"数据分析"命令（若菜单栏无"数据分析"，需先加载"分析工具库"，详见第一章第四节）。

（2）在打开的"数据分析"对话框中选择"直方图"选项。

（3）在打开的"直方图"对话框（如图 3-8 所示）的"输入区域"数值框中输入原始数据所在区域（本例中为 A1:J4，这里的单元格引用使用绝对引用或相对引用均可）；在"接收区域"数值框中输入指定的分组上限值所在区域（本例为 A7:A11。如果将数据名称所在单元格也包括在"输入区域"和"接收区域"中，就应选中"标志"复选框。本例未包括，因此不需要选中此复选框）；在"输出区域"数值框中指定频数分布表输出区域的起点单元格（本例中为 C6）；在"输出选项"部分，选中"图表输出"复选框，否则只输出频数分布而不显示直方图；若同时选中"累计百分率"，则输出表就会包括各组累计频率（指向上

累计频率），而且直方图中也会增加一条向上累计频率折线，该折线的纵坐标见次坐标轴。单击“确定”按钮即可得到次数分布表和直方图，如图 3-9 所示。

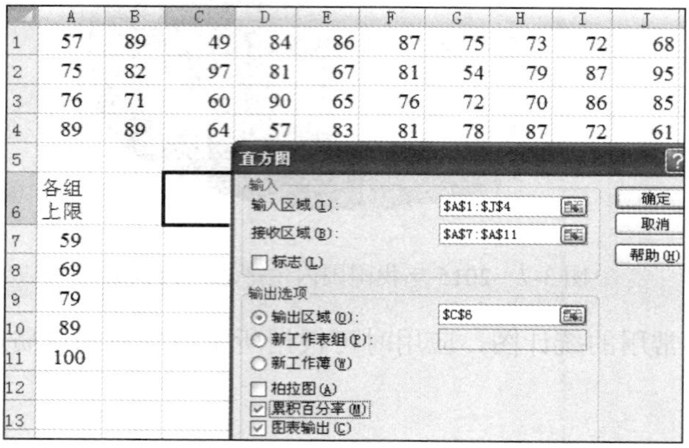

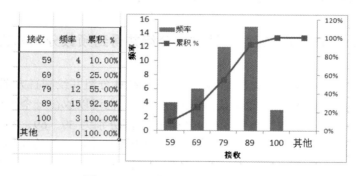

图 3-8 “直方图”对话框

接收	频率	累积 %
59	4	10.00%
69	6	25.00%
79	12	55.00%
89	15	92.50%
100	3	100.00%
其他	0	100.00%

图 3-9 Excel 的次数分布表和直方图

（4）对 Excel 输出的图表通常都需要加以调整，使之更加规范、美观。可将输出表中的“接收”改为分组的变量名称（如本例中改为“测试成绩”），将“频率”改为频数的名称（如本例中改为“工人数”），将“接收”栏下各组组限改为惯用形式（如本例中分别改为“60 以下”“60～70”“70～80”“80～90”“90～100”，可删除“其他”一组）。由于 Excel 输出的图形和表中数据是相链接的，频数分布表中的上述改动也会同时出现在直方图中。此外，标准的直方图不同于一般的条形图。直方图的各个条形之间应该无间隔。为此，可在直方图的任一条形上右击，在弹出的快捷菜单中选择“数据系列格式”命令，在打开的“数据系列格式”对话框的“选项”中将分类间距改为 0，即可得到条形之间无间隔的直方图，如图 3-5 所示（图 3-5 未包括各组累计频率，因此也就没有次坐标轴）。

在频数分布表的基础上，也可以进一步计算出各组频率（比重）。如本例中，可先选定单元格 D13，单击“自动求和”按钮或在单元格 D13 中输入公式“=SUM(D8:D12)”得到工人总数，然后在单元格 E7 中输入"比重（%）"，在单元格 E8 中输入公式"=D8/\$D\$13*100"，按 Enter 键后利用鼠标拖动的方法将单元格 E8 复制到单元格 E9～E13 中，即可得到各组比重。

二、利用 Excel 绘制统计图

在统计整理中常用的统计图有柱形图或条形图、折线图、饼图、雷达图等。利用 Excel 的图表向导可以很方便地绘制所需统计图。限于篇幅，下面仅说明折线图和饼状图的绘制方法。

（一）利用 Excel 绘制折线图

以例 3-3 中我国 2010—2015 年国内生产总值的数据来说明折线图（如图 3-4 所示）的制作过程。

（1）输入数据。在工作表的单元格 A1 中输入"年份"，在单元格 B1 中输入"国内生产总值"，在单元格 A2～A7 中分别输入 2010—2015（也可只输入前两个数，再用自动填充功能产生年份序列），在单元格 B2～B7 中分别输入各年国内生产总值的数值。

（2）先用鼠标选定数据区域（本例中 B1～B7），再选择菜单栏的"插入"→"图表"中的"折线图"，再选择其中一种子图表类型，本例中选择带点的折线图，随即可得到相应的折线图。此时横坐标为自然数自动编号。这里把数据名称所在单元格 B1 包括在内，可自动生成名为"国内生产总值"的图表标题和图例，若指定数据区域为 B2:B7，则自动生成的图例名为"系列 1"。将鼠标移至图中，右击，在弹出的快捷菜单中选择"选择数据"命令，在弹出的对话框左侧的"图例项（系列）"下可增添或删除系列，可指定系列的名称。在其对话框右侧的"水平（分类）轴标签"下单击"编辑"，在"轴标签区域"中指定横坐标的标签区域，如本例中选定 A2:A7，折线图的横坐标即可显示为各数据点对应的年份。

（3）也可以先选择菜单栏的"插入"→"图表"中的"折线图"，在随即弹出的空白图中右击，在弹出的快捷菜单中选择"选择数据"命令，再指定纵坐标和横坐标的数据所在区域。

（4）若要调整图中的纵坐标、横坐标或数据系列的格式，可将鼠标移至相应位置，单击右键即可在相应对话框中进行修改。

（二）利用 Excel 绘制饼状图

饼状图简称饼图，可以根据各组比重来绘制，也可以直接根据各组总量指标来绘制（Excel 会自动计算出比重来绘图，并在图中显示各组比重）。下面以表 3-6 中 2015 年我国国内生产总值按三次产业划分的数据来说明饼状图的制作。

（1）输入数据。在工作表的单元格 A2～A4 中分别输入"第一产业"、"第二产业"和"第三产业"字样，在单元格 B1 中输入"绝对额"字样，在单元格 B2～B4 中分别输入相应的指标数值。

（2）选择数据区域 B2～B4，单击菜单栏的"插入"→"饼图"，任选一种子图表类型，即可得到相应的饼图。

（3）将鼠标移至图中，右击，在弹出的快捷菜单中选择"选择数据"命令，在弹出的对话框右侧的"水平（分类）轴标签"下单击"编辑"，在"轴标签区域"中选定 A2:A4，饼图图例即可显示各类别的名称。

（4）将鼠标移至图中，右击，在弹出的快捷菜单中选择"设置数据标签格式"命令，在弹出的对话框中选择希望在饼图中显示的内容，本例选择了"类别名称"和"百分比"。若未选择"类别名称"，则必须保留图例，本例中选择了类别名称，所以删除了图例，如图 3-7所示。

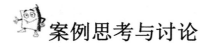 案例思考与讨论

【案例 3-1】　　　　应届本科毕业生就业状况调查数据的整理结果

在前面两章的案例思考与讨论中，分别介绍了关于应届本科毕业生就业状况的调查分析的目的要求和调查问卷。利用调查问卷收集数据之后，还必须进行分类和汇总整理，才能得出反映应届本科毕业生就业状况总体特征的各种信息，并用适当的图形或表格将整理结果显示出来。以下是某高校该项问卷调查数据的部分整理结果。

本次调查采取随机发放问卷、被访者自填的调查方式。调查对象是某高校所有专业的应届毕业生，调查时间是 2015 年 4 月上旬。发出问卷 1 000 份，回收有效问卷 905 份。

在被调查者中，关于毕业去向（Q1）的调查结果是：69.3%的应届毕业生选择就业，18.9%选择读研，8.2%选择出国，其他占 3.6%，如图 3-10（a）或图 3-10（b）所示。与上次同类调查相比，选择出国的比例下降了约 2 个百分点，表明出国热略有降温，毕业生选择出国的态度更趋谨慎和冷静。

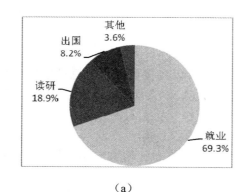

（a）

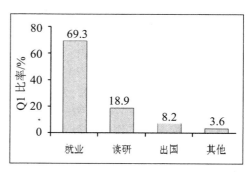

（b）

图 3-10　被调查者的毕业去向选择

关于在求职过程中优先考虑的因素（Q2），调查结果是：76.8%的被调查者认为是"个人发展机会"，51.6%选择的是"薪酬与福利"，24.6%选择的是"地域"，有10.7%选择的是"单位性质"，仅有3.8%的被调查者优先考虑"家庭期望"。表明应届毕业生大多很重视将来个人在就业单位的发展机会和前景，其次也比较注重薪酬与福利，而地域、单位性质和家庭期望已不再是学生们选择就业单位的主要约束条件，如表3-11或图3-11所示。

表3-11　求职过程中优先考虑因素的统计表

优先考虑因素	有效回答人数/人	占有效回答总人数的百分比/%
个人发展机会	695	76.8
薪酬与福利	467	51.6
地域	223	24.6
单位性质	97	10.7
家庭期望	34	3.8

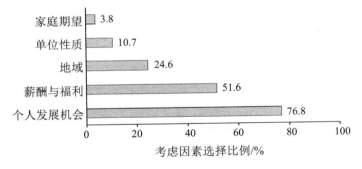

图3-11　求职过程中优先考虑因素的选择比例

思考与讨论问题：

1. 如何输入调查数据？对不同的调查题目和答案如何编码？

2. 调查数据的整理结果用文字叙述、表格和图形等方式表示各有什么优点和缺点？

3. 图3-11的数据能否用饼图来显示？为什么？

4. 对该份问卷调查数据的上述整理结果采用的是什么分类方法？这种分类方法有何局限性？

5. 如果要进行更深入的分析，还需要提供复合分组或交叉分组的整理结果。尝试根据相应调查问卷的信息（见第二章的案例2-2），为该调查的数据分析设计出一些采用复合分组或交叉分组的统计表（绘制出只有主词、宾词指标名称和线条而无指标数据的空白表格）。

思考与练习

1. 统计数据整理的意义和程序有哪些？
2. 简述统计分组的种类。
3. 为什么说统计分组的关键是分组标志的选择？
4. 怎样正确选择分组标志？
5. 简述单项式分组与组距式分组的应用条件。
6. 在进行统计分组时，应如何划分组限？
7. 简述分配数列的概念及构成要素。
8. 简述变量数列的编制步骤。
9. 指出表 3-12 中的数列属于什么类型。

表 3-12　企业按生产计划完成程度分组的情况

按生产计划完成程度分组/%	企业数/个
80～90	15
90～100	30
100～110	5
合　　计	50

10. 某管理局对其所属企业的生产计划完成百分比的分组有如下几种划分法。

（1）80%～89%　　　　　　　（2）80%以下
　　　90%～99%　　　　　　　　　　80.1%～90%
　　　100%～109%　　　　　　　　　90.1%～100%
　　　110%以上　　　　　　　　　　100.1%～110%
（3）90%以下　　　　　　　　（4）85%以下
　　　90%～100%　　　　　　　　　85%～95%
　　　100%～110%　　　　　　　　　95%～105%
　　　110%以上　　　　　　　　　　105%以上

问：以上分组中哪些是错误的？为什么？

11. 2015 年我国全年城镇新增就业 1 312 万人，比 2014 年增加 10 万人。年末城镇登记失业率为 4.05%。全国农民工总量 27 747 万人，比 2014 年增长 1.3%。其中，外出农民工 16 884 万人，增长 0.4%；本地农民工 10 863 万人，增长 2.7%。（资料来源：中华人民共和国 2015 年国民经济和社会发展统计公报)。

问：以上是用文字叙述的方式来表达统计指标数字的，是否还有更好的表达方式？如果有，请用适当的方式表达出来。

12．为评价家电行业售后服务的质量，消费者协会随机抽取了由 100 个家庭构成的一个样本。服务质量的等级分别表示为：A．好；B．较好；C．一般；D．差；E．较差。调查结果如下。

```
B E C C A D C B A E D A C B C D E C E E
A D B C C A E D C B B A C D E A B D D C
C B C E D B C C B C D A C B C D E C E B
B E C C A D C B A E B A C D E A B D D C
A D B C C A E D C B C B C E D B C C B C
```

要求：根据上述资料利用 Excel 编制统计表，并绘制适当的统计图。

13．某生产小组 30 个工人看管机床台数如下。

```
2 4 5 4 4 3 4 4 5 2 3 4 6 1 3
4 5 4 6 1 3 4 5 4 3 4 5 5 4 2
```

要求：根据上述资料编制统计表，并绘制适当的统计图。

14．某灯泡厂准备采用一种新工艺，为检查新工艺是否使灯泡的寿命有所延长，对采用新工艺生产的 100 只灯泡进行测试，结果如下（单位：小时）。

```
716 728 719 685 709 691 684 705 718 700
715 712 722 691 708 690 692 707 701 706
729 694 681 695 685 706 661 735 665 708
710 693 697 674 658 698 666 696 698 668
692 691 747 699 682 698 700 710 722 706
690 736 689 696 651 673 749 708 727 694
689 683 685 702 741 698 713 676 702 688
671 718 707 683 717 733 712 683 692 701
697 664 681 721 720 677 697 695 691 693
699 725 726 704 729 703 696 717 688 713
```

要求：根据以上资料，以组距为 10 进行等距分组，利用 Excel 编制分配数列，绘制直方图，并说明灯泡寿命分布的特点。

第四章　总量指标与相对指标

学习目标

- 了解总量指标的概念及其种类。
- 理解相对指标的概念、作用及表现形式。
- 掌握几种常用相对指标的性质、特点及计算方法。
- 熟悉 Excel 的函数和公式功能在总量指标与相对指标计算中的应用。

第一节　总量指标

一、总量指标的概念与作用

（一）总量指标的概念

总量指标是反映社会经济现象发展的总规模、总水平的综合指标。具体来说，它表明在一定时间、地点、条件下，某种社会经济现象的规模和发展水平的数量的总和，以绝对数表示，具有相应的计量单位。例如，2010 年第六次全国人口普查显示，我国大陆 31 个省、自治区、直辖市和现役军人的人口中，具有大学（指大专以上）文化程度的人口为 119 636 790 人；具有高中（含中专）文化程度的人口为 187 985 979 人；具有初中文化程度的人口为 519 656 445 人；具有小学文化程度的人口为 358 764 003 人。这些指标都是总量指标。

（二）总量指标的作用

1．总量指标是认识社会经济现象的起点

社会经济现象的基本情况往往首先表现为总量。通过总量指标，可以了解一个国家的国情、国力方面的基本情况，也可以了解某一地区、某个部门或某个单位的人力、物力和财力的情况。

2．总量指标是进行经济管理的主要依据

进行经济管理，应该做到心中有数，这个"数"，首先就是总量指标。因此，要对生产经济活动所需的各种资源进行有效的管理，没有总量指标是无法进行的。

3．总量指标是计算相对指标和平均指标的基础

相对指标和平均指标都是在总量指标的基础上派生出来的。总量指标的准确与否，直接影响到相对指标和平均指标计算的正确性，也影响统计分析的准确性。

如表 4-1 所示的全社会固定资产投资总额是总量指标，而比重和增长率则是在此基础上计算出来的相对指标。由此可见，总量指标是最基本的统计指标。

表 4-1　2015 年和 2016 年全社会固定资产投资情况

	2015 年		2016 年		增长率/%
	总额/亿元	比重/%	总额/亿元	比重/%	
全社会固定资产投资	551 590	100.0	596 501	100.0	8.1
其中：第一产业	15 561	2.8	18 838	3.2	21.1
第二产业	224 090	40.6	231 826	38.8	3.5
第三产业	311 939	56.6	345 837	58.0	10.9

资料来源：国家统计局 2015 年、2016 年国民经济和社会发展统计公报

二、总量指标的种类

（一）根据总体内容的不同可将总量指标分为总体单位总量和总体标志总量

总体单位总量是反映总体各单位合计数的总量指标，它说明总体本身规模的大小。例如，在研究某地区工业企业的情况时，工业企业数就是一个总体单位总量；在研究企业职工的情况时，职工人数就是总体单位总量。

总体标志总量是反映总体中各单位某一数量标志的标志值总和的总量指标。例如，在研究工业企业的情况时，每个企业都要纳税，将每个企业的纳税额进行加总，得到的该地区工业企业的纳税总额就是一个总体标志总量；在研究职工的情况时，每个职工都有工资收入这一数量标志，将他们的工资进行合计后得到的工资总额也是一个总体标志总量。

对于某一个具体的总量指标来说，究竟属于总体单位总量还是总体标志总量，应视研究目的而定。如果研究目的发生变化，总体单位总量和总体标志总量也会随之发生相应的变化。例如，在考察某地区工业企业的情况时，研究的总体是该地区的全部工业企业，总体单位便是每一个工业企业，这时，工业企业的数量就构成了总体单位总量，而职工人数是每个企业的一个标志，则该地区全部职工人数就是一个总体标志总量；当研究的目的是该地区职工的情况时，全体职工构成了研究的总体，每一个职工便是一个总体单位，这时，职工总人数就是一个总体单位总量，而每个职工都有许多标志，如工资，若将每个职工的工资收入进行合计，得到的职工工资总额便是总体标志总量。这说明了作为标志直接承担者的总体单位的确定是至关重要的。所以，只有正确地确定出总体单位，才能正确地分辨

出总体单位总量和总体标志总量。

正确理解总体单位总量与总体标志总量，对于正确计算平均指标以及正确区分平均指标与相对指标有着重要的意义。

（二）根据所反映的时间状况不同可将总量指标分为时期指标和时点指标

时期指标是反映社会经济现象在一段时期内活动过程总结果的指标。或者说，时期指标是通过连续调查所得到的结果。如某种产品的产量、社会商品的零售总额、进出口贸易总额、基本建设投资总额等。时期指标具有两个基本特点：第一，同一性质的时期指标数值可以累计相加，即若进行纵向的相加，可得到更长一段时期内事物发展的总量；若进行横向相加则可得到更大范围内现象的总量。第二，时期指标的数值大小直接受计算期长短的制约，即时期越长，指标数值越大，如一个季度的进出口贸易额大于一个月的进出口贸易额，而一年的进出口贸易额又大于一个季度的进出口贸易额。

时点指标是反映社会经济现象在某一时刻（瞬间）上的状况的总量指标。例如，我国第六次人口普查登记的大陆 31 个省、自治区、直辖市和现役军人的人口共 133 972 万人，这就是一个时点指标；土地面积、商品库存数量、银行存款余额等指标，都是只能反映某一瞬间状况的时点指标。时点指标也有两个基本特点：第一，同一性质的时点指标可以在同一时点上横向累计，但纵向累计没有独立的意义。例如，不能将某企业全年各月初或月末的职工人数相加作为本年度该企业的全部职工人数以反映其规模。第二，时点指标数值的大小与时间间隔长短没有直接关系。例如，某企业年末某种物资的库存量并不一定大于第一季度末该种物资的库存量。

三、总量指标的计量单位

总量指标数值是对各种具体社会经济现象计量的结果，它说明各种具体现象的规模和水平，而不是抽象的数字，因此，它是具有计量单位的有名数。根据总量指标所反映的社会经济现象的性质和内容，一般采用以下三种计量单位。

（一）实物单位

实物单位是根据事物的属性和特点而规定的计量单位。它一般有以下五种。

1. 自然单位

自然单位，是按照被研究事物的自然表现形态来度量其数量的单位。例如，人口按人、汽车按辆、计算机按台等进行计量。

2. 度量衡单位

度量衡单位，是按照度量衡计量制度规定的单位来计量被研究事物数量的单位。例如，钢铁按吨（t）、粮食按千克（kg）、棉布按米（m）、木材按立方米（m³）、建筑面积按平方米（m²）等进行计量。

3．双重或多重计量单位

双重或多重计量单位，是指用两种或两种以上的计量单位以除式的形式结合在一起用以计量事物数量的单位。例如，发电机用台/千瓦（台/kW）表示、重型设备按台/吨（台/t）来计量等。这是因为某些事物用一种计量单位难以准确反映其效能，所以采用双重或多重计量单位。

4．复合单位

复合单位，是将两种计量单位结合在一起以乘积表示某事物数量的计量单位。例如，发电量用千瓦时（kW·h）表示，货物周转量用（t·km）表示等。

5．标准实物单位

标准实物单位，是按照统一的折算标准来度量被研究对象数量的一种计量单位。因为利用实物单位计量产品产量时，对于同一类产品，由于品种、规格、能力或化学成分的差异，其使用价值也就不同，这就使得其产品的混合量往往不能确切地反映生产经营成果，这就需要按一定的折合标准折合为一种标准规格或标准含量的产品。例如，各种氮肥以含氮量 100%、电石以发气量 300 升/千克（L/kg）为标准实物单位来折算；将发热量不同的煤以每千克发热量 7 000kcal（1kcal=4.186 8kJ）为标准单位进行折算等。

用实物单位来计量事物的数量，能直接反映产品的使用价值或现象的具体内容。但由于实物指标的综合能力差，不同经济用途的实物量不能相加，因而不能反映复杂现象的总规模和总水平，这是实物指标的局限性。

（二）货币单位

货币单位就是用货币作为度量社会财富或劳动成果的一种计量单位。例如，我国人民币单位为元，国际交往中使用的外国货币单位有美元、欧元等。不同的国家或地区一般都有自己的货币名称和货币单位。

用货币单位作为计量事物数量的统计指标称为价值指标。如国内生产总值、进出口贸易额、工业增加值、工资总额、销售收入和利润额等。

以货币单位来度量事物的数量，可以使不能直接相加的经济现象的数量过渡到可以加总的现象，用来综合说明具有不同使用形式的经济现象的总规模、总水平和总速度。由于价值指标具有广泛的综合性能和概括能力，所以它是加强经济核算和考核经济效益必不可少的手段。

（三）劳动单位

劳动单位是用劳动时间来表示的计量单位，它反映劳动消耗量的大小，间接衡量劳动成果的多少，一般用工日、工时表示。以劳动时间为计量单位的总量指标称为劳动量指标。由于劳动量指标是用劳动时间来表示的，因而是可以相加的，具有一定的综合性能和概括能力。借助劳动单位计算的劳动总消耗量指标可用来确定劳动规模，并作为评价劳动时间利用程度和计算劳动生产率的依据。

四、总量指标的统计要求

为使总量指标资料准确，在进行总量指标统计时有如下要求。

（一）对总量指标的实质（如含义、范围等）要做严格的界定

因为总量指标的计算并不是单纯的汇总技术问题，有一些总量指标（如工业企业数），从表面上看是比较简单的，但只有在对"工业企业"的含义进行正确的界定后，才能统计出准确的工业企业数，由此才能正确地计算工业增加值等指标。

（二）计算实物总量指标时，要注意现象的同类性

同类性直接反映产品同样的使用价值和经济内容，这些同类产品无疑是可以综合汇总的。而对于不同类现象则不能通过简单地相加汇总来计算其实物指标。

（三）要有统一的计量单位

在计算实物指标总量时，不同实物单位代表不同类现象，而同类现象又可能因各种原因而采用不同的计量单位。计量单位不统一，就会造成统计上的混乱。所以，重要的总量指标的实物单位，应是全国统一规定的指标目录中的计量单位。

第二节　相　对　指　标

总量指标只表明现象所达到的总规模、总水平和工作总量，但要深入了解事物的状况，仅了解总量指标是远远不够的，还要在总量指标数值的基础上进行对比分析，计算相对指标和平均指标，这是统计分析方法的主要内容之一。

一、相对指标的概念与作用

（一）相对指标的概念

相对指标又称相对数，它是两个有相互联系的现象数量的比率，以反映现象的发展程度、结构、强度、普遍程度或比例关系。例如，2016 年我国人口出生率为 12.95‰；死亡率为 7.09‰；自然增长率为 5.86‰，这些指标都是相对指标。

相对指标在社会经济领域中是广泛存在的。相对指标是把两个具体数值抽象化，通过这种抽象，可以对现象之间所存在的联系进行更深入的认识。所以，借助于相对指标对社会经济现象进行比较分析，是统计分析的基本方法。

（二）相对指标的作用

（1）相对指标为人们深入认识事物发展状况提供客观依据。利用相对指标，可以综合反映事物之间的数量关系，说明现象和过程的比率、构成、速度、密度、普遍程度等，从而能更深刻地反映现象的本质。

（2）通过计算相对指标，可以使不能直接对比的现象找到可以比较的基础，进行更有效的分析。相对指标是将现象在绝对数方面的具体差异抽象化，这样就使原来不能直接对比的现象找到了比较的基础。例如，对于不同的企业，由于其规模、行业等方面的不同，就不能直接用利润额这一总量指标来比较他们的经营成果的好坏；但如果计算出利润率这一相对指标，就可以比较不同规模或不同行业的企业经济效益的情况，并做出恰当的评价。

（三）相对指标数值的表现形式

相对指标是子项指标数值与母项指标数值对比之后得到的一个比率，所以它的表现形式是相对数。由于分子与分母指标的社会经济内容的不同，从而使相对指标数值的表现形式有两种：一是有名数；二是无名数。

1．有名数

有名数主要用于强度相对指标的数值，用分子与分母的双重单位计量表示。例如，人均国内生产总值指标的计量单位是元/人，人口密度指标的计量单位用人/平方千米（人/km^2），平均每人分摊的粮食产量为千克/人（kg/人）等。

2．无名数

当对比的两个指标的计量单位相同时，相对指标则表现为无名数，多数相对指标都用无名数表示，它是一种抽象化的数值，主要以倍数、系数、成数、百分数或千分数来表示。

倍数和系数是将对比的基数抽象化为1而计算的相对指标。两个数字对比，其分子数值大于分母数值很多时可用倍数表示，分子和分母相差不大时用系数表示。

成数是将对比的基数定为10而计算的相对指标。

百分数是将对比的基数抽象为100而计算出的相对指标。百分数是相对指标中最常用的一种形式。

千分数是将对比的基数抽象为1 000而计算的相对指标。千分数适用于对比时分子数值比分母数值小得多的情况。如人口出生率、自然增长率等就是用千分数表示的。

二、相对指标的种类及其应用

在实际工作中，由于相对指标的计算方法不同，其作用也不同。常用的相对指标有结构相对指标、比例相对指标、比较相对指标、强度相对指标、动态相对指标、计划完成程度相对指标六种。

（一）结构相对指标

结构相对指标也称为"结构相对数""比重"。它是在资料分组的基础上，以总体总量作为比较标准，求出各组总量占总体总量的比重，用以反映某一社会经济现象部分在全体中所占的比重，是反映总体内部组成情况的综合指标。其计算公式为

$$结构相对指标 = \frac{各组总量}{总体总量} \times 100\% \tag{4.1}$$

结构相对指标一般用百分数表示，也可用系数、成数表示，其特点是各组比重之和等于 100% 或 1。

对结构相对指标的认识，应该注意的是，其分子与分母是属于同一总体的，子项是总体中的某一部分，而母项是总体的全部。结构相对指标一般根据总量指标进行计算，通过结构相对指标，可以反映总体单位数的结构，也可以反映总体标志值的结构。通过结构相对指标的计算，可以对所研究现象的总体总量的性质和内部特征做出更深入的认识，以研究现象的内部各部分的特殊性质及其在总体中占有的地位，并显示这种特殊性质和地位的变化过程。如表 4-1 所示，在 2014 年全社会固定资产投资总额中第一、二、三产业所占比重分别为 2.7%、40.6% 和 56.7%，这些指标就是结构相对指标。

（二）比例相对指标

比例相对指标是反映总体内部各个组成部分之间的数量对比关系的综合指标，用以分析总体范围内各个局部、各个分组之间的比例关系和协调平衡状况。其计算公式为

$$比例相对指标 = \frac{总体中某一部分数值}{总体中另一部分数值} \tag{4.2}$$

比例相对指标的计算结果通常以百分比来表示，还有以比较基数单位为 1、100、1 000 时被比较单位数是多少的形式来表示的。例如，表 4-2 中的性别比即为比例相对指标。

表 4-2　我国历次普查总人口性别构成

普查年份	总人数/万人			性别比（以女性人数为 100）
	合　计	男	女	
1953	58 260	30 190	28 070	107.55
1964	69 458	35 652	33 806	105.46
1982	100 818	51 944	48 874	106.28
1990	113 368	58 495	54 873	106.60
2000	126 583	65 355	61 228	106.74
2010	133 972	68 685	65 287	105.20

资料来源：《中国统计年鉴 2015》

比例相对指标一般以总量指标进行对比。根据分析任务和提供资料的情况，也可运用现象总体各部分的相对数或平均值进行对比。

（三）比较相对指标

比较相对指标是同一时间不同单位（如国家、部门、地区、企业、个人等）的同类现象数量对比而确定的相对指标，用以说明某一同类现象在同一时间内各单位发展的不平衡程度，以表明同类事物在不同条件下的数量对比关系。比较相对指标的数值通常用百分数

或倍数表示。其计算公式为

$$比较相对指标 = \frac{甲单位某指标值}{乙单位同类指标值} \qquad (4.3)$$

例如，2015 年我国国内生产总值达到 103 856.6 亿美元，同年美国国内生产总值为 161 979.6 亿美元，美国的国内生产总值相当于我国的 1.56 倍。2015 年我国人均国民总收入为 7 820 美元，同年美国人均国民总收入达 54 960 美元，美国的人均国民总收入相当于我国的 7.03 倍，这些都是比较相对指标。

比较相对指标的数值一般用百分数、系数或倍数表示。计算比较相对指标的要求是其分子与分母在指标类型、时间、计算方法、计量单位等方面都要有可比性，对比现象的性质要相同。

在经济管理工作中，可将各单位的技术经济指标与同类企业的先进水平对比，与国家规定质量标准对比，从而找出差距，为提高本单位生产水平和管理水平提供依据。这是把比较的对象典型化而计算的比较相对指标。

（四）强度相对指标

强度相对指标是两个性质不同但有一定联系的总量指标对比所得到的比率，用以说明某一现象在另一现象中发展的强度、密度和普遍程度。其计算公式为

$$强度相对指标 = \frac{某种现象总量指标数值}{另一有联系而性质不同的现象的总量指标数值} \qquad (4.4)$$

强度相对指标与其他相对指标根本不同的区别在于它不是同类现象指标的对比。例如，人口密度就是一个强度相对指标，它是同一个地区的人口数与土地面积两个不同现象之比。2010 年亚洲部分地区的人口密度资料如表 4-3 所示。

表 4-3　2010 年亚洲部分地区人口密度统计表

地　　区	人口密度（人/km²）	地　　区	人口密度（人/km²）
日本	349.66	泰国	135.30
印度	411.89	孟加拉国	1 142.29
蒙古	1.77	缅甸	73.42
中国澳门	19 416.29	朝鲜	202.19
新加坡	7 252.43	中国香港	6 782.92
韩国	508.86	中国	139.55

资料来源：国家统计局

强度相对指标通常以双重计量单位表示，是一种复名数，如表 4-3 中的人口密度的计量单位是人/平方千米（人/km²），再如人均主要产品产量的计量单位是吨/人（t/人）。另外，也有一些强度相对指标的数值用千分数或百分数表示，如人口出生率和人口死亡率采用千分数表示，经营费用率则用百分数表示。

一般来说，强度相对指标有正逆指标之分。例如，每千人拥有的零售商业机构个数，或每个商业机构所服务的人数，前者为正指标，后者为逆指标。正指标越大越好，逆指标则越小越好。

强度相对指标是统计中重要的对比分析指标，它可以说明一个国家、地区或部门的经济实力或为社会服务的能力。同时，借助这种指标进行国家、地区之间的比较，可以确定发展不平衡和发展的差距。需要指出的是，计算强度相对指标时必须注意社会经济现象之间的内在的、本质的联系，这样两个指标的对比才会有现实的经济意义。例如，人口数与土地面积相比能够说明人口的密度，但若用钢铁产量与土地面积相比就没有意义了。

（五）动态相对指标

动态相对指标又称发展速度，它是同一指标在不同时间上的指标数值对比的结果，说明现象的发展速度。其计算公式为

$$动态相对指标 = \frac{报告期水平}{基期水平} \times 100\% \tag{4.5}$$

【例 4-1】2010 年 11 月 1 日零时第六次人口普查全国总人口为 133 972 万人，2000 年 11 月 1 日零时第五次全国人口普查的总人口为 126 583 万人，则

$$动态相对指标 = \frac{133\,972}{126\,583} = 105.84\%$$

表明 2010 年 11 月 1 日零时的人口数是十年前的 105.84%，十年间增长 5.84%。动态相对指标在第九章的时间序列分析中将作更详细的介绍，这里不再详述。

（六）计划完成程度相对指标

计划完成程度相对指标简称计划完成程度指标、计划完成百分比，用来检查、监督计划执行情况。它把现象在某一段时间内的实际完成数与计划任务数进行对比，借以观察计划完成的程度。其计算公式为

$$计划完成程度相对指标 = \frac{实际完成数}{计划任务数} \times 100\% \tag{4.6}$$

计划完成程度相对指标的子项是根据实际完成情况进行统计而得的数据，母项是下达的计划指标。由于计划数总是用来衡量计划完成情况的标准，所以该公式的子项只能是实际完成数，而母项只能是计划任务数，而且公式的子项和母项的指标含义、计算口径、计算方法、计量单位以及时间长短和空间范围等方面都要一致。公式的子项数值减去母项数值则表明计划执行的绝对效果。

【例 4-2】某企业计划规定产量应达到 2 900t，实际完成的产量为 3 100t，则

$$产量计划完成程度指标 = \frac{3\,100}{2\,900} \times 100\% = 106.90\%$$

计算结果表明，该企业超额完成原产量计划任务的 6.90%。

计划完成程度指标可以用来监督和检查国民经济计划的执行情况，分析计划完成或者

未完成的原因，抓住薄弱环节，进一步挖掘潜力，为组织国民经济新的平衡和促进经济建设事业的发展提供依据。

计划数是计算计划完成程度指标的基数，由于计划任务数下达的表现形式不同，可以把计划任务规定为绝对指标，也可以规定为相对指标或平均指标，因此，计划完成程度指标在计算形式上有以下几种不同的计算方法。

1. 计划任务数以绝对数形式出现

当计划任务数以绝对数形式出现时，检查其计划完成情况一般可分为短期计划完成情况检查和长期计划完成情况检查（一般为五年）两种。它用来考察社会经济现象规模或水平的计划完成情况。

（1）短期计划完成情况检查。可以有以下两种不同算法表示其计划完成的不同方面。

其一是计划数与实际数是同期的，如某一时期的实际数与该期计划数对比，可以说明该期计划执行的结果。

【例 4-3】某企业 2016 年全年的计划销售额为 2 亿元，2016 年实际销售额为 2.25 亿元，则该企业的计划完成程度指标为

$$销售额计划完成程度指标 = \frac{2.25}{2.00} \times 100\% = 112.5\%$$

其二是计划期中某一段时期实际累计数与全期计划数对比，用以说明计划执行的进度如何，该指标通常也称为"计划执行进度指标"，其计算公式为

$$计划执行进度指标 = \frac{累计至本期止实际完成数}{全期计划任务数} \times 100\% \qquad (4.7)$$

【例 4-4】某企业 2016 年的计划销售额为 6 亿元，该年上半年实际实现销售额为 3.3 亿元，则计算截至 2016 年上半年的计划执行进度指标为

$$计划执行进度指标 = \frac{3.30}{6.00} \times 100\% = 55\%$$

这说明该企业上半年完成了全年计划的 55%。

（2）长期计划完成情况检查。长期计划一般是指计划期超过一年的计划，如五年计划。在长期计划中，计划任务的规定有不同的情况。有的计划任务是按全期完成的总数来规定的，有的任务则是以计划期末（即计划期的最后一年）所应达到的水平来下达的。因而产生了两种不同的检查分析方法：一种是累计法；另一种是水平法。

凡是计划指标是按计划期内各年的总和规定任务的，或者说，是按计划全期（如五年）提出累计完成量任务的，就要求按累计法计算，如基本建设投资额、新增生产能力、造林面积指标等。计算时用整个计划期间实际完成的累计数与计划指标相比较，以检查计划完成程度。其计算公式为

$$计划完成程度指标 = \frac{五年计划期间累计实际完成数}{五年计划规定的累计数} \times 100\% \qquad (4.8)$$

【例 4-5】某地区"十二五"计划规定固定资产投资总额为 500 亿元，实际完成 510 亿元，则

$$计划完成程度指标 = \frac{510}{500} \times 100\% = 102.00\%$$

按累计法检查计划执行情况，用计划全部时间减去自计划执行之日起至累计实际数量已达到计划任务的时间，即为提前完成计划的时间。如例 4-5，假设该地区"十二五"时期固定资产投资总额到 2015 年 6 月 30 日止已达到 500 亿元，即提前半年完成投资计划。

制订长期计划时，有些计划指标是以计划期末应达到的水平来下达的，这样检查其计划完成情况就要用水平法。其计算公式为

$$计划完成程度指标 = \frac{计划期末实际达到的水平}{计划规定期末应达到的水平} \times 100\% \tag{4.9}$$

【例 4-6】某地区的五年计划规定，在"十二五"计划的最后一年的发电量应达到 1 000 亿 kW·h，具体的计划执行情况如表 4-4 所示。

表 4-4　某地区"十二五"期间发电量统计表

	2011 年	2012 年	2013 年		2014 年		2015 年			
			上半年	下半年	上半年	下半年	第一季度	第二季度	第三季度	第四季度
发电量/亿 kW·h	800	850	400	430	450	480	250	270	280	300

根据表 4-4 资料，由式（4.9）可以计算出该地区发电量计划完成程度指标。

$$计划完成程度指标 = \frac{250 + 270 + 280 + 300}{1\,000} \times 100\% = 110\%$$

按水平法检查计划执行情况，还可以计算提前完成计划的时间，计算时可根据连续一年时间（不论是否在一个日历年度，只要连续 12 个月即可）的实际数和计划规定最后一年的数量相比较来确定。如该地区提前完成计划的时间为半年。

2. 计划任务数以相对数形式出现

在实际工作中，计划任务有时是用计划提高或降低百分比的形式来表示的。如劳动生产率计划提高百分之几，成本水平规定降低百分之几。这种计划任务实际上是把计划数和基期实际数加以对比得出"计划为基期百分数"的相对指标，然后减去 100% 来确定的。这时计算计划完成程度指标就不能直接用实际提高或降低的百分数除以计划提高或降低的百分数了，还要考虑基期的基数（100%）。其计算公式为

$$计划完成程度指标 = \frac{实际为基期的百分数}{计划为基期的百分数} \times 100\% \tag{4.10}$$

【例 4-7】某企业计划规定劳动生产率比上年提高 5%，实际提高 8%。则该企业劳动生

产率的计划完成程度为

$$计划完成程度指标 = \frac{1 + 8\%}{1 + 5\%} \times 100\% = 102.86\%$$

计算结果表明，该企业劳动生产率计划完成程度指标为 102.86%，超额完成计划的 2.86%。

【例 4-8】某企业计划规定某产品单位成本降低 5%，实际降低 7%，则成本降低计划完成程度指标为

$$计划完成程度指标 = \frac{1 - 7\%}{1 - 5\%} \times 100\% = 97.89\%$$

计算结果表明实际成本比计划任务多降低了 2.11%。

在评价计划完成情况时应该注意：有的计划完成程度指标是以最低限额提出任务的，主要是一些成果性指标，如销售收入、利润额等，这时计算的计划完成程度指标应以等于或大于 100% 为好；有的计划完成程度指标是以最高限额提出任务的，主要是一些支出性（或消耗性）指标，如产品成本、原材料消耗等，这时，计算的计划完成程度指标应以小于 100% 为好。

三、计算和应用相对指标的原则

（一）可比性原则

相对指标是两个有联系的指标之间的对比，用来对比的指标必须具有可比性，否则，就不能得出正确的结论。指标的可比性涉及多方面，如对比的两个指标在内容、范围、计算方法、时间长短和指标口径等方面应保持一致。如果对比的各指标发生变化，就需要统一调整后才能进行对比。

（二）相对指标与总量指标结合应用原则

相对指标用一个抽象的比率来说明现象之间的相互关系，但它不能反映现象在绝对水平上的差异。在比较过程中有时会出现相对指标很小，但其代表的绝对指标可能很大，或相对指标很大，但其代表的绝对指标可能很小的情况，即使两个相对指标相等，它们代表的绝对指标也可能大不相同。因此，在进行对比时，必须将相对指标和绝对指标结合应用才能真正反映出事物的本质特征。

（三）多种相对指标结合应用原则

各种相对指标只能从某一侧面反映现象之间的联系和对比关系，要更深入、全面地分析和研究问题，就要把多种相对指标结合起来，构建一个相对指标体系。例如，要深入、全面地了解工业企业的经营情况，就可以把其劳动生产率、计划完成程度、市场销售率、资金利润率和流通费用率等指标结合起来，形成一个反映企业经营管理水平的指标体系，这样才能对企业经营管理活动做出全面的和科学的评价。

第三节　Excel 在总量指标与相对指标计算中的应用

一、利用 Excel 计算总量指标

总量指标是统计认识的起点，是统计分析中的基础指标。利用 Excel 计算总量指标一般有以下两种情况。

（1）计数，常用函数 COUNT 或 COUNTIF 来实现。COUNT 函数用于计算指定单元格区域中包含数字以及包含参数列表中数字的单元格的个数。COUNTIF 函数用于计算指定单元格区域中满足给定条件的单元格的个数。

（2）求和，常用函数 SUM 或 SUMIF 来实现。SUM 函数用于计算指定单元格区域中所有数字的总和。SUMIF 函数用于根据指定条件对若干单元格求和。其语法格式为：

SUMIF(range,criteria,sum_range)

其中，range 为用于条件判断的单元格区域；criteria 为确定哪些单元格将被相加求和的条件，其形式可以为数字、表达式或文本；sum_range 是需要求和的实际单元格。

现以图 4-1 中简单的数据为例说明上述函数的实际运用。

	A 学生序号	B 成绩	C 借书数量(本)
1			
2	1	68	3
3	2	92	6
4	3	65	2
5	4	88	4
6	5		5
7	6	85	5
8	7	78	4
9	8	不及格	1
10	9	89	7
11	10	75	4
12	11		3
13	12	不及格	3

图 4-1　一组学生的成绩与借书数量

根据图 4-1 中数据所要计算的总量指标如表 4-5 中的第一列所示，中间一列为所用函数的语法。运用这些函数时要注意：选定输出单元格后，在公式编辑栏中必须先输入等号（=），再输入相应的函数语法（或单击 *fx* 按钮，选择所需函数名后再按函数对话框提示输入指定区域等参数），按 Enter 键后在事先选定的单元格中就会显示出相应的计算结果。读者可以自己验证这些计算结果，从而掌握在大量数据条件下利用上述函数功能计算总量指标的操作方法。

表 4-5　运用计数与求和函数的示例

指 标 含 义	函 数 语 法	计 算 结 果
B 列包含数字的单元格个数	COUNT(B2:B13)	8
成绩在 75 以上的人数	COUNTIF(B2:B13,">=75")	6
成绩不及格的人数	COUNTIF(B2:B13,"不及格")	2
成绩空缺的人数	COUNTBLANK(B2:B13)	2
B 列包含数字的单元格的总和	SUM(B2:B13)	640
成绩在 75 及以上者的成绩总和	SUMIF(B2:B13,">=75")	507
成绩在 75 及以上者的借书总数	SUMIF(B2:B13,">=75",C2:C13)	30
成绩不及格者的借书总数	SUMIF(B2:B13,"不及格",C2:C13)	4
C 列总和（借书总数）	SUM(C2:C13)	47

二、利用 Excel 计算相对指标

计算相对指标是统计分析中最简单的计算，也是最常用的计算。使用 Excel 计算相对指标，最常用的功能就是 Excel 的公式及公式复制。

下面以表 4-1 中的所占比重（%）、增长率为例来介绍使用 Excel 计算相对指标的具体操作方法，其余各种相对指标的计算不再赘述。

先在工作表中输入数据、将要计算的指标名称（以便清楚计算结果的含义，并且可以方便和规范地输出计算结果，或复制到 Word 文档、PPT 等类型的分析报告中），如本例中，在单元格 B1 中输入"2015 年"，再用鼠标选中单元格 B1 和 C1，右击，在弹出的快捷菜单中选择"设置单元格格式"→"对齐"命令，选中"合并单元格"复选框；用鼠标选中单元格 B1 和 C1 中，向右复制到单元格 D1 和 E1，即得"2015 年"；在单元格 B2 中输入"总额/亿元"，在单元格 C2 中输入"比重/%"，再用鼠标选中单元格 B2 和 C2 中，向右复制到单元格 D2 和 E2。在单元格 F1 中输入"增长率/%"，再将单元格 F1 和 F2 合并。在 B3～B6 及 D3～D6 中输入原始数据之后，在单元格 C3 中输入公式"=B3/$B$3*100"，按 Enter 键，选定单元格 C3，用鼠标将其公式向下拖动复制至 C6，即得 2015 年比重序列；同样在单元格 E3 中输入公式"=D3/$D$3*100"，按 Enter 键；选定单元格 E3 向下拖动复制至 E6 即得 2016 年比重序列；在单元格 F3 中输入公式"=(D3-B3)/B3*100"，按 Enter 键，再选定单元格 F3 向下拖动复制至 F6，即得增长率序列，如图 4-2 所示。

▲	A	B	C	D	E	F
1		2015年		2016年		增长率/%
2		总额/亿元	比重/%	总额/亿元	比重/%	
3	全社会固定资产投资	551590	100	596501	100	8.1
4	其中：第一产业	15561	2.8	18838	3.2	21.1
5	第二产业	224090	40.6	231826	38.8	3.5
6	第三产业	311939	56.6	345837	58	10.9

图 4-2　在 Excel 中计算相对指标

案例思考与讨论

【案例 4-1】 长三角产业结构转型升级分析①

本文通过对长三角产业结构高度化及专业水平的定量分析指出，该地区产业结构转型升级应进一步加强区域发展规划的地区联动，依靠科技手段提升自主创新能力，进一步优化产业结构和产业的空间布局。

1．长三角地区产业构成

据统计，2011 年长三角地区生产总值为 99 800.17 亿元，占全国 GDP 的比重为 21.2%。其中第一产业增加值为 4 470.74 亿元，同比增长 11.4%；第二产业增加值为 49 387.67 亿元，增长 14.0%；第三产业增加值为 45 642.11 亿元，增长 20.2%，增幅最快。第一产业增加值占地区生产总值的比重为 4.8%，比 2010 年下降 0.1 个百分点；第二产业增加值占比为 49.5%，比 2010 年下降 1.1 个百分点；第三产业增加值占比为 45.7%，比 2010 年上升 1 个百分点，对 GDP 增长的贡献率为 49.03%。按照产业结构优化升级规律，一、二产业比重继续下降，三产业比重上升，结构进一步优化，仍然呈现"二三一"产业结构特征。

数据显示，长三角地区人均地区生产总值超过中等收入国家水平。其内部发展水平不均衡，上海明显高于浙江和江苏，已向发达国家水平迈进。从产业增加值构成看，与国际标准相比，长三角地区第二产业比重继续下降，但占比仍然较高，第一产业偏低，第三产业贡献比重上升。如果与一些发达国家大都市同等发展水平时期的产业结构相比，上海第三产业比重较高，与国际标准比就业人员数量偏高，说明上海服务业的经济效率略低。

从 2010 年长三角地区经济发展状况和产业布局来看，呈现以下特点：江苏工业和建筑业、交通运输仓储和邮政业及其他第三产业增加值，位居长三角之首；浙江金融业增加值贡献较大；而上海近年以优化空间布局、推进国际金融、航运和贸易中心建设的现代服务业来增强其经济中心的功能，加快建设与现代化国际大都市相适应的现代产业体系，提升自主创新能力。

2．长三角地区产业发展水平评价及结果

（1）产业高度化水平判别。区域产业结构只表明区域的经济发展阶段特征，要比较区域产业结构的水平，则需要运用霍夫曼系数、软化度系数、产业结构水平系数等测度长三角

---

① 此文引自中国信息报网络版统计导刊（http://www.zgxxb.com.cn/tjdk/201205290018.shtml），作者：周荣荣。发表时间：2012 年 5 月 29 日。原文可能有一些统计表，但网上此文中却没有表格，故编者对有关文字及段落格式作了修改。

及各省市的产业结构高度化水平。

其一，霍夫曼系数法。霍夫曼依据近 20 个国家的时间序列数据，着重分析工业制造业中消费资料和资本资料工业比例关系，即消费资料工业和资本资料的净产值之比，把发展分为四个阶段，以此来判别产业高级化程度。随着经济发展，资本资料生产超过消费资料生产，重工业化和产业高级化程度提高。为便于计算，霍夫曼系数通常用轻工业增加值/重工业增加值计算。上海霍夫曼系数最低，为 0.3，重工业化和产业高级化程度最高；其次是江苏；浙江霍夫曼系数较大，重工业化程度明显低于上海和江苏，说明浙江在工业构成上与上海、江苏有差异。这种结果与上海、江苏有较多的老工业基地，重工业化程度较高的实际相符合。

其二，软化度系数法。"软化经济"于 1983 年由"日本经济结构变化和政策问题研究会"首次提出。产业结构软化主要包括两个方面：一是产业结构演进过程中，软产业（主要是指第三产业）比重不断上升，出现经济服务化趋势；二是随着工业结构的高度加工化和高技术化过程，在整个产业结构中对管理、技术和知识等"软要素"的依赖加强。按照日本标准，软化率大于 60% 的产业为高软化产业；软化率为 40%～60% 的产业为低软化产业；而软化率低于 40% 的产业是硬产业。

实际产业系统的软化程度衡量标准较难，其内涵相当丰富。本研究测度各经济区域产业结构的软化程度时，选取第三产业产值占 GDP 比重和第三产业就业人数占总就业人数的比重进行分析。利用 2010 年的数据测算，长三角地区产业结构软化程度高于全国平均水平6.9 个百分点，与长三角地区经济发展水平相吻合，符合产业演进规律。两省一市的差异很明显，上海显著高于浙江和江苏，而浙江和江苏则基本持平。

其三，产业结构水平系数法。它是对产业结构由低级向高级演化的综合度量，通过将产业结构水平综合化为一定量指标，表明某一经济区域产业结构的高度。产业结构水平判别是对产业高度化水平的综合判别。根据测算，长三角的产业结构系数比全国水平高，说明产业高度化水平较高。其中，上海的产业结构高度化远高于浙江和江苏，上海系数达到4.37，其次是江苏（3.08），浙江最低（2.74）。从三次产业的贡献度上来看，江苏第二产业的贡献度明显高于浙江和上海，第三产业的贡献度则明显低于上海和浙江；上海产业结构水平较高，一是源于相对较高的第三产业比重，二是源于更高效率的第二和第三产业；江苏相对于浙江更高的产业结构水平则主要是依靠其第二产业效率。

（2）产业专业化水平判别。本研究采用区位商方法，分析长三角及两省一市的三次产业专业化优势。研究结果表明，上海第三产业的专业化优势明显，第二产业则略低于 1；浙江和江苏都是第二产业专业化优势明显，江苏更明显，浙江第三产业略高于 1。而整个长三角第二产业的专业化优势略高于第三产业，优势并不明显。

（3）产业结构相似度测定。长三角地区两省一市的资源禀赋及区位优势有许多相似之处，本研究采用相似系数法对长三角省市产业结构水平发展进行了测定评价。测算结果表明，长三角地区的一二三产业相似系数都在 0.9 以上，表明具有高度相似性。2010 年江苏和上海一二三产业的相似系数为 0.967 8，浙江和上海的相似系数为 0.983 6，江苏和浙江的相似系数为 0.998 6。

对长三角地区产业内部结构进一步分析测算，第二产业分为工业和建筑业，上海和江苏第二产业的相似系数为 0.999 8，上海和浙江的相似系数为 0.999 6，江苏和浙江的相似系数为 0.999 9，产业结构具有高度相似性。

对第二产业中的工业行业分析，上海和江苏的工业相似系数为 0.913 6，上海和浙江的相似系数为 0.707 0，江苏和浙江的相似系数为 0.842 9。工业中制造业与工业相似系数结果很接近，上海和江苏制造业的相似系数为 0.912 2，上海和浙江的相似系数为 0.696 4，江苏和浙江的相似系数为 0.844 9。

对第二产业中的建筑业分析，通过测定，相似系数较高，上海和江苏建筑业的相似系数为 0.998 0，上海和浙江的相似系数为 0.993 7，江苏和浙江的相似系数为 0.998 5。

按照统计标准对第三产业分类，可分为金融业、房地产业、交通运输仓储邮政业、批发零售业、住宿和餐饮业。通过测算可知上海和江苏的相似系数为 0.985 8，上海和浙江的相似系数为 0.997 5，江苏和浙江的相似系数为 0.999 9。

3. 产业结构趋同的利与弊

长三角地区内部的产业趋同有一定必然性，对经济发展有影响。从积极方面看，一是有利于产业分工精细化。在充分竞争的市场条件下，产业同构，可以形成产业集聚，发挥规模优势，同时使产业内部分工细化，产业链延伸，促进产业跨区域贸易。二是有利于发挥产业集聚效应。近年来，科学技术的发展和跨国市场的建立和完善、区域间贸易壁垒的降低，特别是资本和技术要素的流动性增强，使得原先以比较成本和资源禀赋为基础的国际产品间分工和贸易让位于技术、资本要素流动，国际贸易分工从产业间分工为主向要素分工为主转化，各国根据其产业优势，专注于产品价值链的某个环节，实现某种产业的全球化。长三角各城市间的共同产业也可以通过加强产业联系、实施内部纵向专业化分工和产业内贸易，成为产业集群一体化大产业，并加强同一产业差异化、专业化分工和紧密联系。

但不可忽视的是，产业同构也存在弊端。像浙江与江苏的产业结构高度趋同，源于政策导向及利益驱动，产业过度集中于高增加值、利税丰厚产业，导致重复投资、重复建设，如各地区公路、铁路等基础设施重复建设，导致资源的浪费，降低整体经济效益。明显的情况是，过去 16 个城市中 12 个城市发展电信、11 个城市制造汽车、8 个城市搞石化，现在各个城市都在集中发展高新技术园区、创意产业园、物流园区、中央商务区，在食品饮料、纺织、印刷、塑料、办公机械设备等产业则缺乏产业功能区划和合理科学空间布局，使得长三角在用地、能源、环保约束条件下，资源短缺与浪费、环境污染并存。

思考与讨论问题：

1．请指出此文中运用了哪些类别的相对指标？弄清楚它们的计算公式及具体含义。

2．文中使用了"百分点"的概念，弄清楚"百分点"的含义及它是如何计算的。

3．查阅有关参考文献，了解"区位商""贡献度""相似系数"的含义、作用和具体的计算方法。

4．理解"霍夫曼系数""软化度"这两个指标的含义和作用，你认为文中这两个指标的计算与其含义是否吻合？有无更合理的计算方法？

5．对比分析是最常用的统计分析方法。要进行对比，往往离不开相对指标。通过该案例还应该懂得对所研究的问题要从哪些方面进行对比、采用什么方法来进行量化比较、对比分析中要注意哪些问题、如何正确解读计算结果等。

思考与练习

1．什么是总量指标？总量指标有何作用？

2．时期指标与时点指标各有什么特点？

3．简述总量指标的计算要求。

4．什么是相对指标？相对指标的作用及表现形式有哪些？

5．说明几种常见相对指标的概念、特点及计算方法。

6．据《中华人民共和国 2016 年国民经济和社会发展统计公报》显示，2016 年年末全国大陆总人口 138 271 万人，比 2015 年年末增加 809 万人，其中城镇常住人口 79 298 万人，占总人口比重（常住人口城镇化率）为 57.35%，比 2015 年年末提高 1.25 个百分点。户籍人口城镇化率为 41.2%，比 2015 年年末提高 1.3 个百分点。全年出生人口 1 786 万人，出生率为 12.95‰；死亡人口 977 万人，死亡率为 7.09‰；自然增长率为 5.86‰。

请问：以上指标中哪些是总量指标？哪些是相对指标？并指出它们分别属于什么相对指标。

7．某公司统计分析报告中写道："我公司今年销售计划为 2 500 万元，实际完成了 2 550 万元，超额完成计划的 2%；销售利润率计划规定为 8%，实际为 12%，超额完成计划 4%；劳动生产率计划规定比去年提高 5%，实际比去年提高 5.5%，完成计划的 110%；产品单位成本计划规定比去年下降 3%，实际比去年下降 2.5%，实际比计划多下降 0.5 个百分点。"

要求：指出上述分析报告中有哪些说法错误，并将其改正过来。

8．某企业产值计划要求比上年增长 3%，实际比上年增长 5%，试确定产值计划完成程度相对指标。又知该企业产品单位成本应在上期 699 元的水平上降低 12 元，本期单位成本为 672 元。要求：确定降低成本计划完成程度指标。

9．某地区 2016 年和 2015 年国内生产总值资料如表 4-6 所示，填上列表中所缺数字。

表 4-6　某地区国内生产总值

指　　　标	2016 年		2015 年实际完成/亿元	2016 年比 2015 年增长/%
	实际完成/亿元	比重/%		
国内生产总值	424			4.8
其中：第一产业		28.4	118	
第二产业			192	5.8
第三产业				

10．表 4-7 列出了我国两次人口普查的人口数资料。

表 4-7　我国第五次和第六次人口普查的人口数　　　　　　　　万人

按性别分组	2000 年（第五次人口普查）	2010 年（第六次人口普查）
男	65 355	68 685
女	61 228	65 287
合　　计	126 583	133 972

要求：已知国土面积为 960 万 km²，试计算全部可能的相对指标。

11．某企业 2016 年上半年产量计划完成情况如表 4-8 所示。

表 4-8　某企业 2016 年上半年产量计划完成情况　　　　　　　　台

产　　品	全 年 计 划	第 一 季 度		第 二 季 度	
		计　　划	实　　际	计　　划	实　　际
甲	2 000	500	500	600	620
乙	1 200	250	300	350	360
丙	600	100	90	200	190

要求：根据表 4-8 所示的资料计算和分析：

（1）各季度产量计划完成程度；

（2）上半年产量计划完成情况；

（3）上半年累计计划进度执行情况。

12．某年 A 国和 B 国经济实力的有关资料如表 4-9 所示。

表 4-9　某年 A 国和 B 国主要统计指标

项　　目	A 国	B 国
人口数/万人	25 870	21 682
劳动力就业数/万人	11 884	8 749
国民生产总值/亿美元	9 370	16 920
国民收入/亿美元	6 220	9 350
谷物总产量/万 t	18 795	26 143
钢产量/万 t	14 700	11 600
军费开支/亿美元	1 270	1 027

　　要求：根据上述资料，就 A、B 两国的总量指标和强度相对指标分别进行对比，求出各自的比较相对指标，并进行分析。

第五章　数据分布特征的描述

📚 学习目标

● 了解测定总体分布集中趋势的意义。
● 熟悉测定总体分布集中趋势的各种指标的概念、特点、计算方法及其应用。
● 熟悉测定总体分布离散程度的各种指标的概念、特点、计算方法及其应用。
● 熟悉 Excel 用于计算以上各种指标的方法。

第一节　总体分布集中趋势的测定

一、测定总体分布集中趋势的指标及其作用

集中趋势是指一组数据向某个中心值靠拢的态势，它反映了一组数据的分布中心和一般水平。测定总体分布的集中趋势就是测定数据水平的代表值或中心值。从计算方法上来看，测定数据集中趋势就是计算平均指标，平均指标包括两大类：一类是数值平均数，即根据所有标志值计算得到的代表值，包括算术平均数、调和平均数和几何平均数；另一类是位置平均数，即根据标志值所处的位置来确定的代表值，包括众数和中位数。两种平均数所反映的一般水平，有不同的意义，有不同的计算方法，也有不同的应用场合。算术平均数是统计研究中最常用的指标。在这一部分内容中主要介绍算术平均数、调和平均数、众数和中位数，而几何平均数将在时间序列分析一章（第九章）中进行介绍。

测定总体分布集中趋势指标的作用主要体现在以下几个方面。

（1）反映总体各单位变量分布的集中趋势和一般水平。例如，要了解城镇单位在岗职工年工资水平情况，只需计算出其平均工资就可以反映职工工资的一般水平了。平均指标把一个总体内各单位的数量差异抽象化，且不受总体单位数量多少的影响，因而它具有高度的综合性和概括能力。

（2）比较同类现象在不同空间或不同阶段的发展水平。对于不同空间的同类现象的水平，由于总体范围的大小可能不同，就不能用总量指标来直接进行对比。而平均指标则可以消除因总体范围不同而带来的总体数量差异，使不同范围的总体水平具有可比性。

（3）分析现象之间的依存关系。例如，要研究学生的学习成绩与学习时间之间的关系，可以按照学习时间由低到高分组，依次计算出各组的平均成绩，由此就可以清晰地观察到学习时间与学习成绩之间的依存关系了。

（4）平均指标经常被作为评价事物和问题决策的数量标准或参考。例如，对工厂工人劳动效率的评定，通常以他们的平均劳动生产率水平为依据。又如，在企业管理中，劳动、生产和消耗等各种定额往往是以实际的平均水平为基础，结合其他条件来制定的。

二、数值平均数

（一）算术平均数

算术平均数也称均值，是将一组数据的总和除以该组数据的项数所得的结果，是表明同一总体各单位标志值一般水平的指标。其计算公式为

$$算术平均数 = \frac{总体标志总量}{总体单位总量} \tag{5.1}$$

在计算和应用算术平均数时必须注意的是，其分子和分母必须同属于一个总体，即分子与分母存在一一对应关系，有一个总体单位就必须有一个标志值与其对应。这正是平均指标与强度相对指标的根本区别所在。强度相对指标是两个有联系的不同总体的总量指标对比的结果，这两个总量指标之间不存在上述对应关系，只是在经济内容上存在客观联系，可以说明现象的强度、密度和普遍程度；算术平均数则是一个总体内的标志总量与单位总量之比，用来说明总体单位某一标志值的一般水平。

在具体计算算术平均数时，根据所掌握的资料和计算的复杂程度不同，算术平均数又可分为简单算术平均数和加权算术平均数两种。

1. 简单算术平均数

简单算术平均数是在资料未分组时，将总体各单位的每一个标志值一一加总得到标志总量，然后除以单位总量求出的平均指标。其计算公式为

$$\bar{x} = \frac{\sum x}{n} \tag{5.2}$$

式中：$\bar{x}$ 为简单算术平均数；x 为总体各单位的标志值；n 为总体单位数。

【例 5-1】假设某工厂某车间有 20 个工人，他们的年龄如表 5-1 所示。

表 5-1　某厂某生产班组工人的年龄统计

序　　号	年龄/周岁	序　　号	年龄/周岁	序　　号	年龄/周岁
1	20	4	20	7	25
2	20	5	25	8	25
3	20	6	25	9	25

序　号	年龄/周岁	序　号	年龄/周岁	序　号	年龄/周岁
10	25	14	25	18	31
11	25	15	31	19	31
12	25	16	31	20	45
13	25	17	31		

根据上述资料，利用式（5.2）计算出该小组工人平均年龄如下

$$\bar{x} = \frac{\sum x}{n} = \frac{20+20+20+20+25+\cdots+45}{20} = 26.50 \text{（岁）}$$

2．加权算术平均数

加权算术平均数是在统计调查资料已经整理分组的情况下，计算平均数的一种形式。它是先以各组的单位数乘以各组标志值求得各组的标志总量，再将各组标志总量相加求出总体标志总量，最后用总体标志总量除以总体单位总量求出平均数。

（1）由单项数列计算算术平均数。表 5-1 是未对该小组工人年龄进行分组的资料，现将表 5-1 中的资料进行分组，得到的变量数列如表 5-2 所示。

表 5-2　某厂某生产班组工人年龄分组表

年龄/周岁	工人数/人	比重/%
20	4	20
25	10	50
31	5	25
45	1	5
合　计	20	100

在表 5-2 中，年龄这个变量只有四个变量值，若对这四个变量值进行简单平均，得到的平均年龄是 30.25 周岁。表 5-1 与表 5-2 的数据应该是一样的，但却得到了两个不同的平均数，这说明，对已经分组形成了变量数列的资料，计算其平均数就不能采用简单算术平均数来计算了。正确的计算方法是

$$\text{平均年龄} = \frac{20\times4+25\times10+31\times5+45\times1}{4+10+5+1} = 26.50 \text{（岁）}$$

若年龄用 x 表示，工人数（标志值出现的次数）用 f 表示，则上述计算过程可用公式表示为

$$\bar{x} = \frac{\sum xf}{\sum f} \tag{5.3}$$

从式（5.3）可见，平均数的大小不仅取决于总体各单位标志值（x），同时也取决于各

标志值的次数（f）。次数多的标志值对平均数的影响要大些，次数少的标志值对平均数的影响也相应地小些。次数的多少对平均值的大小有权衡轻重的影响作用，所以称为权数。这种用权数计算算术平均数的方法称为加权算术平均数。

在实际工作中，利用加权算术平均法计算平均数时，权数可以是绝对数，如上例中的工人数，也可以是各组的次数（频数）占总次数的比重（频率）。所以，权数除用总体各组单位数，即频数形式表示外，还可以用比重（即频率）的形式来表示。因此，便有另一种加权算术平均数的计算形式，就是用标志值乘以相应的频率。其计算公式为

$$\bar{x} = \sum x \frac{f}{\sum f} \tag{5.4}$$

表 5-2 的频率作权数，利用式（5.4）可计算出该小组工人的平均年龄为

$$\bar{x} = \sum x \frac{f}{\sum f} = 20 \times 20\% + 25 \times 50\% + 31 \times 25\% + 45 \times 5\% = 26.50 \text{（岁）}$$

通过上例可以看出，权数的权衡轻重作用实质上体现在各组单位数占总体单位数的比重的大小上。比重的大小反映对平均数大小的影响程度，通过比重可以直接表明该组标志值所占的地位。

需要说明的是，当各组频数或频率相等时，权数的意义也就消失了。这时，加权算术平均数就等于简单算术平均数，所以简单算术平均数是加权算术平均数的一个特例。

（2）由组距数列计算算术平均数。在组距数列条件下，计算加权算术平均数应该根据各组的实际平均数乘以相应的权数来计算。但在实际编制组距数列时，很少计算组平均数。这样，在缺乏组平均数资料的条件下，可用各组中值来代替计算。当然，这种用组中值来代替计算的算术平均数不可避免地会存在一定程度的误差，所以由组距数列计算的平均数一般只能是近似值。

【例 5-2】根据某班学生统计学考试成绩的调查资料整理编制的组距数列如表 5-3 所示，计算学生平均成绩。（表中后两栏为计算栏）

表 5-3　某班学生统计学考试成绩统计表

成绩/分	学生人数 f/人	组中值 x/分	xf
60 以下	7	55	385
60～70	22	65	1 430
70～80	26	75	1 950
80～90	21	85	1 785
90～100	4	95	380
合　　计	80	—	5 930

解：该班学生的平均成绩为

$$\overline{x} = \frac{\sum xf}{\sum f} = \frac{5\,930}{80} = 74.13 \ （分）$$

（二）调和平均数

调和平均数是各个变量值倒数的算术平均数的倒数，又称倒数平均数。调和平均数是在资料缺乏总体单位数时计算平均指标的一种形式。其计算公式为

$$\overline{x} = \frac{\sum m}{\sum \dfrac{m}{x}} \tag{5.5}$$

式（5.5）是加权调和平均数公式，式中，m 为各组标志总量。

【例 5-3】已知某生产车间 50 名工人各级的月工资和工资总额资料如表 5-4 所示，计算该车间工人平均月工资。（表中最后一栏为计算栏）

表 5-4　某车间工人月工资资料及其计算表

技 术 级 别	月工资 x/元/人	工资总额 m/元	工人数 $\dfrac{m}{x}$/人
1	1 750	5 250	3
2	1 810	18 100	10
3	1 835	36 700	20
4	1 900	19 000	10
5	1 950	13 650	7
合　　计	—	92 700	50

解：根据表 5-4 计算的工人的平均月工资为

$$\overline{x} = \frac{\sum m}{\sum \dfrac{m}{x}} = \frac{92\,700}{50} = 1\,854 \ （元）$$

社会经济统计中所应用的调和平均数往往是具有特定经济意义的一个指标，而不是一个纯粹反映一般水平的抽象数字，因此，它常作为加权算术平均数的变形形式应用。当已知资料为各组的变量值 x 和算术平均数基本公式（总体标志总量除以总体单位总量）的分子数据 xf 时，加权算术平均数通常可通过变形利用以分子数据为权数的调和平均数形式来计算。

三、位置平均数

算术平均数和调和平均数都是根据总体各单位的标志值计算的。而位置平均数是用标志值所处的位置直接观察，或根据其所处位置有关部分的标志值计算确定的平均数。

（一）众数

1. 众数的定义

众数是现象总体中出现次数最多的标志值。众数是对现象集中趋势的度量，它不仅可以测定数值型数据的集中趋势，如工人工资水平的众数，某年级学生年龄的众数等；也可以用来测定非数值型数据的集中趋势，例如，人数最多的一种业余爱好就是职工业余爱好的众数，公交旅客流量最大的线路就是公交车线路的众数，最常见的球鞋型号就是球鞋型号分布的众数等。因此，众数在社会经济现象的管理决策中有着十分广泛的应用。

2. 众数的确定方法

众数的确定，根据掌握资料的不同，可采用两种不同的方法。

（1）单项数列确定众数的方法。在单项式分组数列情况下，出现次数最多的那个组的标志值就是众数值。例如，在表 5-2 中，该生产小组中年龄为 25 岁的人数最多。所以，25 岁就是该生产小组中年龄的众数。

（2）组距数列确定众数的方法。在组距数列的条件下，先要确定众数所在组，然后再根据插值法公式计算，以求得近似的众数值。其计算公式为

$$m_0 = L_{m_0} + d_{m_0} \frac{f_{m_0} - f_{m_{0-1}}}{\left(f_{m_0} - f_{m_{0-1}}\right) + \left(f_{m_0} - f_{m_{0+1}}\right)} \qquad (5.6)$$

式中：m_0 代表众数；L_{m_0} 代表众数组下限；d_{m_0} 代表众数组组距；f_{m_0} 代表众数组次数；$f_{m_{0-1}}$ 代表众数组前一组的次数；$f_{m_{0+1}}$ 代表众数组后一组的次数。

【例 5-4】根据表 5-3 的资料，确定学生考试成绩的众数。

解：先确定众数组。表 5-3 中出现次数最多的是 26 人，所以它对应的成绩组 70～80 就是众数组。

然后计算众数的近似值。代入式（5.6）可得

$$m_0 = 70 + 10 \times \frac{26 - 22}{(26 - 22) + (26 - 21)} = 70 + 4.44 = 74.44（分）$$

（二）中位数

1. 中位数的定义

中位数是把现象总体中的各单位标志值按大小顺序排列后处于数列中点位置的标志值。它表明数列中有一半单位的标志值小于中位数，另一半单位的标志值大于中位数，因此用它来代表一组数据的一般水平是可行的。

2. 中位数的确定方法

中位数的确定，根据所掌握的资料不同分为两种情况。

（1）根据未分组资料确定中位数。在标志值未经分组的情况下，先把各单位按标志值大小顺序排列，如果总体单位数为奇数，则处于(n+1)/2（n 代表总体单位数）位置的标志值就是中位数；如果总体单位数为偶数，那么中位数就是位次为 n/2 和 n/2+1 的两个标志值的平均数。

【例5-5】某车间两个小组的工人分别为11人和12人，每人日产量（件/人）如下。

甲组：65，68，72，77，80，82，88，90，92，94，99

乙组：62，65，70，74，76，80，83，88，90，93，98，99

甲组中位数位置为(11+1)/2=6，即第6位工人的日产量82件为中位数。

乙组的中位数应该为第6位和第7位工人的日产量的平均值，即(80+83)/2=81.5（件）。

（2）根据已分组资料确定中位数。根据已分组资料确定中位数可以分为两种情况：一种是根据单项式分配数列确定中位数；另一种是根据组距式分配数列确定中位数。

在单项式分配数列的情况下，也是按上面所讲的方法来确定中位数的位置。

【例5-6】根据表5-2的资料，说明单项式分配数列的情况下中位数的确定方法。

表5-2中点位置在$\dfrac{\sum f}{2}=10$和$\dfrac{\sum f}{2}+1=11$之间，现在把工人数做自下而上累计到第二组(4+10)，即已超过11，表明中位数就是25岁。

在组距式分配数列的条件下计算中位数较为复杂。首先确定中位数的所在组，然后再计算中位数的近似值。其计算公式为

$$m_e = L_{m_e} + d_{m_e} \frac{\dfrac{\sum f}{2} - S_{m_{e-1}}}{f_{m_e}} \tag{5.7}$$

式中：m_e代表中位数；L_{m_e}代表中位数组下限；d_{m_e}代表中位数组组距；f_{m_e}代表中位数组次数；$S_{m_{e-1}}$代表累计至中位数所在组前一组的次数。

【例5-7】仍用表5-3中的资料来说明组距数列条件下中位数的计算方法。

先确定中位数的所在组。为了确定分配数列中的中点位置，要把整个数列的总次数除以2，即80/2=40，它说明了中位数应为这个数列中的第40个学生的考试成绩。我们知道，在组距分配数列中，各组距数值已是按大小顺序排列，这样，计算各组向上累计学生人数，至第二组止为7+22=29（人），至第三组止为29+26=55（人），可见，第40个学生就在第三组中，即中位数应在成绩70~80分组内。

然后再计算中位数的近似值。在计算中位数的近似值时，我们是从中位数所在组内的各个数值是均匀分布的假定出发的，有了这样的假定，就可从中位数在该组内的位次来推算它的近似值。

上面资料按式（5.7）计算为

$$m_e = L_{m_e} + d_{m_e} \frac{\dfrac{\sum f}{2} - S_{m_{e-1}}}{f_{m_e}} = 70 + 10 \times \frac{\dfrac{80}{2} - 29}{26} = 74.23 \text{（分）}$$

（三）众数、中位数和算术平均数三者的关系

众数、中位数和算术平均数都是对一组数据的一般水平的度量，它们各有不同的特点

和应用场合。众数和中位数的特点是不受极端值的影响，但它们没有利用原始数据的全部信息。算术平均数利用了全部数据信息，是描述一般水平最常用的指标，但算术平均数容易受极端值的影响。当一组数据中有极端值时，最好用中位数或众数来反映该组数据的一般水平。

　　算术平均数、众数和中位数三者结合还可以描述数据分布的偏斜（非对称）程度。对于呈现单峰分布特征的数据，如果数据的分布是对称的，则三者相等，即 $\bar{x} = m_e = m_0$；如果数据呈左偏（负偏）分布，数据中的极小值会使算术平均数偏向较小的一方，极小值的大小虽然不影响中位数，但其所占项数会影响数据的中间位置从而略使中位数偏小，众数则完全不受极小值大小和位置的影响，因此一般情况下，三者的关系表现为 $\bar{x} < m_e < m_0$；反之亦然，如果数据呈右偏（正偏）分布，则一般有 $m_0 < m_e < \bar{x}$ 关系。三者的关系如图 5-1 所示。

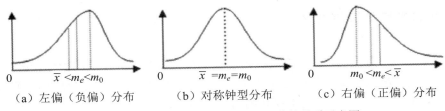

(a) 左偏（负偏）分布　　(b) 对称钟型分布　　(c) 右偏（正偏）分布

图 5-1　众数、中位数与算术平均数的关系示意图

　　例如，根据表 5-3 中某班学生统计学考试成绩数据计算的算术平均数为 74.13 分，中位数为 74.23 分，众数为 74.44 分。算术平均数小于中位数和众数，表明该班学生统计学考试成绩的分布呈左偏分布，同时这三者又非常接近，表明该数据分布偏斜程度很轻微，非常近似对称钟型分布。

第二节　总体分布离散程度的测定

一、测定离散程度的指标及其作用

　　测定总体分布离散程度的指标称为变异指标。变异指标又称标志变动度，综合反映总体各单位标志值的差异程度或离散程度。

　　变异指标在统计分析研究中的作用主要表现在以下几个方面。

　　（1）反映总体各单位标志值分布的离散程度。变异指标越大，说明总体各单位标志值分布的离散程度越大；变异指标越小，说明总体各单位标志值分布的离散程度越小。

　　（2）可以说明平均指标的代表性程度。平均指标作为总体各单位标志值一般水平的代表值，其代表性的大小，随着标志值的差异程度不同而有很大区别。

【例 5-8】有两个小组学生的考试成绩分别如下。

第一小组：50，60，70，80，90 $\bar{x}_1 = 70$ （分）

第二小组：68，69，70，71，72 $\bar{x}_2 = 70$ （分）

两个组的平均成绩都是 70 分，但是很显然用 70 分代表第二组数据的一般水平比代表第一组数据的一般水平更具有代表性。因为第一组数据之间的差异程度明显大于第二组。

一般来说，变异指标越大，说明总体各单位的标志值分布越分散，则平均指标的代表性越小；变异指标越小，说明平均指标的代表性越大。

（3）说明现象变动的均匀性或稳定性。变异指标越大，说明数据之间差异程度越大，则现象变动的稳定性或均匀性越差；变异指标越小，说明数据之间差异程度越小，则现象变动的稳定性或均匀性越高。

二、变异指标的计算方法

变异指标一般可分为两类：一类是测定总体单位变量值变异程度的指标，它包括极差、平均差、标准差和离散系数（也称变异系数）；另一类是测定总体次数分配形态的指标，包括偏离度和集中度（峰度）。这里主要介绍第一类指标。

（一）极差

极差又称全距，是标志的最大值（x_{max}）与最小值（x_{min}）之差。它是测定标志变异程度最简单的指标，以 R 表示。

$$R = x_{max} - x_{min} \tag{5.8}$$

根据例 5-8 中的资料可以计算第一小组和第二小组学生考试成绩的极差。

第一小组数据的极差为：R=90-50=40（分）

第二小组数据的极差为：R=72-68=4（分）

极差的优点在于计算方便、意义明确，且易于了解掌握。它是测定标志变动度的简便方法。但是，极差只涉及最大值和最小值两个标志值，容易受到极端值的影响，因而它不能全面、综合地反映各单位标志的变异程度，在应用时有较大的极限性，但它可以与其他指标配合使用。

（二）平均差

平均差是各单位标志值对算术平均数的离差绝对值的算术平均数，又称平均离差。它是测定标志值变异程度的另一种指标，用 AD 表示。平均差与极差的不同之处在于平均差考虑了总体中各单位标志值变动对标志变异程度的影响。

根据资料是否分组，平均差的计算分以下两种情况。

1. 简单平均法

在资料未分组的情况下，采用简单算术平均法来计算平均差。其计算公式为

$$AD = \frac{\sum |x - \bar{x}|}{n} \quad (5.9)$$

2．加权平均法

在资料已经分组的情况下，采用加权平均法计算平均差。其计算公式为

$$AD = \frac{\sum |x - \bar{x}| f}{\sum f} \quad (5.10)$$

平均差越大，说明标志变动程度越大；平均差越小，说明标志变动程度越小。

平均差是利用全部数据计算的变异指标，它能够全面地反映数据之间的离散程度。但平均差为了避免离差正负抵消而采用取绝对值平均的方法，在应用时存在局限性，故在统计研究中较少使用。

（三）标准差

标准差又称均方差，是总体各单位的标志值对算术平均数离差的平方的算术平均数的平方根。它是测定标志变异最主要的指标，用 σ 表示。标准差的平方称为方差，用 σ^2 表示。

根据资料是否分组，标准差的计算可分为以下两种情况。

1．简单平均法

在资料未分组的情况下，采用简单算术平均法来计算标准差。其计算公式为

$$\sigma = \sqrt{\frac{\sum (x - \bar{x})^2}{n}} \quad (5.11)$$

2．加权平均法

在资料已经分组的情况下，采用加权平均法计算标准差。其计算公式为

$$\sigma = \sqrt{\frac{\sum (x - \bar{x})^2 f}{\sum f}} \quad (5.12)$$

【例 5-9】根据例 5-2 中的资料，计算学生考试成绩的平均差和标准差，如表 5-5 所示。

表 5-5　某班学生统计学考试成绩标准差计算表

成绩/分	学生数 f/人	组中值 x	$x - \bar{x}$	$|x - \bar{x}| f$	$(x - \bar{x})^2 f$
60 以下	7	55	−19.13	133.91	2 561.70
60～70	22	65	−9.13	200.86	1 833.85
70～80	26	75	0.87	22.62	19.68
80～90	21	85	10.87	228.27	2 481.29
90～100	4	95	20.87	83.48	1 742.23
合　　计	80	—	—	669.14	8 638.75

在例 5-2 中已经计算出该班学生统计学考试平均成绩为 74.13 分。

根据式（5.10）得学生成绩的平均差为

$$AD = \frac{\sum |x - \bar{x}| f}{\sum f} = \frac{669.14}{80} = 8.36 \quad （分）$$

计算结果表明，该班学生考试成绩与其均值平均相差 8.36 分。

根据式（5.12）得学生成绩的标准差为

$$\sigma = \sqrt{\frac{\sum (x - \bar{x})^2 f}{\sum f}} = \sqrt{\frac{8\,638.75}{80}} = 10.39 \quad （分）$$

计算结果表明，标准差越大，说明标志变异的程度越大，则平均指标的代表性就越小；反之，标准差越小，说明标志变异的程度越小，则平均指标的代表性就越大。

（四）离散系数

极差、平均差和标准差都有与平均指标相同的计量单位，是反映标志变异程度的绝对指标，其数值的大小不仅受标志值之间差异程度的影响，而且受标志值水平高低的影响。因此，对不同变量（或不同数据组）的离散程度进行比较时，只有当它们的平均水平和计量单位都相同时，才能利用上述指标进行分析。否则，还需将平均水平或计量单位的差异抽象掉，这就需要计算离散系数。

离散系数也称为变异系数，是极差、平均差或标准差等变异指标与算术平均数的比率，以相对数形式来表示。最常用的离散系数是标准差系数 V_σ，它是标准差与其平均数的比率，其计算公式为

$$V_\sigma = \frac{\sigma}{\bar{x}} \tag{5.13}$$

离散系数一般使用百分数表示。离散系数越大，说明数据的离散程度越大，其平均数的代表性就越小；反之，离散系数越小，说明数据的离散程度越小，其平均数的代表性就越大。

【例 5-10】根据例 5-2 中的资料，例 5-9 已经计算出其平均数为 74.13 分，标准差为 10.39 分。若另一个班的同学考试成绩的平均数为 76.25 分，标准差为 10.75 分。试比较两个班的学生成绩的离散程度。

解：两个班学生平均成绩不同，不能直接用其标准差进行比较，还必须计算离散系数。

该班学生考试成绩的离散系数为

$$V_\sigma = \frac{10.39}{74.13} \times 100\% = 14.02\%$$

另一个班学生考试成绩的离散系数为

$$V_\sigma = \frac{10.75}{76.25} \times 100\% = 14.10\%$$

从离散系数的比较中可以看出，另一个班的学生成绩的离散系数大于该班学生成绩的

离散系数，说明另一个班的学生考试成绩的离散程度较大，也说明另一个班平均成绩的代表性较小。

第三节　Excel 在数据分布特征分析中的应用

一、由未分组数据计算分布特征的有关指标

由未分组数据计算分布特征的有关指标，通常有两种方法：一种是使用 Excel 中的有关函数或输入计算公式分别去计算各个指标；另一种是利用 Excel 的"描述统计"分析工具将一系列指标一起计算出来并用一个表格显示全部计算结果。

（一）使用函数功能计算各个指标

使用 Excel 中的有关函数可分别计算出描述数据分布特征的各个指标，如用 AVERAGE 函数计算算术平均数，用 MEDIAN 函数计算中位数，用 MODE 函数计算众数，用 AVEDEV 函数计算平均差，用 STDEV 函数计算样本标准差，用 STDEVP 函数计算总体标准差，用 VAR 函数计算样本方差，用 VARP 函数计算总体方差[①]。

这里仅以例 5-1 的数据来说明总体平均数和标准差的计算步骤：在单元格 A1 中输入数据标志"年龄"，在单元格 A2～A21 中输入各个工人的年龄数值；选定一个空白单元格，输入"=AVERAGE(A2:A21)"，按 Enter 键后即可在所选定的单元格中显示出总体平均数的计算结果为"26.5"；再选定一个空白单元格为总体方差的输出单元格，输入"=STDEVP (A2:A21)"，按 Enter 键后即可在所选定的单元格中显示出总体标准差的计算结果为"5.634 71"。

（二）使用"描述统计"分析工具

下面以例 5-1 的数据来说明其具体操作步骤。

（1）在单元格 A1 中输入数据标志"年龄"，在单元格 A2～A21 中输入各个工人的年龄数值。

（2）选择菜单栏中的"数据"→"数据分析"命令（在 Excel 2003 中"数据分析"位于"工具"菜单栏下），在弹出的"数据分析"对话框的"分析工具"列表框中选择"描述统计"选项，单击"确定"按钮，弹出"描述统计"对话框，如图 5-2 所示。

（3）在"输入区域"数值框中输入待分析数据所在的单元格区域，本例中输入"$A$1:$A$21"（这里的单元格引用也可以使用相对引用"A1:A21"），如图 5-2 所示。

[①] 总体方差和总体标准差是指按本章第二节所介绍的计算公式由总体数据计算的方差和标准差。样本方差和标准差是指由样本数据计算的、用于估计总体方差和总体标准差的统计量，它们的分母不是 n 而是（$n-1$），这样计算才满足无偏性的要求。关于无偏性的概念请参照第六章第三节。

图 5-2　"描述统计"对话框

在"分组方式"下指定输入区域中的数据是按行还是按列排列，本例中选中"逐列"单选按钮。

如果输入区域的第一行（或列）中包含标志项（变量名），则选中"标志位于第一行"复选框，Excel 将在输出表第一行显示标志。如果输入区域没有标志项，则取消选中它，Excel 将自动在输出表第一行显示"行 1"。

在对话框下半部分的"输出选项"栏中指定显示和存放计算结果的位置和输出内容。通常可选中"输出区域"单选按钮并在其右侧数值框中指定显示输出结果表的起点单元格地址，本例选择的是"B2"。若要将计算结果用一个新工作表来显示，则选中"新工作表组"单选按钮，如果需要给该新工作表命名，则在右侧编辑框中输入名称。若要将计算结果用一个新工作簿来显示，则选中"新工作簿"单选按钮。

选中"汇总统计"复选框，输出表则会包括样本的平均值、标准误差[1]、中位数、众数、标准差、方差、峰度值、偏度值、极差、最小值、最大值和观测数等统计指标。

选中"平均数置信度"复选框并在右侧的编辑框中指定置信度，则输出由样本均值推断出的总体均值的抽样极限误差。[2]本例未选中此项。

选中"第 K 大（小）值"复选框，并在编辑框中指定 K 的数值，则输出表中会包含数据的第 K 大（小）值。K 的默认值为 1，等于要求输出最大值和最小值，这一要求实际上已包括在汇总统计中，所以最好选择 2 以上的数，这样得到的信息量显然更大。本例都填写 2。

（4）设置完"描述统计"对话框后，单击"确定"按钮，输出结果如图 5-3 中双细线矩形框所示。

---

[1] 这里的标准误差是指抽样平均误差。关于"抽样平均误差"参见第六章。

[2] 关于抽样极限误差和置信度的概念请参见第六章。

	A	B	C
1	年龄		
2	20	年龄	
3	20	平均	26.5
4	20	标准误差	1.292692
5	20	中位数	25
6	25	众数	25
7	25	标准差	5.7810944
8	25	方差	33.421053
9	25	峰度	4.6341227
10	25	偏度	1.7116159
11	25	区域	25
12	25	最小值	20
13	25	最大值	45
14	25	求和	530
15	25	观测数	20
16	31	最大（2）	31
17	31	最小（2）	20
18	31		
19	31		
20	31		
21	45		

图 5-3　描述统计输出表

Excel 的描述统计的输出结果分为两列，左边一列是所计算的各个统计指标名称，右边是对应的指标数值。需要注意的是，Excel 的描述统计工具自动把数据作为样本进行处理，输出表中的标准差和方差分别指样本标准差和方差。若是总体数据，需要计算总体标准差和方差，则可分别用函数 STDEVP 和 VARP 来实现。

显然，若要计算分布特征的系列指标，使用"描述统计"分析工具比使用函数功能更为简便、快捷，而且还可以同时对多个变量（多列或多行的数据）进行计算。

二、由分组数据计算分布特征的有关指标

对于分组数据的有关指标，只能用 Excel 的公式与复制功能来实现。下面就以例 5-2 的数据来说明有关指标的具体计算操作。

（1）输入数据，如图 5-4 的 A、B、C 列的 1～7 行所示。

（2）算术平均数的计算。在单元格 D1 中输入符号"xf"（用以提示 D 列的数值是各组组中值 x 与权数 f 的乘积），在单元格 D2 中输入公式"=C2*B2"，按 Enter 键后将单元格 D2 的公式向下复制到 D6，在单元格 D7 中输入公式"=SUM(D2:D6)"（或单击自动求和图标），按 Enter 键后计算算术平均数所需的分子的数值（本例中为 5 930）就显示在单元格 D7 中。在单元格 A9 中输入"算术平均数"，在单元格 B9 中输入公式"=D7/B7"，按 Enter 键后单元格 B9 中显示的数值（74.13）就是所求的算术平均数。

（3）平均差的计算。在单元格 E1 中输入"加权的离差绝对值"（用以提示 E 列所计算的是 $|x-\bar{x}|f$），在单元格 E2 中输入公式"=ABS(C2-$B$9)*B2"，按 Enter 键后将单元格 E2 的公式向下复制到单元格 E6，在单元格 E7 中输入公式"=SUM(E2:E6)"，按 Enter 键后

计算平均差所需的分子的数值（669.14）就显示在单元格 E7 中。在单元格 A10 中输入"平均差"，在单元格 B10 中输入公式"=E7/B7"，按 Enter 键后单元格 B10 中显示的数值（8.36）就是所求的平均差。

（4）方差的计算。在单元格 F1 中输入"加权的离差平方"（用以提示 F 列所计算的是 $(x-\bar{x})^2 f$），在单元格 F2 中输入公式"=(C2−$B$9)^2*B2"，按 Enter 键后将单元格 F2 的公式向下复制到单元格 F6，在单元格 F7 中输入公式"=SUM(F2:F6)"，按 Enter 键后计算方差所需的分子的数值（8 638.75）显示在单元格 F7 中。在单元格 A11 中输入"方差"，在单元格 B11 中输入公式"=F7/B7"，按 Enter 键即可在单元格 B11 中得到所求方差的数值（本例中为 107.95）。

（5）标准差的计算。由于标准差等于方差的平方根，所以在单元格 A12 中输入"标准差"，在单元格 B12 中输入公式"=B11^0.5"或"=SQRT(B11)"，按 Enter 键即可在单元格 B12 中得到所求标准差的数值（本例中为 10.39）。

对于众数、中位数和离散系数等统计指标的计算，同样只需要用相应的计算公式在 Excel 中实现即可。读者不妨自行尝试。

计算上述指标的中间数据和最终计算结果如图 5-4 所示。

	A	B	C	D	E	F
1	成绩（分）	学生人数（人）x	组中值x	xf	加权的离差绝对值	加权的离差平方
2	60以下	7	55	385	133.91	2561.7
3	60-70	22	65	1430	200.86	1833.85
4	70-80	26	75	1950	22.62	19.68
5	80-90	21	85	1785	228.27	2481.29
6	90-100	4	95	380	83.48	1742.23
7	合计	80	-	5930	669.14	8638.75
8						
9	算数平均数	74.13				
10	平均差	8.36				
11	方差	107.95				
12	标准差	10.39				

图 5-4　由分组数据计算的分布特征有关指标

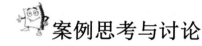

案例思考与讨论

【案例 5-1】　　　　　　　　　　**投资的收益与风险并存**

在正常的市场经济环境下，投资的高收益总是伴随着高风险的。所以，投资理财专家总是提醒人们：不仅要看到收益率的高低，还要注意到风险的大小。投资人在做出将资本用于哪类投资的决策时，理解这一点是极其必要的。具有不同风险承受能力的投资人往往有不同的投资决策。

有一研究者为了比较不同类型投资基金的收益率水平，并说明收益率高低与风险大小的关系，收集了 30 只投资基金某年的收益率数据，其中偏债券型投资基金 8 只，中间型和偏股票型投资基金各有 11 只。它们的收益率数据如表 5-6 所示。

表 5-6　30 只投资基金某年的收益率表

偏债券型	中间型	偏股票型
6.3	10.8	13.9
6.0	6.9	18.7
5.2	9.8	5.1
8.1	7.2	−1.8
7.5	11.5	9.6
3.9	2.3	8.4
4.8	4.1	7.6
5.9	8.7	12.0
	7.4	10.5
	7.3	14.3
	8.1	11.4

思考与讨论问题：

1. 如何比较三种类型投资基金的收益率高低？试计算出有关指标的数值。
2. 各种类型投资基金的风险大小如何度量？可使用所学过的什么统计指标来度量？
3. 哪类投资基金收益率的波动较大？试计算出有关指标的数值来具体说明。
4. 根据上述指标的计算结果可得出什么结论？
5. 对于一个稳健型的投资者，应建议其购买哪一类投资基金？为什么？

【案例 5-2】　　　　　　　**平均数的是与非**[①]

统计指标的表现形式有总量指标、相对指标和平均指标。其中平均指标似乎是最容易受到质疑和责诘的指标。不是吗？近年来，民间流传着这样一首关于平均数的打油诗：南庄十户九家穷，唯有一户千万丰，若是求得平均数，家家都成百万翁。在 2004 年 3 月广州市人大会议上，有代表对市长政府报告中所提到的上年广州全市职工平均工资 28 237 元表示不解，并提出很想知道这个数字是怎么算出来的。代表们说，在平时与市民的接触中，

[①] 李鸥. 平均数的是与非[J]. 中国统计，2008（7）.

听到的普遍反映是工资达不到这一水平，有人甚至相距很远。在全国两会上，2007年在岗职工年平均工资21 932元，这个平均数也引起了代表、委员们的关注。有些代表直言不讳："看职工工资不能只看平均数，还要关注那些平均线下的人群。"浙江省省长吕祖善发表了引人注目的观点："浙江许多人均指标都属全国领先水平，通常被人们称作富省，可这个'富'是相对的，是初级阶段的，绝不能因为一些平均数而忽略全省存在的贫困县。"鉴于此，有人提出不要迷信"平均数"，甚至宣称公众对统计指标的种种质疑都是平均数"惹的祸"。真是可怜啊，平均数这个反映数量集中趋势的指标眼看就要沦为时代的"弃儿"，这不能不让人关注。

　　平均指标是反映在一定时空条件下总体各单位标志值一般水平的代表值，其把各单位标志值的差异抽象化，用以反映具有概括性的总体水平。国外统计学界一些专家认为"统计学就是一门有关平均数的学问"。事实也是如此，因为统计的视野是事物的总体，要说明总体的数量特征，通常要用平均数说话。如中国男性的身高、北京职工的工资、冬小麦的产量、哈尔滨冬季的气温、人口的出生率及死亡率、上海房屋的价格、大学生月生活费支出等，唯有平均数才能将它们的数量特征总括地描述出来。

　　人们言及平均数，多是指算术平均数，其实平均数家族中还有调和平均数、几何平均数，中位数、众数以及平方均数、四分位数、十分位数等，其中包括算术平均数在内的前五种应用最为广泛。

　　算术平均数是总体各单位标志值之和与总体单位数的比值，它是一种最为直接的"平均数"，是把每个单位标志值平均分摊而得到的数值。调和平均数亦称倒数平均数，其内容实质与算术平均数相同，只是由于掌握的资料不同而采用不同的计算方法而已。在实际统计工作中即使采用调和平均数的计算方法（求各标志值倒数算术平均数的倒数），一般也冠以"算术平均数"的称谓。几何平均数是N个标志值乘积的N次方根，它一般用来求平均比率、平均速度，只有当标志值具有乘积关系时，才使用这种方法。以上三种平均数均属于数值平均数，总体中每个标志值对平均数的大小都会发生作用，所以它们易受极端数值的影响，由此其代表性会打折扣。解答广州和全国人大代表对刚刚公布的平均工资的疑惑和质询，需从算术平均数本身的数量特征和计算方法作阐释。在经济转轨时期，收入分配差距不断扩大，高收入群体的工资比低收入阶层高出几倍、几十倍甚至几百倍，如平安保险老总年薪数千万元，其他四位副总年薪也超过千万元，类似这样的天价年薪并非个别现象，它们将整体平均工资水平抬高。与此形成鲜明对照的是有2/3的职工在平均工资水平之下，故而大多数人从切身的感受中认为统计部门所公布的平均工资数偏高，与实际不符。由于国家对最低工资标准有法规限定，而对最高工资没有，工资的分布形态一般呈右偏，即异常值多在高工资区域，所以高工资对平均工资影响较大。许多国家在经济发展中都遇到过这种情况，如美国1998年29%高收入住户占全体收入的49.5%，而20%的低收入者占全部收入的不足5%，由此许多居民对官方公布的平均收入持有怀疑态度。异常值对数值平均数过分"抬举拔高"，削弱了平均数的代表性，其真实可信的光芒似乎有些失色。中央台青歌赛评分中之所以去掉一个最高分和一个最低分，道理也在这里。为了真实映现客观事物的一般水平，需将数值平均数与其他平均数结合运用，并佐以标志变异指标来验证和说明其他代表性。

中位数是在按大小顺序排列的标志值中处于中点位置上的那个数值。有一半数值比它大，有一半数值比它小，这个排位居中的数值也能够反映总体标志值的一般水平，具有较好的代表性。世界各国表明人口的平均年龄，一般用人口年龄中位数，欧美国家反映居民收入水平也多采用收入中位数，而不是采用算术平均数。我国在说明职工工资水平和居民收入水平时，如果将算术平均数与中位数结合运用，可能会更有说服力，从而避免种种的质疑和不解。

众数是指在一群数值中出现次数最多的那个数。当总体各单位的标志值有明显的集中趋势时，众数可作为最为合理的代表值。生产生活实践中，人们自觉或不自觉地在运用着众数的概念。如办公桌椅的长宽比例、鞋帽生产的尺码、住宅室内房间的高度、汽车驾驶室的空间等都是依据人体各部位数据的众数来确定的。询问一个城市市场粮油肉菜的价格、农民工的工资等通过观察可获知其普遍水平的数值也多指是众数。众数是一个最为直观的平均数。有些统计学者认为，当一组数据所计算出的算术平均数与众数有较大差异时，最好不要采用算术平均数而采用众数，以说明现象数量的集中态势。

统计数字不会说谎，但说谎的人会借助统计数字去想办法掩盖事实。每一指标都有它的局限性，要想准确地映现客观事物的全貌，必须用多个指标相互补充、相互佐证。人们之所以对算术平均数情有独钟，而对中位数、众数有所忽略，很大程度在于算术平均数是经过计算得出的结果，而中位数、众数多是通过观察、计数获知的。有人认为似乎只有"算"才更科学、更准确。孰不知，算术平均数的计算十分简单，而通过观察、计数方式获知的中位数、众数工作量却相当大。以全国职工平均工资为例，算术平均数只需用全国的工资总额去除以职工平均人数便能得出结果，而工资的中位数，则需对2亿多职工的工资从低到高或从高到低排列，然后才能找出处于中点位置上的工资数。工资众数的观察也是一项费时费力的工作。当然采用抽样调查的方法，工作量会相应减少，但也都比计算算术平均数复杂。对于关系百姓切身利益的一些重要指标，寻求一种科学简单的方法获取中位数和众数，来补充和佐证算术平均数，以增强平均数的说服力和可信程度，也应作为改进统计工作的一项重要内容。

测定和评价平均数的代表性，还可以计算度量各单位标志值离中程度的标志变异指标。其中标准差就是最常用的一个指标。标准差度量的是各标志值与平均数之间的平均距离，其计算方法是求各标志值与算术平均数离差平方的算术平均数的平方根。对于一些重要指标在公布平均数的时候，随之也公布标准差应该不是什么困难的事情。标准差可以反映各标志值与平均数的平均离差度，也可以测定全部数值在平均数周围的分布情况。大多数社会现象和自然现象的数量呈一种正态分布，次数分布图是中间大两头小、以平均数为中心、左右对称的图形。在正态分布的条件下，总体各单位标志值的分布大多遵循"68-95-99.7

规则"，即有 68% 的标志值落在距平均数 1 个标准差的范围内，有 95% 的标志值落在距平均数 2 个标准差的范围内，有 99.7% 的标志值落在距平均数 3 个标准差的范围内。例如，某公司职工月平均工资 2 000 元，标准差为 500 元，即工资为 1 500～2 500 元的职工约占 68%，1 000～3 000 元的约占 95%，500～3 500 元的约占 99.7%；反过来讲，低于 1 500 元和高于 2 500 元的约占 32%，低于 1 000 元和高于 3 000 元的约占 5%，低于 500 元和高于 3 500 元的约占 0.3%。这样，除了平均数再加上标准差，就可以对该公司职工工资的状况有了一个更加全面的了解。

通过对统计活动的实际考查，我们发现应用平均数时容易发生两类偏误：一类是"唯算术平均数为据"，在分析问题时，只是过分偏好算术平均数，没有把它和其他平均指标或标志变异指标结合运用，容易使人产生疑问，影响了数字的可信度，这类问题前面已做过剖析；另一类是"唯简单平均是用"，在计算相对数或平均数的平均数时，往往只是采用简单平均的方法，忽略了权数问题。试举两例，以资说明。

例一，A、B、C 三个厂利润计划完成百分比分别是 95%、100%、105%，求其平均计划完成百分数。许多人常常采用简单算术平均数的方法用三个数值之和去除以 3，求得的结果是 100%。这样计算不妥。求这类平均数，必须考虑权数的大小，假设三个厂的计划利润数分别为 100、200、300 万元，求出的利润的平均计划完成百分数为 101.67%；若利润数分别为 300、200、100 万元，则平均计划完成百分数为 98.33%。只有三个厂的利润计划数相同，方可采用简单平均的方法。

例二，甲、乙、丙三公司职工的月平均工资分别为 1 500、2 000、2 500 元，试求其平均工资。若采用简单算术平均的方法求出的平均工资为 2 000 元，只有在三个厂的职工人数相等时，才能这样计算，否则必须用加权的方法。假设三个公司的职工人数分别为 200、300、500，求得的平均工资为 2 150 元；若三个公司的人数分别为 500、300、200，则平均工资为 1 850 元。

可见，在计算平均数时对于权数这个权衡轻重的要素不容忽视，特别是在计算相对数或平均数的平均数时，一般都需采用加权平均的方法。

通过以上解析是否可以得出这样的结论：不是平均数有问题，而是人们在运用平均数时出了毛病；不是平均数容易"惹祸"，而是人们对平均数缺乏透彻的了解而导致认识上的偏差。由此也提示我们：作为统计部门应该与时俱进，不要仅用单一的算术平均数去反映事物的数量特征，而应该拿出"十八般武艺"从多重角度、多个层面去映现客观世界；各级领导干部要学点统计知识，学会运用统计的方法去分析问题，以提高对经济社会的认知能力。需知道，统计数字有可能骗人，但是不用统计数字更容易被人骗，对于"剪不断，理还乱"的纷繁经济现象，统计终归是一种认识世界的利器。

思考与讨论问题：

1. 算术平均数、几何平均数、中位数与众数各有什么特点和适用场合？

2．为什么许多人会质疑官方公布的平均收入？劳动者收入的分布一般呈现哪种分布态势？为什么说反映收入的一般水平更适宜采用中位数？

3．正确运用算术平均数为什么要与变异指标结合？最常用的变异指标是什么？

4．要反映定类数据分布的集中趋势，应该采用哪种平均指标？试举一些实际工作和生活中的有关例子。

5．文中例一的平均计划完成百分数 101.67%和 98.33%分别是如何计算的？文中例二的平均工资为 2 150 和 1 850 元分别又是如何计算的？请写出具体的计算式。对相对数或平均数进行平均，一般都需采用加权平均的方法，其权数一般是怎么确定的？

6．正态分布的"68-95-99.7 规则"，也称为"3σ 法则"，在现实工作和生活中还有什么作用？试举例说明。

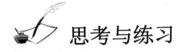 思考与练习

1．强度相对指标与平均指标有何区别？

2．在什么情况下简单算术平均数和加权算术平均数的计算结果一致？

3．加权算术平均数和调和平均数有何区别与联系？

4．算术平均数、众数、中位数各用于什么场合？

5．什么是离散系数？离散系数在什么条件下应用？

6．某生产车间 30 名工人日加工零件数（件）如下：

$$26 \quad 42 \quad 41 \quad 36 \quad 44 \quad 40 \quad 37 \quad 37 \quad 25 \quad 45$$
$$29 \quad 43 \quad 31 \quad 36 \quad 36 \quad 49 \quad 34 \quad 47 \quad 33 \quad 43$$
$$38 \quad 42 \quad 32 \quad 34 \quad 38 \quad 46 \quad 43 \quad 33 \quad 37 \quad 39$$

要求：

（1）根据以上资料分成 25～30、30～35、35～40、40～45、45～50 五组，并计算出各组的频数和频率，整理编制次数分布表。

（2）根据整理表计算工人生产该零件的平均日产量。

（3）利用 Excel 根据未分组数据计算上述数据分布特征的各个统计指标。试比较由未分组数据计算的平均数和已分组数据计算的平均数有何不同，为什么？

7．生产同种产品的企业，某月对产品质量进行调查，得到的资料如表 5-7 所示。

表 5-7　生产同种产品企业的实际产量和合格率

合格率/%	实际产量/件
70～80	34 000
80～90	70 000
90～100	36 000
合　　计	140 000

要求：计算该产品的平均合格率。

8．某公司下属企业 2016 年某产品的单位成本分组资料如表 5-8 所示。

表 5-8　2016 年某产品的单位成本分组资料

某产品单位成本/（元/件）	各组产量占总产量的比重/%
200～220	40
220～240	45
240～260	15

要求：试计算该公司 2016 年该产品的平均单位成本。

9．某地区商业局下属零售商店某月按零售计划完成百分比分组资料如表 5-9 所示。

表 5-9　某地区商业局下属零售商店某月按零售计划完成百分比分组资料

按计划完成百分比分组/%	本月实际零售额/万元
90～100	200
100～110	1 000
110～120	800
合　　计	2 000

要求：计算该局平均计划完成程度。

10．三个生产同一种产品的企业 4 月份和 5 月份的有关资料如表 5-10 所示。

表 5-10　三个生产同一种产品的企业 4 月份和 5 月份的有关资料

企　　业	单位成本/（元/件）	4 月份产量/件	5 月份成本总额/元
甲	25	1 500	24 500
乙	28	1 020	28 560
丙	32	980	48 000

要求：分别计算企业该产品 4 月份、5 月份的平均单位成本。

11．某百货公司 6 月份各天的销售额数据如下（单位：万元）：

257	276	297	252	238	310	240	236	265	278
272	292	261	281	301	274	267	280	291	258
272	284	268	303	272	263	322	249	269	295

要求：

（1）计算该百货公司日销售额的均值、众数、中位数。

（2）计算该百货公司日销售额的极差、标准差。

12．某航空公司为了解顾客对其售票速度的满意程度，收集了 100 位顾客购票时所花时间的样本数据，整理资料如表 5-11 所示。

表 5-11　100 位顾客购票时所花时间

时间/min	人数/人	时间/min	人数/人
1 以下	12	5～6	6
1～2	26	6～7	5
2～3	20	7～8	3
3～4	14	8～9	2
4～5	10	9 以上	2

要求：

（1）根据资料计算算术平均数、众数和中位数。

（2）你认为应该用哪个统计量作为该组数据的概括性度量比较合适？为什么？

13．某车间有甲、乙两个生产小组，甲组平均每人的日产量为 55 件，标准差为 3.0 件；乙组工人日产量资料如表 5-12 所示。

表 5-12　乙组工人日产量资料

日产量/件	工人数/人
70 以下	10
70～80	30
80～90	40
90 以上	20

要求：计算乙组平均每个工人的日产量，并比较甲、乙两生产小组哪个组的日产量更有代表性。

14．某科研小组进行甲、乙两个品种油菜作物培育实验资料如表 5-13 所示。乙品种平均亩产 338kg，标准差 17.5kg。

表 5-13　甲品种生产情况

实验田块编号	田块面积/亩	总产量/kg
1	1.6	528
2	2.0	614
3	2.6	832
4	1.6	552
5	1.8	630
6	2.4	804

要求：根据表 5-13 中的资料分析哪一个品种值得推广？

第六章　抽　样　估　计

- 理解抽样估计的基本概念。
- 了解抽样误差的含义及影响因素。
- 掌握抽样误差的测度方法。
- 掌握点估计和区间估计的方法以及样本容量的确定方法。
- 熟悉 Excel 在抽样估计中的运用并正确理解输出结果。

第一节　抽样估计概述

一、抽样估计的概念和特点

　　抽样估计是在抽样调查的基础上，用样本的实际资料计算样本指标，并据此估计或推算总体相应数量特征的一种统计推断方法。抽样估计的应用在日常生活中很常见。例如，在决定购买食品之前取一点尝尝味道；又如，医生通过化验从病人手指上取得的一滴血液，为诊断病情提供依据；再如，为了解某节目的收视率情况，从全体居民中抽取一部分出来进行调查，并据此推断全体居民的收视率等。

　　抽样估计的特点主要表现在以下几个方面。

　　（1）抽样估计的前提是按照随机原则从总体中抽取样本单位。在选取调查单位时完全不受人的主观意识的影响，保证了样本变量是随机变量，使抽出的样本对总体具有足够的代表性。

　　（2）抽样估计的目的是由部分单位的数据推断总体的数量特征。抽样调查是一种非全面调查，通过调查可以得到总体中一部分（通常是很小一部分）单位的情况，但这并不是目的，抽样估计是利用这部分信息来估计总体的有关信息，即用样本指标来推断相应的总体指标。

　　（3）抽样误差可以事先计算并加以控制。在抽样估计中，用样本指标去估计相应的总体指标是有误差的，这一点与其他非全面调查并没有什么区别，但不同的是，抽样误差的范围可以事先通过有关资料加以计算，并采取一定的措施加以控制，从而保证抽样估计的结果达到一定的可靠程度，这是任何其他估算办法都办不到的。

（4）抽样估计方法是基于概率的一种统计推断方法。由于抽样估计依据的是一次随机抽样所得的样本，因此，抽样估计结果必然具有不确定性，估计结果总是与一定的概率相联系。抽样估计不仅要推断出总体指标的数值，还要说明这种推断的可靠性。

二、抽样估计的理论基础

在自然界和社会生活中，人们观察到的现象大致可以分为两类：一类是确定性现象，如在一个大气压下，水在 100℃时会沸腾；某种商品的销售额，必然等于该商品的销售量乘以平均的销售价格。另一类是偶然性现象或随机现象，如向上抛掷一枚硬币，其结果可能是正面向上，也可能是反面向上；商场里的顾客数，在每天的同一时间一般不会相同。确定性现象是容易理解的，而偶然性现象或随机现象似乎不易把握。但人们通过长期的实践活动发现：偶然性现象或随机现象并不是杂乱无章的，在大量观察的条件下，偶然性现象或随机现象的运动会呈现出一种统计的规律性。概率论和数理统计学就是专门研究偶然现象或随机现象及其统计规律性的学科。而抽样估计主要依据的是其中的大数法则和中心极限定理。

大数法则是关于大量的随机现象具有稳定性质的法则。它说明如果被研究的总体是由大量的相互独立的随机因素所构成的，而且每个因素对总体的影响都相对地小，那么对这些大量因素加以综合平均的结果是因素的个别影响将相互抵消，而呈现出它们共同作用的倾向，使总体具有稳定的性质。联系到抽样估计来看，大数法则证明，如果随机变量总体存在着有限的平均数和方差，则对于充分大的抽样单位数，可以有几乎趋近于 1 的概率来期望其平均数与总体平均数的绝对离差为任意小，即对于任意的正数 ε 均有

$$\lim_{n \to \infty} P\left(\left| \bar{x} - \bar{X} \right| < \varepsilon \right) = 1 \tag{6.1}$$

式中：$\bar{x}$ 为抽样平均数；$\bar{X}$ 为总体平均数；n 为抽样单位数。

这就从理论上揭示了样本与总体之间的内在联系，即随着抽样单位数的增加，抽样平均数有接近于总体平均数的趋势，或者说抽样平均数在概率上收敛于总体平均数。

大数法则论证了抽样平均数趋近于总体平均数的趋势，这为抽样估计提供了重要的依据。但是，抽样平均数和总体平均数的离差究竟有多大？离差不超过一定范围的概率有多少？这个离差的分布怎样？这些问题则要利用中心极限定理来研究。中心极限定理是研究变量和分布序列的极限定理，它表明，如果总体变量存在有限的平均数和方差，那么不论这个总体变量的分布如何，随着抽样单位数 n 的增加，抽样平均数的分布都将趋近于正态分布。

三、抽样估计中的基本概念

（一）总体和样本

总体是所要认识的研究现象全体，它是由所研究范围内具有某种相同性质的全体单位所组成的整体。总体的单位数通常用 N 来表示。

总体按其各单位标志的性质不同可以分为属性总体和变量总体。即对于一个总体来说，若被研究的标志是品质标志，则把这个总体称为属性总体，如要研究企业的所有制关系；若被研究的标志是数量标志，则把这个总体称为变量总体，如研究销售人员的销售额。

样本又称子样，它是从总体中随机抽取出来，代表总体的那部分单位的集合。样本单位数通常用 n 表示。

作为推断对象的总体是确定的，而且是唯一的。但作为观察对象的样本则不是这样。从一个总体中可以抽取很多个样本，每次可能抽到哪个样本是不确定的，也不是唯一的，而是可变的。明白这一点，对于理解抽样估计原理是非常重要的。

（二）总体指标和样本指标

总体指标是根据总体中各单位的标志值或标志属性计算的，反映总体数量特征的综合指标。由于总体是唯一确定的，所以总体指标的数值也是确定的、唯一的。但在抽样估计中总体指标又是未知的，需要用样本数据去估计，故总体指标就是待估计的总体参数。

对于变量总体，常用的总体指标有总体平均数 $\bar{X}$、总体标准差 σ（或总体方差 σ^2）。设总体变量 X 为：$X_1, X_2, \mathbf{L}, X_N$，则有

$$\bar{X} = \frac{\sum X}{N} \qquad \text{或} \qquad \bar{X} = \frac{\sum XF}{\sum F}$$

$$\sigma = \sqrt{\frac{\sum (X - \bar{X})^2}{N}} \qquad \text{或} \qquad \sigma = \sqrt{\frac{\sum (X - \bar{X})^2 F}{\sum F}}$$

$$\sigma^2 = \frac{\sum (X - \bar{X})^2}{N} \qquad \text{或} \qquad \sigma^2 = \frac{\sum (X - \bar{X})^2 F}{\sum F}$$

对于属性总体，最常用的指标是成数，总体成数表示总体中具有某种性质的单位数在总体全部单位数中所占的比重，以 P 表示；总体中不具有某种性质的单位数在总体全部单位数中所占的比重则以 Q 表示。设总体 N 个单位中，有 N_1 个单位具有某种性质，N_0 个单位不具有某种性质，$N_1 + N_0 = N$，则有

$$P = \frac{N_1}{N}, \quad Q = \frac{N_0}{N} = \frac{N - N_1}{N} = 1 - P \tag{6.2}$$

如果品质标志的具体表现只有是非两种（如产品质量标志表现为合格品与不合格品），则可以把"是"的标志表示为 1，把"非"的标志表示为 0。那么成数 P 就可以视为这种 $(0,1)$

分布的平均数，并可以求相应的标准差和方差。

$$\bar{X} = \frac{\sum Xf}{\sum f} = \frac{1 \times N_1 + 0 \times N_0}{N_1 + N_0} = \frac{N_1}{N} = P \qquad (6.3)$$

$$\sigma = \sqrt{\frac{\sum (X - \bar{X})^2 f}{\sum f}} = \sqrt{\frac{(1-P)^2 N_1 + (0-P)^2 N_0}{N}}$$

$$= \sqrt{Q^2 P + P^2 Q} = \sqrt{PQ} = \sqrt{P(1-P)}$$

$$\sigma^2 = P(1-P) \qquad (6.4)$$

样本指标是根据样本各单位标志值或标志属性计算的综合指标，也称统计量，它是用来估计或推断总体参数的。因此，与总体指标相对应，有样本平均数、样本成数及样本标准差（或样本方差）等。

设样本变量 x 的观察值为：$x_1, x_2, \cdots, x_n$，则

样本平均数：$\qquad \bar{x} = \dfrac{\sum x}{n} \qquad$ 或 $\qquad \bar{x} = \dfrac{\sum xf}{\sum f}$

样本标准差：$\qquad S = \sqrt{\dfrac{\sum (x - \bar{x})^2}{n}} \qquad$ 或 $\qquad S = \sqrt{\dfrac{\sum (x - \bar{x})^2 f}{\sum f}}$

样本方差：$\qquad S^2 = \dfrac{\sum (x - \bar{x})^2}{n} \qquad$ 或 $\qquad S^2 = \dfrac{\sum (x - \bar{x})^2 f}{\sum f}$

样本成数：$\qquad p = \dfrac{n_1}{n}$

样本成数的标准差：$\qquad S = \sqrt{p(1-p)}$

样本指标是根据抽选出来的各个样本计算的，样本指标的计算方法是确定的，但它的取值却随着不同的样本有不同的数值，它是样本变量的函数，其本身也是随机变量。

（三）样本容量和样本个数

样本的单位数称为样本容量，用 n 来表示。在总体一定的情况下，样本容量的大小直接影响抽样估计的准确性。样本容量越大，其抽样指标的代表性误差就越小，反之代表性误差就越大。所以一个样本中究竟应该包含多少单位，必须根据统计研究的目的任务，结合标志值的变异程度等因素，在综合设计阶段加以综合考虑。样本容量 n 远小于总体单位数 N。通常样本容量达到或超过 30 个则称为大样本，而在 30 个以下则称为小样本。社会经济统计的抽样调查，多属于大样本调查。

样本个数是指一个总体中可能抽取的样本数目，用 M 表示。从一个总体中可能抽取多少个样本，与样本容量和抽样方法等因素有关。

（四）重复抽样和不重复抽样

重复抽样，也称回置抽样。其抽样过程为：从总体 N 个单位中，随机抽取一个容量为

n 的样本，每次从总体中抽取一个单位都把它看作一次试验，连续进行 n 次试验即得到一个样本。每次抽出一个单位，把结果登记下来，又重新放回，参加下一次的抽选。因此，重复抽样的样本是由 n 次相互独立的连续试验所组成的。每次试验是在完全相同的条件下进行的，每个单位中选与否的概率完全一样。

不重复抽样，也称不回置抽样。其抽样过程为：从总体 N 个单位中，随机抽取一个容量为 n 的样本，每次从总体中抽取一个单位都把它做一次试验，连续进行 n 次试验即构成一个样本。但每次抽选一个单位后就不再放回。不重复抽样的样本是由 n 次连续抽选的结果组成，实质上等于一次同时从总体中抽 n 个单位组成一个样本。连续 n 次抽选的结果不是相互独立的，第一次抽选的结果影响下一次抽样，每抽一次，总体的单位数就少一个。因此，这种抽样方法的特点是：第一，每次抽样都是在数目不同的总体单位中抽取的；第二，任何一个总体单位都不可能被重复抽中。

【例 6-1】假如总体有 A、B、C、D 四个单位，要从中随机抽取两个单位组成样本。按照重复抽样，全部可能的样本有 $N^n = 4^2 = 16$ 个，它们是：

AA	AB	AC	AD
BA	BB	BC	BD
CA	CB	CC	CD
DA	DB	DC	DD

用不重复抽样的方法，则全部可能的样本为：$N(N-1)(N-2)\cdots(N-n+1) = 4 \times 3 = 12$（个），（即是从上述 16 个可能样本中剔除有重复单位后的 12 个）它们是：

AB　AC　AD　BA　BC　BD　CA　CB　CD　DA　DB　DC

由此可见，在相同的样本容量的条件下，重复抽样的样本个数总是大于不重复抽样的样本个数。

第二节　抽　样　误　差

一、抽样误差的概念

在统计调查过程中，产生误差的原因主要有两大类：一类是登记性误差；另一类是代表性误差。登记性误差是指统计调查中进行登记、过录、汇总、计算时出现的重复、遗漏、瞒报、虚报、口径不一致等主客观原因所导致的误差。全面调查与非全面调查均会产生这样的误差。这类误差只有通过提高技术人员的素质和严格执行统计法规来将其降到最低限度。代表性误差是指样本单位的结构分布与总体单位结构分布不一致而产生的误差。代表性误差又可细分为系统性误差和随机性误差。系统性误差是指违反随机原则抽选样本单位而导致的偏差。例如，将随机抽选的单位进行随意调换而产生的人为偏差，或由于测度和计算方法不正确而产生的偏差。随机性误差则是在严格遵循随机原则的情况下，由于偶然因素的影响所导致的样本不足以代表总体的误差。登记性误差和代表性误差中的系统性误差均属于统计调查的组织问题，可以采取措施避免或将其降到最低限度。

抽样误差是指按随机原则抽样时，在没有登记性误差和系统性误差的条件下，单纯由随机抽样的偶然因素使样本结构不足以代表总体结构而引起的样本指标与总体指标之间的离差，这种误差是抽样调查所固有的、无法避免的，但可以运用大数定理的数学公式加以精确计算；并通过抽样程序加以控制，所以这种误差也称为可控制误差。

因此，从理论上讲，抽样误差是专指代表性误差中的随机误差。

二、抽样误差的测度

（一）抽样实际误差

抽样实际误差是指在一次具体的抽样调查中，由随机因素引起的样本指标与总体指标之间的离差。如样本平均数与总体平均数之间的绝对离差，样本成数与总体成数之间的绝对离差。但是，在抽样中，由于总体指标数值是未知的，因此，抽样实际误差是无法计算的。同时，抽样实际误差仅仅是一系列可能出现的误差数值之一，因此，抽样实际误差没有概括所有可能产生的抽样误差。

（二）抽样平均误差

如前所述，从一个总体中可能抽取很多个样本，因此样本指标（如样本平均数或样本成数）将随着不同的样本而有不同的取值，它们对总体指标（如总体平均数或总体成数）的离差有大有小，即抽样误差是一个随机变量。而抽样平均误差则是反映抽样误差一般水平的一个指标。但由于样本平均数的平均数等于总体平均数，样本成数的平均数等于总体成数，就所有可能样本而言，抽样误差的总和等于 0，因此，不能用简单算术平均的方法来求抽样平均误差，而应采取标准差的方法来计算抽样平均误差。因此，抽样平均误差是指抽样平均数的标准差或抽样成数的标准差，它说明了样本指标与总体指标之间的平均误差程度。

以 $\mu_{\bar{x}}$ 表示样本平均数的抽样平均误差，以 μ_p 表示样本成数的抽样平均误差，M 表示全部可能的样本数目，则有

$$\mu_{\bar{x}} = \sqrt{\frac{\sum (\bar{x} - \bar{X})^2}{M}} \tag{6.5}$$

$$\mu_p = \sqrt{\frac{\sum (p - P)^2}{M}} \tag{6.6}$$

【例 6-2】设某公司有 A、B、C、D 四位推销员，某月推销额分别为 5 万元、6 万元、8

万元、9 万元，则这四位推销员的平均推销额为

$$\bar{X} = \frac{\sum X}{N} = \frac{5+6+8+9}{4} = 7 \ （万元）$$

标准差为

$$\sigma = \sqrt{\frac{\sum (X-\bar{X})^2}{N}} = \sqrt{\frac{4+1+1+4}{4}} = \sqrt{\frac{10}{4}} = 1.58 \ （万元）$$

假设从这四位推销员中抽出两位作样本，按照上述公式，其重复抽样和不重复抽样的抽样平均误差计算如表 6-1 和表 6-2 所示。

表 6-1 重复抽样的抽样平均误差计算表

样 本 序 号	样本变量 x	样本平均 $\bar{x}$	离差 $(\bar{x}-\bar{X})$	离差平方 $(\bar{x}-\bar{X})^2$
1	5，5	5.0	−2.0	4.00
2	5，6	5.5	−1.5	2.25
3	5，8	6.5	−0.5	0.25
4	5，9	7.0	0.0	0.00
5	6，5	5.5	−1.5	2.25
6	6，6	6.0	−1.0	1.00
7	6，8	7.0	0.0	0.00
8	6，9	7.5	0.5	0.25
9	8，5	6.5	−0.5	0.25
10	8，6	7.0	0.0	0.00
11	8，8	8.0	1.0	1.00
12	8，9	8.5	1.5	2.25
13	9，5	7.0	0.0	0.00
14	9，6	7.5	0.5	0.25
15	9，8	8.5	1.5	2.25
16	9，9	9.0	2.0	4.00
合 计	—	112.0	0.0	20.00

则重复抽样的抽样平均误差为

$$\mu_{\bar{x}} = \sqrt{\frac{\sum (\bar{x}-\bar{X})^2}{M}} = \sqrt{\frac{20}{16}} = \sqrt{1.25} = 1.12 \ （万元）$$

以上计算表明，对于上列 16 个样本来说，其样本平均数与总体平均数之间的平均差异程度是 1.12 万元。

表 6-2　不重复抽样的抽样平均误差计算表

样 本 序 号	样本变量 x	样本平均 $\bar{x}$	离差 $(\bar{x}-\bar{X})$	离差平方 $(\bar{x}-\bar{X})^2$
1	5，6	5.5	−1.5	2.25
2	5，8	6.5	−0.5	0.25
3	5，9	7.0	0.0	0.00
4	6，5	5.5	−1.5	2.25
5	6，8	7.0	0.0	0.00
6	6，9	7.5	0.5	0.25
7	8，5	6.5	−0.5	0.25
8	8，6	7.0	0.0	0.00
9	8，9	8.5	1.5	2.25
10	9，5	7.0	0.0	0.00
11	9，6	7.5	0.5	0.25
12	9，8	8.5	1.5	2.25
合　　计	—	84.0	0.0	10.00

则不重复抽样的抽样平均误差为

$$\mu_{\bar{x}} = \sqrt{\frac{\sum(\bar{x}-\bar{X})^2}{M}} = \sqrt{\frac{10}{12}} = 0.91 \quad （万元）$$

以上计算表明，对于上列 12 个样本来说，其样本平均数与总体平均数之间的平均差异程度是 0.91 万元。

抽样平均误差的大小可以用来衡量样本指标对总体指标的代表性。抽样平均误差越小，样本指标对总体指标的代表性越高；抽样平均误差越大，样本指标对总体指标的代表性越低。此外，由上面的计算还可看出，不重复抽样的抽样平均误差小于重复抽样的抽样平均误差。

当然，直接由上述定义式来计算抽样平均误差是不现实的，因为，在实际抽样调查中，总体单位数 N 常常很大，样本单位数 n 一般也不小于 30，由此而产生的所有样本数目是极大的，不可能抽完所有可能的样本；同时，在开展抽样调查之前，总体指标是未知的（它是抽样推断的目的）。所以，实际工作中，定义式缺乏可操作性。经数理统计学家证明，可用下列公式计算抽样平均误差。

1. 平均数的抽样平均误差

（1）在简单随机重复抽样条件下，其计算公式为

$$\mu_{\bar{x}} = \sqrt{\frac{\sigma^2}{n}} = \frac{\sigma}{\sqrt{n}} \tag{6.7}$$

式中：σ 代表总体标准差；n 代表样本单位数。

（2）在简单随机不重复抽样条件下，其计算公式为

$$\mu_{\bar{x}} = \sqrt{\frac{\sigma^2}{n}\left(\frac{N-n}{N-1}\right)} \tag{6.8}$$

与重复抽样的公式相比，不重复抽样的平方根中多了一个修正因子 $\left(\dfrac{N-n}{N-1}\right)$，由于这个因子总是小于 1，故不重复抽样的抽样平均误差总是小于重复抽样的抽样平均误差。当总体单位数 N 很大的情况下，不重复抽样的抽样平均误差可以采用其近似公式计算。

$$\mu_{\bar{x}} = \sqrt{\frac{\sigma^2}{n}\left(1-\frac{n}{N}\right)} \tag{6.9}$$

【例 6-3】仍用例 6-2 中的资料来说明抽样平均误差的计算方法，$N=4$，$n=2$，$\sigma=1.58$ 万元。在重复抽样条件下，代入式（6.7）可得

$$\mu_{\bar{x}} = \frac{\sigma}{\sqrt{n}} = \frac{1.58}{\sqrt{2}} = 1.12 \text{（万元）}$$

在不重复抽样条件下，代入式（6.8）可得

$$\mu_{\bar{x}} = \sqrt{\frac{\sigma^2}{n}\left(\frac{N-n}{N-1}\right)} = \sqrt{\frac{1.58^2}{2}\left(\frac{4-2}{4-1}\right)} = \sqrt{\frac{2.50}{3}} = 0.91 \text{（万元）}$$

可见，按定义式与按实际运用的公式所计算的结果完全相同。

2．成数的抽样平均误差

（1）在简单随机重复抽样条件下，其计算公式为

$$\mu_p = \sqrt{\frac{P(1-P)}{n}} \tag{6.10}$$

（2）在简单随机不重复抽样条件下，其计算公式为

$$\mu_p = \sqrt{\frac{P(1-P)}{n}\left(1-\frac{n}{N}\right)} \tag{6.11}$$

在应用上述公式进行计算时应注意：公式中 σ 代表的是总体标准差，P 代表总体成数。但这两个数据往往是未知的。所以在实际应用时，通常的做法如下。

第一，在大样本条件下，可用样本标准差 S 代替总体标准差 σ，用样本成数 p 代替总体成数 P；在小样本条件下，总体标准差 σ 需要用修正的样本标准差 S^* 代替，其计算公式为

$$S^* = \sqrt{\frac{\sum_{i=1}^{n}(x_i - \bar{x})^2}{n-1}} = S\sqrt{\frac{n}{n-1}} \tag{6.12}$$

第二，若过去进行过同样的调查，可用过去的总体标准差 σ 代替现在的总体标准差 σ，

用过去的总体成数 P 代替现在的总体成数 P。

【例 6-4】一批食品罐头共 60 000 桶，随机抽查 300 桶，发现有 6 桶不合格，求合格品率的抽样平均误差。

解：由题目知， $p = \dfrac{294}{300} = 0.98$ ，在重复抽样条件下：

$$\mu_p = \sqrt{\frac{P(1-P)}{n}} = \sqrt{\frac{0.98 \times 0.02}{300}} = 0.808\%$$

在不重复抽样条件下：

$$\mu_p = \sqrt{\frac{P(1-P)}{n}\left(1 - \frac{n}{N}\right)} = \sqrt{\frac{0.98 \times 0.02}{300} \times \left(1 - \frac{300}{60\,000}\right)} = 0.806\%$$

从上述抽样平均误差的实际公式可以看出，抽样平均误差的大小主要受以下几个因素的影响。

第一，受总体各单位标志值之间差异程度的影响，即受总体标准差大小的影响。总体标准差越大，抽样平均误差也越大；总体标准差越小，抽样平均误差也就越小。抽样平均误差与总体的标准差成正比。

第二，受样本容量多少的影响。样本容量越多，抽样平均误差越小；样本容量越少，抽样平均误差则越大。抽样平均误差与样本容量成反比。

第三，受抽样方法的影响。不重复抽样的抽样平均误差小于重复抽样的抽样平均误差。

第四，受抽样组织方式不同的影响。不同的抽样组织方式其抽样平均误差的计算方法不同，而且计算结果也不同。

（三）抽样极限误差

由于抽样平均误差只是从所有可能样本的角度来度量的抽样误差的一般水平，而任一次抽样的实际抽样误差可能大于其抽样平均误差，也可能小于其抽样平均误差。因此，在抽样估计中，不仅需要计算抽样平均误差，还需要了解在一定可能性下抽样误差的可能范围。这就需要计算抽样极限误差。

抽样极限误差就是指样本指标与总体指标之间的误差范围。用 $\Delta_{\bar{x}}$ 和 Δ_p 分别表示样本平均数和样本成数的抽样极限误差，则有

$$\left|\bar{x} - \bar{X}\right| \leqslant \Delta_{\bar{x}} \tag{6.13}$$

$$\left|p - P\right| \leqslant \Delta_p \tag{6.14}$$

实际上，抽样极限误差是一个可能而非完全肯定的范围。因此这个可能范围的大小是与可能性大小相对应的。在抽样估计中，表示这个可能性大小的概念叫作置信度，习惯上也称为可靠程度、把握程度或概率保证程度等，用 $(1-\alpha)$ 表示。

1. 在大样本条件下，平均数和成数的抽样极限误差的计算

抽样理论证明：在大样本条件下，样本平均数 $\bar{x}$ 服从或近似服从以总体平均数 $\bar{X}$ 为中

心的正态分布，该正态分布的标准差就是抽样平均误差 $\mu_{\bar{x}}$。因此，由正态分布中变量取值区间与概率的关系可知：样本平均数落在 $(\bar{X} \pm \mu_{\bar{x}})$ 的范围内的可能性为 68.27%；落在 $(\bar{X} \pm 2\mu_{\bar{x}})$ 范围内的可能性为 95.45%；落在 $(\bar{X} \pm 3\mu_{\bar{x}})$ 范围内的可能性为 99.73%，如图 6-1 所示。

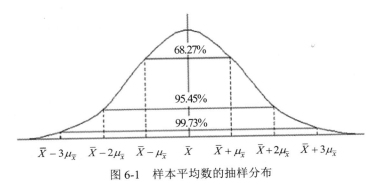

图 6-1　样本平均数的抽样分布

上述结论也就等价于：在 68.27% 的置信度下，平均数的抽样极限误差就等于其抽样平均误差；在 95.45% 的置信度下，抽样极限误差等于抽样平均误差的两倍；在 99.73% 的置信度下，抽样极限误差等于抽样平均误差的三倍。可见，平均数的抽样极限误差可以用抽样平均误差的倍数来度量，其计算公式为

$$\Delta_{\bar{x}} = Z_{\alpha/2}\mu_{\bar{x}} \qquad (6.15)$$

同理，也可以得到在大样本条件下成数的抽样极限误差的计算公式为

$$\Delta_p = Z_{\alpha/2}\mu_p \qquad (6.16)$$

式（6.15）和式（6.16）中，$Z_{\alpha/2}$ 值是由抽样估计时给定的置信度 $(1-\alpha)$ 所决定的，其对应关系可查标准正态分布概率表（见附录 A）。在实际中，最常用的几种情况是

$$(1-\alpha) = 68.27\%时，\quad Z_{\alpha/2} = 1$$
$$(1-\alpha) = 95.45\%时，\quad Z_{\alpha/2} = 2$$
$$(1-\alpha) = 99.73\%时，\quad Z_{\alpha/2} = 3$$

可见，置信度 $(1-\alpha)$ 越大，$Z_{\alpha/2}$ 值就越大，抽样极限误差也就越大，抽样估计的精确度就越低，所以在抽样估计中，要求达到 100% 的置信度是不太可能的。但另一方面，置信度小了，估计结论的可靠性太低，又会影响估计本身的价值。所以在做估计时，应该将置信度要求与估计的精确度要求结合起来考虑，估计的精确度很高而置信度很低，或估计的精确度很低而置信度很高都是不合适的。

2. 在小样本条件下，平均数的抽样极限误差的计算

在抽样估计中，总体方差通常是未知的。在小样本条件下，要用修正的样本方差来估计总体方差。抽样理论证明：在上述情况下，有关的抽样分布不再是标准正态分布而是一个 t 分布。t 分布是与标准正态分布类似的一种对称钟型分布，它通常比标准正态分布

平坦。t 分布依赖于自由度，随着自由度的增大，t 分布逐渐趋于标准正态分布，如图 6-2 所示。

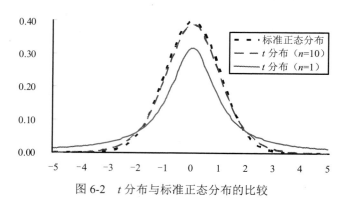

图 6-2　t 分布与标准正态分布的比较

因此，在小样本条件下，平均数的抽样极限误差的计算公式为

$$\Delta_{\bar{x}} = t_{\alpha/2}\mu_{\bar{x}} = t_{\alpha/2}\frac{S^*}{\sqrt{n}} \tag{6.17}$$

式中：$t_{\alpha/2}$ 是置信度为 $(1-\alpha)$ 时自由度为 $(n-1)$ 的 t 分布变量的值。对于给定的置信度 $(1-\alpha)$，$t_{\alpha/2}$ 可查 t 分布表而得（见附录 B，查右尾面积为 $\alpha/2$ 所对应的值）。

第三节　抽样估计的方法

抽样估计是指运用实际调查所计算的样本指标值来估计相应的总体指标的数值。由于总体指标是表明总体数量特征的统计参数，因此，抽样估计也称为参数估计。总体参数的抽样估计有点估计和区间估计两种。

一、点估计

点估计就是以实际抽样调查资料中得到的样本指标值直接作为总体指标的估计值。例如，用样本平均数的实际值直接作为相应总体指标的估计值，用样本成数的实际值直接作为相应总体成数的估计值，这些都属于点估计。

点估计方法的优点是简便、直观、易行，能够提供总体参数的具体估计值，可以作为行动决策的数量依据。但它也有明显的不足，即这种估计没有表明误差的大小，更没有指出误差在一定范围内的可靠性有多大。

在参数估计中，要有合适的样本指标作为估计量。这里的样本指标是样本数据的函数，根据样本数据可以构造多种样本指标，但不是所有的样本指标都能够充当很好的估计量。例如，从一个样本可以计算样本平均数、中位数、众数等。哪一种指标作为总体参数估计量才是最优的，这便是评价样本指标的优良标准问题。作为优良的估计量，应该符合以下标准。

（1）无偏性。即以样本指标估计总体指标，要求抽样指标值的平均数等于被估计的总体指标值本身。用来估计总体指标的样本指标，其分布是以总体指标真值为中心的，在一次具体的抽样估计中，估计值或大于总体指标，或小于总体指标，但在进行多次重复抽样估计的过程中，所有估计值的平均数应该等于待估计的总体指标。这表明估计量没有系统偏差。

抽样平均数的平均数等于总体平均数，抽样成数的平均数等于总体成数，即

$$E(\overline{x}) = \overline{X} \tag{6.18}$$

$$E(p) = P \tag{6.19}$$

这说明以样本平均数作为总体平均数的估计量，以样本成数作为总体成数的估计量，是符合无偏性原则的。

（2）有效性。它是指以样本指标估计总体指标要求作为优良估计量的方差应该比其他估计量的方差小。如用抽样平均数或总体某一变量值来估计总体平均数，虽然两者都是无偏的，而且在每一次估计中，两种估计量与总体平均数都有可能有离差，但样本平均数更接近于总体平均数的周围，平均来说其离差比较小。因此，对比起来，样本平均数是更为有效的估计量。即

$$\sigma^2(\overline{x}) < \sigma^2(x) \tag{6.20}$$

（3）一致性。这是指当样本的单位数充分大时，样本指标也充分靠近总体参数。也就是说，随着样本容量 n 的不断增大，样本指标接近总体指标的可能性就越来越大。可以证明，以样本平均数估计总体平均数，以样本成数估计总体成数，也符合一致性的要求，即

$$\lim_{n \to \infty} P\left(\left| \overline{x} - \overline{X} \right| < \varepsilon \right) = 1 \tag{6.21}$$

$$\lim_{n \to \infty} P\left(\left| p - P \right| < \varepsilon \right) = 1 \tag{6.22}$$

在式（6.21）和式（6.22）中，ε 为任意小数。

二、区间估计

区间估计是根据给定的置信度的要求，估计出可能包含总体参数的区间下限和上限。一般来说，对于总体被估计参数 θ，由样本构造出两个估计量 $\hat{\theta}_1$ 和 $\hat{\theta}_2$（其中 $\hat{\theta}_2 > \hat{\theta}_1$），使区间 $(\hat{\theta}_1, \hat{\theta}_2)$ 涵盖被估计参数真值的概率为 $(1-\alpha)$，即

$$P(\hat{\theta}_1 \leqslant \theta \leqslant \hat{\theta}_2) = (1-\alpha) \tag{6.23}$$

这里，$(\hat{\theta}_1,\hat{\theta}_2)$ 为总体参数的估计区间，$\hat{\theta}_1$ 为区间下限，$\hat{\theta}_2$ 为区间上限，$(1-\alpha)$ 为区间估计的置信度。

事实上，可以将抽样极限误差的定义式（6.13）和式（6.14）等价地变换为下列不等式

$$\bar{x}-\varDelta_{\bar{x}}\leqslant \bar{X}\leqslant \bar{x}+\varDelta_{\bar{x}} \tag{6.24}$$

$$p-\varDelta_p\leqslant P\leqslant p+\varDelta_p \tag{6.25}$$

式（6.24）和式（6.25）实际上就是对总体平均数和总体成数进行区间估计的公式。即当有了样本指标，并根据给定的置信度计算出抽样极限误差之后，就可得到以同样的置信度来估计总体平均数和总体成数的区间。

【例 6-5】某企业生产一种新型电子元件，用简单随机重复抽样方法抽取 100 只作耐用时间试验。测试结果为平均寿命 6 000h，标准差 300h，试在 95.45% 的概率保证下，估计这种新电子元件平均寿命区间。

解：已知 $n=100$，$\bar{x}=6\,000\text{h}$，$\sigma=300\text{h}$，根据已知资料计算抽样平均误差为

$$\mu_{\bar{x}}=\frac{\sigma}{\sqrt{n}}=\frac{300}{\sqrt{100}}=30\,(\text{h})$$

根据给定的概率置信度 $(1-\alpha)=95.45\%$，查《正态分布概率表》得 $Z_{\alpha/2}=2$。

计算抽样极限误差为

$$\varDelta_{\bar{x}}=Z_{\alpha/2}\mu_{\bar{x}}=2\times30=60\,(\text{h})$$

据此估计这种新型电子元件平均寿命的区间为

$$\text{下限}=\bar{x}-\varDelta_{\bar{x}}=6\,000-60=5\,940\,(\text{h})$$

$$\text{上限}=\bar{x}+\varDelta_{\bar{x}}=6\,000+60=6\,060\,(\text{h})$$

结论：若以 95.45% 的概率作为保证程度，估计该批电子元件的平均寿命区间为 5 940～6 060h。

【例 6-6】某纱厂某时期内生产了 10 万个单位的纱，按纯随机不重复抽样方式抽取 2 000 个单位检验。检验结果，合格率为 95%，试以 95.45% 的把握程度，估计全部纱合格品率的区间范围。

解：已知 $N=100\,000$ 个，$n=2\,000$ 个，$p=95\%$，根据已知资料计算其抽样平均误差为

$$\mu_p=\sqrt{\frac{p(1-p)}{n}\left(1-\frac{n}{N}\right)}=\sqrt{\frac{0.95\times0.05}{2\,000}\times\left(1-\frac{2\,000}{100\,000}\right)}=0.48\%$$

已知概率置信度 $(1-\alpha)=95.45\%$，查《正态分布概率表》得 $Z_{\alpha/2}=2$。

计算抽样极限误差为 $\varDelta_p=Z_{\alpha/2}\mu_p=2\times0.48\%=0.96\%$

则该厂生产的全部纱的合格品率的下、上限为

$$\text{下限}=p-\varDelta_p=95\%-0.96\%=94.04\%$$

$$\text{上限}=p+\varDelta_p=95\%+0.96\%=95.96\%$$

结论：以 95.45% 的置信度估计该厂全部纱合格品率区间为 94.04%～95.96%。

在抽样估计中，不仅可以根据给定的置信度来推算抽样误差范围和总体指标的区间，也可以根据给定的允许误差范围要求来计算相应的置信度和总体指标的区间。

【例 6-7】某校从该校学生中随机抽取 100 人，调查到他们平均每天参加体育锻炼的时间为 30min，标准差为 20min，若要求抽样估计的允许误差不超过 5min，试求这一估计相应的置信度，并写出该校学生平均每天参加体育锻炼时间的估计区间。

解：已知 $n=100$，$\bar{x}=30\text{min}$，$\sigma=20\text{min}$，根据已知资料计算抽样平均误差为

$$\mu_{\bar{x}}=\frac{\sigma}{\sqrt{n}}=\frac{20}{\sqrt{100}}=2\text{（min）}$$

根据给定的极限误差 $\Delta_{\bar{x}}=5\text{min}$，可求出

$$Z_{\alpha/2}=\frac{\Delta_{\bar{x}}}{\mu_{\bar{x}}}=\frac{5}{2}=2.5$$

查《正态分布概率表》得置信度 $(1-\alpha)=98.76\%$。

该校学生平均每天参加体育锻炼时间的下、上限为

$$下限=\bar{x}-\Delta_{\bar{x}}=30-5=25\text{（min）}$$
$$上限=\bar{x}+\Delta_{\bar{x}}=30+5=35\text{（min）}$$

结论：该校同学平均每天参加体育锻炼的时间为 25～35min，这一区间估计的置信度为 98.76%。

【例 6-8】某商场从一批袋装食品中随机抽取 10 袋，测得每袋重量（单位：g）分别为 988、981、996、962、1 004、1 013、970、985、1 010、1 005。要求在 95% 的置信度下，估计这批食品的平均每袋重量的置信区间。

解：样本均值 $\bar{x}=\dfrac{\sum x}{n}=\dfrac{9\,914}{10}=991.40\text{（g）}$

修正的样本标准差 $S^{*}=\sqrt{\dfrac{\sum(x-\bar{x})^{2}}{n-1}}=\sqrt{\dfrac{2\,660.40}{10-1}}=17.19\text{（g）}$

已知 $(1-\alpha)=0.95$，自由度为 $(10-1)=9$，查 t 分布表得 $t_{\alpha/2}=t_{0.025}=2.262\,2$，故抽样极限误差为

$$\Delta_{\bar{x}}=t_{\alpha/2}\frac{S^{*}}{\sqrt{n}}=2.262\,2\times\frac{17.19}{\sqrt{10}}=12.30\text{（g）}$$

所求总体均值的置信区间为 $(991.40-12.30，991.40+12.30)$

即在 95% 的置信度下，可认为总体平均每袋重量在 979.10～1 003.70g 的范围内。

与点估计不同，区间估计不是指出被估计参数的确定数值，而是指出被估计参数的可能范围，同时对这一估计给定相应的概率保证程度。参数的可能范围是估计的精确度问题，而相应的置信度是估计的可靠性问题。一般而言，在做估计时常希望估计的精确度尽可能

高，但同时可靠性又不能小，而这两个要求是一对矛盾，即在样本容量不变的条件下，缩小估计区间，将提高估计的精确度，但同时会降低置信度，即估计的可靠性。因此，在区间估计时，不可能对抽样误差范围和估计的置信度都提出要求，只能根据给定的置信度来推算抽样误差范围的上、下限，或根据给定的允许误差范围来推算相应的置信度。

第四节　样本容量的确定

组织抽样调查的一项重要工作就是要确定合适的样本容量。样本容量直接关系到调查的精度、调查费用、调查时间、需要配备的人力和物力等许多方面。那么，样本容量多大才合适呢？是 100、1 000、10 000，还是 1%、10%？样本容量多了会造成不必要的浪费，但样本容量太少又不能有效地反映情况，直接影响推断的效果。

一、必要样本容量的计算公式

确定样本容量通常是根据研究问题的性质确定允许误差和相应的置信度，然后根据历史资料或其他试点资料确定总体的标准差，再通过抽样误差的计算公式来推算必要的样本单位数。一般只从大样本条件下的抽样误差公式来计算。

在重复抽样条件下，样本平均数的抽样极限误差的公式为

$$\Delta_{\bar{x}} = Z_{\alpha/2}\mu_{\bar{x}} = Z_{\alpha/2}\frac{\sigma}{\sqrt{n}}$$

故可反推出必要样本容量的计算公式为

$$n = \frac{Z_{\alpha/2}^2\sigma^2}{\Delta_{\bar{x}}^2} \tag{6.26}$$

同理，在不重复抽样条件下，样本平均数的抽样极限误差的公式为

$$\Delta_{\bar{x}} = Z_{\alpha/2}\mu_{\bar{x}} = Z_{\alpha/2}\sqrt{\frac{\sigma^2}{n}\left(1-\frac{n}{N}\right)}$$

则必要样本容量的计算公式为

$$n = \frac{NZ_{\alpha/2}^2\sigma^2}{N\Delta_{\bar{x}}^2 + Z_{\alpha/2}^2\sigma^2} \tag{6.27}$$

同样，在重复抽样和不重复抽样条件下成数的必要样本容量分别为

$$n = \frac{Z_{\alpha/2}^2 P(1-P)}{\Delta_p^2} \tag{6.28}$$

$$n = \frac{NZ_{\alpha/2}^2 P(1-P)}{N\Delta_p^2 + Z_{\alpha/2}^2 P(1-P)} \tag{6.29}$$

从上述公式中可以看出，样本的必要单位数 n 受抽样极限误差 Δ 的制约，Δ 越小则样本单位数 n 就需要越多。以重复抽样为例，在其他条件不变的情况下，误差范围 Δ 缩小一半，则样本单位数必须增至四倍；而误差范围 Δ 扩大一倍，则样本单位数只需原来的四分之一。所以在抽样组织中对抽样误差允许的范围应十分慎重地考虑。

【例 6-9】某地区居民户为 10 000 户，其年消费水平标准差为 200 元，若采取抽样调查了解其年平均消费水平，并要求以 95% 的置信度推断总体，其样本指标与总体指标之间的容许误差范围是 15 元，试问采用重复抽样和不重复抽样分别应抽取多少样本单位？

解：在重复抽样情况下，必要样本单位数为

$$n = \frac{Z_{\alpha/2}^2 \sigma^2}{\Delta_{\bar{x}}^2} = \frac{1.96^2 \times 200^2}{15^2} = 683 \ （户）$$

在不重复抽样情况下，必要样本单位数为

$$n = \frac{NZ_{\alpha/2}^2 \sigma^2}{N\Delta_{\bar{x}}^2 + Z_{\alpha/2}^2 \sigma^2} = \frac{10\ 000 \times 1.96^2 \times 200^2}{10\ 000 \times 15^2 + 1.96^2 \times 200^2} = 640 \ （户）$$

计算结果表明，在重复抽样情况下，应抽取 683 个样本进行调查，在不重复抽样情况下，应抽取 640 个样本进行调查，才能满足研究问题的需要。

【例 6-10】某地区有 5 000 户农户，根据历史资料得知其拥有彩色电视机的农户占 75%。采用简单随机抽样方法，要求在 95.45% 的概率保证下，抽样允许误差不超过 0.02，问应抽多少户作为样本？

解：在重复抽样情况下，必要样本单位数为

$$n = \frac{Z_{\alpha/2}^2 P(1-P)}{\Delta_p^2} = \frac{2^2 \times 0.75 \times 0.25}{0.02^2} = 1\ 875 （户）$$

在不重复抽样情况下，必要样本单位数为

$$n = \frac{NZ_{\alpha/2}^2 P(1-P)}{N\Delta_p^2 + Z_{\alpha/2}^2 P(1-P)} = \frac{5\ 000 \times 2^2 \times 0.75 \times 0.25}{5\ 000 \times 0.02^2 + 2^2 \times 0.75 \times 0.25} = 1\ 364 \ （户）$$

计算结果表明，在重复抽样情况下，应抽取 1 875 户进行调查，在不重复抽样情况下，应抽取 1 364 户进行调查才能满足研究问题的需要。

二、确定样本容量应注意的问题

运用上述计算公式来确定样本容量时，应注意以下几点。

（1）用上述公式计算样本容量，需要已知总体方差 σ^2（对成数而言等价于已知总体成数）。然而采用抽样的目的就是用样本值去估计总体值，总体方差和总体成数根本不知道。

这时，可用有关资料代替：一是用历史资料代替（过去已有的方差或成数）；二是在进行正式调查前进行实验性调查，用实验中的方差的最大值代替总体中的方差；三是成数方差在完全缺乏资料的情况下，就用成数方差的最大可能值 0.25 代替。

（2）如果在一次抽样调查中，需要同时估计总体均值与成数，可用上面公式同时计算出两个样本容量，取其中较大的结果即可同时满足要求。

（3）如果计算结果出现小数，这时样本容量不按照四舍五入法则取整数，而是取比这个数大的最小整数。如计算结果是 534.01，则样本容量应取 535 而非 534。

另外，在实际确定样本容量时，还应该考虑调查所具备的条件，如人力、物力和时间等，它们对样本容量起着某种限制性作用。在人力、物力和时间都比较宽松的情况下，应以样本容量能够满足研究问题的需要为基本出发点。但在人力、物力和时间都比较紧张的情况下，不能只考虑缩小样本会达到节省费用和时间的一面，而忽视了调查的目的与要求的置信度和置信区间。

第五节　Excel 在抽样估计中的应用

一、Excel 在总体平均数区间估计中的运用

要估计总体平均数就要先根据样本数据计算出样本平均数、样本标准差，再计算抽样平均误差和抽样极限误差，最后计算出区间下限和上限。

（一）由未分组的样本数据求总体平均数的置信区间

由未分组的样本数据，即原始调查数据计算总体平均数区间估计所需指标，可以使用 Excel 中的有关函数或输入计算公式计算，但使用"描述统计"分析工具显然要简便得多。因为使用该工具可以直接得到估计总体平均数的区间所需的样本平均数、修正的样本标准差、抽样平均误差和抽样极限误差。

使用"描述统计"分析工具的具体操作方法已经在第五章第三节中介绍过。只是需要注意：在"描述统计"对话框中必须选中"汇总统计"和"平均数置信度"复选框，在"平均数置信度"的编辑框中指定置信度（默认值为 95%）。输出结果中的"平均"就是样本平均数，"标准误差"就是抽样平均误差，"标准差"实际是指修正的样本标准差，"观测数"就是样本量 n，最后一栏的数值就是给定置信度所对应的抽样极限误差 Δ。

例如，根据例 6-8 中的样本数据对总体平均数进行区间估计，可将样本数据输入工作表（如图 6-3 中的 A 列，即单元格 A2～A11），若指定输出区域的起点单元格为 C1，则使用"描述统计"分析工具得到的输出结果显示在 C 列和 D 列，如图 6-3 所示。

本例中，不难得出，在 95% 的置信度下：总体平均数的置信区间下限为 991.40-12.30＝

979.10，总体平均数的置信区间上限为 991.40+12.30 = 1 003.70。

	A	B	C	D
1	每袋重量		每袋重量	
2	988			
3	981		平均	991.4
4	996		标准误差	5.436911
5	962		中位数	992
6	1004		众数	#N/A
7	1013		标准差	17.19302
8	970		方差	295.6
9	985		峰度	−0.92337
10	1010		偏度	−0.42395
11	1005		区域	51
12			最小值	962
13			最大值	1013
14			求和	9914
15			观测数	10
16			置信度(95.0%)	12.29915

图 6-3 "描述统计"工具用于抽样估计的输出表

需要说明的是，Excel 的"描述统计"在计算抽样平均误差和抽样极限误差时，是严格按总体方差未知时的估计方法来计算的（应该说这更符合一般的实际情况），即以修正的样本方差作为总体方差的无偏估计量，且根据由 t 分布确定的 $t_{\alpha/2}$ 值来计算抽样极限误差。但当样本量 n 充分大（一般认为要不少于 30）时，样本标准差 S 与修正的样本标准差 S^* 的差别很小，t 分布也非常接近标准正态分布（从而 $t_{\alpha/2}$ 近似 $Z_{\alpha/2}$），所以，Excel 的"描述统计"分析工具也适合于大样本总体标准差未知的情况下对抽样平均误差和抽样极限误差的计算。

（二）由已分组样本数据或给定的样本指标求总体平均数的置信区间

由已整理的样本数据估计总体平均数，只能运用 Excel 的函数或公式功能来实现。

若给定已分组的样本数据，就要利用加权的方法先计算出样本平均数和样本标准差。其 Excel 的操作见第五章第三节的介绍。

若已经给定或计算出了样本平均数和样本标准差，就可通过输入公式来计算抽样平均误差和抽样极限误差。以例 6-5 来说明其具体使用方法。

（1）计算抽样平均误差。本例采用的是重复抽样，所以抽样平均误差按重复抽样的公式计算。选定一个空白单元格（如单元格 B1），在其中输入 "= 300/100^(1/2)"，或输入 "= 300/SQRT (100)"，按 Enter 键即可得到计算结果 30（显示在单元格 B1 中）。

（2）根据给定的置信度确定对应的 $Z_{\alpha/2}$ 值。其方法是使用"标准正态分布累积函数的逆函数"。本例中给定区间估计的置信度 $(1-\alpha)$ 为 0.954 5，则在选定的一个空白单元格（如单元格 B2）中输入函数名及其参数 "= NORMSINV(0.977 25)"，即可得到对应的 $Z_{\alpha/2}$ 值为 2.00（显示在单元格 B2 中）。注意该函数的参数 0.977 25 是这样来确定的：

$$(1-\alpha) +[1-(1-\alpha)]/2 = 0.954\ 5+(1-0.954\ 5)/2 = 0.977\ 25$$

（3）计算抽样极限误差。在选定的一个空白单元格（如单元格 B3）中输入公式"＝2*30"，或使用单元格引用，输入公式"＝B2*B1"，即可得到计算结果 60（显示在单元格 B3 中）。

（4）计算总体平均数的置信区间的下限和上限，分别输入公式"＝6 000-60"和"＝6 000+60"，计算结果分别为 5 940 和 6 060。本例中的 6 000 为样本平均数，60 也可以使用上述单元格位置 B3 代替。

二、Excel 在估计总体成数中的运用

若样本数据是未分组的调查数据，则可先利用函数 COUNT 或 COUNTIF 统计出具有某一属性或水平的观测数，其操作方法参见第四章第三节。再将具有某一属性的观测数与样本容量 n 对比求出样本成数 p。

得到样本成数的值之后，再计算成数的抽样平均误差和抽样极限误差，最后计算出估计的总体成数区间的下限和上限。读者可以按它们各自的计算公式在 Excel 中实现相应的计算。

计算满足允许误差要求所必需的样本量，同样也可以使用 Excel 的公式功能来实现。

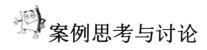 **案例思考与讨论**

【案例 6-1】 **对本科毕业生薪酬的抽样估计**

很多测评机构在比较各个高校的实力或比较不同高校培养的大学生受社会欢迎的程度时，不仅使用到就业率等指标，还经常用大学毕业生的薪酬高低来衡量。要反映一个学校所培养学生的薪酬水平显然不宜用该校全部学生薪酬的最高水平或最低水平，否则容易受个别极端值（统计上也称为异常值）的影响，通常应采用该校全部学生薪酬的平均水平、薪酬达到一定水平的毕业生比重等统计指标来衡量。但要对毕业生进行全面调查既不太可能也没必要，为此可进行抽样推断，即随机抽取一定数量的大学毕业生构成样本，通过对样本调查所获取的数据来估计或推断总体的平均水平或某一比重等数量特征。

某高校会计专业去年 8 月下旬对该专业当年的本科毕业生进行了一次随机抽样调查，调查采用的是电话访问方式，被访者人数为 36 名。关于"工作第一个月的薪酬"所得到的调查数据如表 6-3 所示。

表 6-3 本科毕业生薪酬的抽样调查数据

序 号	薪酬/元	序 号	薪酬/元	序 号	薪酬/元
1	5 500	13	5 600	25	6 000
2	6 300	14	4 500	26	4 600
3	4 800	15	7 000	27	7 500
4	6 000	16	5 200	28	7 000
5	6 500	17	5 600	29	8 500
6	5 000	18	5 200	30	5 200
7	5 500	19	6 200	31	5 600
8	6 000	20	8 000	32	6 400
9	5 100	21	5 600	33	5 600
10	6 000	22	5 200	34	6 300
11	7 100	23	5 500	35	6 200
12	6 400	24	6 400	36	7 100

思考与讨论问题:

1. 以 1 000 为组距对样本数据进行分组,并编制出变量数列,绘制出直方图,观察样本数据的分布特征。建议利用 Excel 的"直方图"分析工具来完成这一任务。

2. 利用 Excel 的"描述统计"工具对样本数据进行描述性分析,并对该校当年在调查地就业的全体毕业生的平均薪酬水平进行区间估计,置信度为 95%(要求指出抽样平均误差、抽样极限误差和置信区间)。

3. 若要求分别以 90%和 99.7%的置信度再进行上述估计,试计算出相应的抽样平均误差、抽样极限误差和置信区间,并且观察它们都发生什么样的变化。

4. 样本中薪酬在 6 000 元以上的毕业生占多大比重?试以 90%的置信度估计相应的抽样平均误差、抽样极限误差和总体比重的区间。

5. 样本中薪酬在 7 000 元以上的毕业生占多大比重?试以 90%的置信度估计相应的抽样平均误差、抽样极限误差和总体比重的区间。

【案例 6-2】 **应该抽取多少居民进行调查**

要进行抽样推断,就要先获取样本数据。为此首先就必须在调查方案中设计好样本容量的大小,即必须明确应从总体中抽取多少个体(总体单位)进行调查。抽样推断的理论告诉我们,如果样本容量太小,抽样误差太大,就不能满足推断精度的要求;如果样本容量过大,虽然足以满足推断精度要求,但调查的代价(包括人力、财力、物力和时间的花费）很大，造成不必要的浪费，甚至使调查变得无法实施或得不偿失。所以，科学地确定合适的样本容量是抽样调查中很重要的一个环节。

某市一家消费研究机构为了了解该市居民对近期消费品市场的反映，准备进行一次抽样调查，调查对象为 18 岁以上的本市居民，调查内容包括居民对近期消费品价格、质量的满意度和预期、个人的月消费支出水平，以及居民对有关部门的市场监管工作是否满意等。在待估计的多项总体指标中，最关注的是全市居民的月平均消费支出以及居民对市场监管的不满意率，因此规定了这两个指标的估计精度：要求在 95% 的置信度下，月平均消费支出的误差率不超过 3%，不满意率或满意率的允许误差不超过 2 个百分点。

由其他渠道初步估计：居民平均月消费支出大约为 740 元，标准差为 185 元。此前关于居民对有关部门的市场监管工作是否满意没有进行过权威的调查，有人估计不满意率很可能为20%。

根据上述推断要求和已知的相关信息，至少应该抽取多少居民构成所要调查的样本呢？

思考与讨论问题：

1．根据月平均消费支出的允许误差要求计算出必要的样本量（提示：要求月平均消费支出的误差率不超过 3%，这里的 3% 也称为相对允许误差，再结合月平均消费支出就可以将其换算为允许误差的绝对值 Δ ）。

2．根据不满意率的允许误差要求（ $\Delta_p=2\%$ ），试分下列两种情况计算出必要的样本量：

（1）总体不满意率按 20% 来估计；

（2）没有关于总体不满意率的可靠的参考信息，应该以最保险、可靠的原则进行估计。

3．为了满足月平均消费支出和不满意率的允许误差要求，应该共用一个调查样本还是分别抽取各自的调查样本？如果可以共用一个调查样本，那么必要的样本量应该取得多少？为什么？

4．如果要求推断的置信度下降到 90%，必要样本量的计算结果应各是多少？观察计算结果的变化，并说明推断的置信度与样本容量之间存在什么关系。

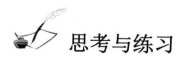 思考与练习

1．什么是抽样估计？它有什么特点？

2．抽样实际误差、抽样平均误差和抽样极限误差有何联系与区别？

3．为什么不重复抽样的抽样平均误差总是小于重复抽样的抽样平均误差？

4．抽样估计的方法有哪些？它们有何区别？

5．影响样本容量大小的因素有哪些？怎样确定样本容量？

6．在抽样估计中，为什么说准确性的要求和可靠性的要求是一对矛盾？在实际估计中又如何解决这对矛盾？

7．抽样估计中优良估计量的标准是什么？

8．抽样平均误差的大小主要受哪些因素影响？

9．某工厂有 1 500 个工人，用简单随机重复抽样的方法抽出 50 个工人作为样本，调查其月平均产量资料如表 6-4 所示。

表 6-4　50 个工人的月平均产量

月产量/件	524	534	540	550	560	580	600	660
工人数/人	4	6	9	10	8	6	4	3

要求：

（1）计算样本平均数和抽样平均误差。

（2）以 95.45% 的可靠性估计该厂工人的月平均产量和总产量的区间。

10．某乡有 6 000 农户，按随机原则重复抽取 200 户调查，得平均每户年纯收入 123 000 元，标准差 2 100 元。

要求：

（1）以 95% 的概率估计全乡平均每户年纯收入的区间。

（2）以同样概率估计全乡农户年纯收入总额的区间范围。

11．某学校有 2 000 名学生参加英语等级考试，为了解学生的考试情况，用不重复抽样方法抽取部分学生进行调查，所得资料如表 6-5 所示。

表 6-5　部分学生的英语等级考试成绩

考试成绩/分	60 以下	60～70	70～80	80 以上
学生人数/人	20	20	45	15

要求：以 95.45% 的可靠性估计该校学生英语等级考试成绩在 70 分以上的学生所占的比重范围。

12．采用简单随机重复抽样方法在 2 000 件产品中抽 200 件，其中合格品为 190 件。

要求：

（1）计算样本合格率及其抽样平均误差。

（2）以 95.45% 的概率保证程度对该批产品合格品率和合格品数量进行区间估计。

（3）如果极限误差为 2.31%，则其概率保证程度是多少？

13．某食品加工厂从生产的一批食品中随机抽查 200 袋进行检查，其中 188 袋合格，若给定抽样极限误差为 3.4%。

　　要求：试求这一估计相应的置信度，并写出该厂食品合格率的估计区间。

　　14．以往经验表明，某厂生产的零件长度服从正态分布。某日随机抽取 10 个零件，测得其长度分别为：53mm、52mm、49mm、51mm、53mm、54mm、48mm、49mm、50mm、52mm。

　　要求：试以 95%的置信度估计该日所生产零件平均长度的置信区间。

　　15．某大学有学生 6 000 人，近年资料表明学生的人均月生活费用为 300 元，标准差为 30 元。假定采用不重复抽样方法，调查学生人均月生活费。

　　请问：应抽取多少人才能以 95.45%的置信度保证其最大估计误差不超过 5 元？

第七章 假 设 检 验

学习目标

- 理解假设检验的基本原理。
- 熟悉假设检验的基本概念和步骤。
- 掌握对总体均值和成数进行假设检验的方法。
- 了解 Excel 在假设检验中的运用。

第一节 假设检验的基本原理

一、问题的提出

假设检验是统计推断的重要内容之一。在许多场合，人们需要利用样本信息对某个陈述或命题的真伪做出判断。例如，在商品采购过程中，生产者宣称其产品的质量是达标的，采购方通常就要利用抽样检查的信息来判断生产者的说法是否可以信赖；公司推出一项新服务举措后，有关部门认为顾客满意率可能提高了，这一看法是否符合实际只能通过抽样调查信息来加以检验；在医药领域，研制出某种新药后，研究者要判断新药是否比旧药更有效。要对上述问题做出推断，就需要进行假设检验。在这类问题中，人们首先要提出一个有待检验的、关于总体参数具体数值的某个陈述或命题（即原假设），然后利用样本信息来判断这个原假设是否成立，这种统计推断方法就是总体参数的假设检验。

【例 7-1】某企业生产一种零件，过去的大量资料表明，零件长度服从正态分布，平均长度为 4cm，标准差为 0.15cm。现从改革工艺后生产的零件中抽查 100 个零件，测得平均长度为 3.95cm。现问：工艺改革前后零件的长度是否发生了显著的变化？

这是一个关于工艺改革后零件的总体平均长度是否等于 4cm 的问题。因为不可能进行全面调查，所以对这个总体平均数的真实情况并不能确切地把握，只能通过随机抽查所得的样本信息来加以推断，即需要利用假设检验方法来判断"工艺改革后零件的总体平均长度等于 4cm"这一命题是否成立。

二、假设检验的基本思想和主要特点

为了说明假设检验的基本原理，先解释一下概率论中的一个基本原理——小概率原理。概率论中，把在一次随机试验中发生可能性很小的事件称为小概率事件。小概率原理就是关于小概率事件在一次试验中实际不应该发生的推断原理。具体地说，小概率事件在很多次试验中才有可能发生一次，实际决策时通常认为它在一次试验中是不会发生的；反之，如果在一次试验中小概率事件居然发生了，人们宁愿相信该事件的前提条件有错误。小概率原理是人们在实际生活中广泛运用的一个推断原理。例如，某一密码由 4 个阿拉伯数字组成，若随机猜测四个数字，则"一次猜中"是一个小概率事件（概率只有万分之一），所以通常认为这是不应该发生的；反之，若有人一次就猜中，人们自然就会怀疑有泄密或某种非随机因素的影响。

在假设检验中，一个随机样本就是一次随机试验的观测结果。在一定假设前提下，某些样本的出现属于小概率事件，它在一次抽样中是不该发生的；反之，如果正好抽到这样的样本，那就应当怀疑导致这种不合理现象的假设前提，即应当判定原来的假设前提不成立。

在例 7-1 中，样本平均长度与 4cm 之差不外乎有两种可能原因：一是改革后的总体平均长度不变，但由于抽样的随机性使样本均值与总体均值（4cm）之间存在抽样误差；二是总体均值确实发生了变化，从而使得来自这一总体的样本均值不等于 4cm，这种误差属于非抽样误差中的系统误差。

样本均值的抽样分布定理告诉我们，若总体服从正态分布且均值为 $\bar{X}$、方差为 σ^2，从该总体中随机抽取容量为 n 的样本，则样本均值 $\bar{x}$ 服从均值为 $\bar{x}$、方差为 $\dfrac{\sigma^2}{n}$ 的正态分布，即 $\bar{x} \sim N\left(\bar{X}, \dfrac{\sigma^2}{n}\right)$；样本均值 $\bar{x}$ 的标准化值 $Z = \dfrac{\bar{x} - \bar{X}}{\sigma / \sqrt{n}}$ 服从标准正态分布（均值为 0、方差为 1 的正态分布），即 $Z = \dfrac{\bar{x} - \bar{X}}{\sigma / \sqrt{n}} \sim N(0,1)$。由标准正态分布的性质可知，对于任一给定的置信度 $(1-\alpha)$，必然有一个对应的值 $Z_{\alpha/2}$ 使得 $|Z| = \dfrac{|\bar{x} - \bar{X}|}{\sigma / \sqrt{n}} < Z_{\alpha/2}$ 的概率等于 $(1-\alpha)$；反之，则 $|Z| \geqslant Z_{\alpha/2}$ 的概率为 α。

根据上述定理，在本例中，若 $\bar{X} = 4$ 的假设成立，即样本平均长度与 4cm 之差属于抽样误差范围。当置信度 $(1-\alpha)$ 很大而相应的 α 很小时，应有 $|Z| = \dfrac{|\bar{x} - 4|}{\sigma / \sqrt{n}} < Z_{\alpha/2}$，而 $|Z| \geqslant Z_{\alpha/2}$ 就是一个小概率事件。根据小概率原理，在一次随机抽样中这一小概率事件是不该发生的；若它发生了，就应当怀疑导致这种"不合理"现象的前提假设，即应当判定原来的假设前

提 $\overline{X} = 4$ 不成立。

本例中，$\overline{x} = 3.95$，$\sigma = 0.15$，$n = 100$，当 $\alpha = 0.001$ 时，$Z_{\alpha/2} = 3.29$，可计算得

$$Z = \frac{\overline{x} - 4}{\sigma / \sqrt{n}} = \frac{3.95 - 4}{0.15 / \sqrt{100}} = -3.333$$

$$|Z| = 3.333 > Z_{\alpha/2} = 3.29$$

这就意味着，如果 $\overline{X} = 4$ 这一假设成立，那么这一次抽样中就发生了 $|Z| > 3.29$ 这一小概率事件。或者说，由于 $|Z| \geqslant 3.333$ 的概率只有 0.000 858（可由 Excel 的标准正态分布函数求得，详见本章第五节的介绍），如果 $\overline{X} = 4$ 的假设成立，那么随机抽出这种样本的概率仅为 0.000 858，比事先给定的小概率 α 的值 0.001 还小。所以，应否定 $\overline{X} = 4$ 这一假设，即应推断工艺改革后零件的长度有了显著的变化。

由上例可见，假设检验这种统计推断方法是基于小概率原理的反证法。具体来说，它有以下两个主要特点。

（1）假设检验的推理过程运用的是反证法。它先承认待检验的假设是成立的，然后观察在此假设成立的前提下样本的出现是否合理，如果不合理（即样本所代表的事实与假设前提得出的结论发生了矛盾），则可推翻作为推理前提的假设。

（2）假设检验的推理逻辑不同于一般的反证法，因为它判断合理与否所依据的是小概率原理。但是，在一次随机试验中小概率事件只是发生的可能性很小而并非绝对不会发生，因此检验结论有可能出现错误。

三、假设检验中的两类错误

假设检验是以样本信息为依据、基于小概率原理、按一定概率标准来做出判断的。我们希望当原假设不真时拒绝它，而当原假设为真时不拒绝它。但由于抽样是随机性的，我们无法保证我们的判断不犯错误。拒绝原假设，原假设未必是假的；不拒绝原假设，也不意味着原假设必定就是真的。假设检验中可能犯的错误分为以下两种类型。

如果原假设事实上为真，但我们根据假设检验的规则做出了否定或拒绝原假设的结论，这类错误称为第一类错误，也称"弃真"或"拒真"错误。在例 7-1 中，若 $\overline{X} = 4$ 是真实的，但随机抽出样本的样本均值为 3.95，导致了小概率事件 $|Z| \geqslant Z_{\alpha/2}$ 发生，按照检验规则应认为 $\overline{X} = 4$ 不成立。这里的判断就犯了第一类错误。犯第一类错误的概率也称为假设检验的显著性水平，它也就是前面提到的"小概率"的具体标准，通常用 α 表示。

当原假设事实上不真，但由于样本统计量并没有导致小概率事件出现，从而做出不拒绝原假设的结论，这类错误则称为第二类错误，又称"取伪"或"采伪"错误。例如，生产者宣称其产品质量是达标的，其实这不是事实，但买方在产品质量抽检时并没有发现明显的质量问题，从而接受了生产者的观点，这就犯了第二类错误。犯第二类错误的概率通

常记为 β。

　　假设检验中的结论与两类错误的关系如表 7-1 所示。

表 7-1　假设检验中的检验结论与两类错误

检验结论	实际情况	
	原假设为真	原假设不真
拒绝原假设	第一类错误（拒真） （概率为 α）	判断正确
未拒绝原假设	判断正确	第二类错误（取伪） （概率为 β）

　　进行假设检验时，我们总希望犯两类错误的可能性都尽可能小。然而，在其他条件不变的情况下，α 和 β 呈此消彼长的关系，两者不可能同时减小。若要同时减小 α 和 β，只能增大样本量 n。一般总是事先控制 α，在确定 α 时必须注意，如果犯第一类错误的代价较大，α 应取值小一些；反之，如果犯第二类错误的代价较大，则 α 应取值大一些（以使 β 较小）。

第二节　假设检验的一般步骤

一、提出原假设和备择假设

　　对每个假设检验问题，一般可同时提出两个相反的假设：一是原假设，又称零假设，它往往代表原来的状态、已往的经验或某个被怀疑的陈述，通常记为 H_0；二是备择假设，也称为对立假设，是一个与原假设完全相反的陈述，记为 H_1。当检验结论为拒绝原假设时，就等于接受了备择假设。

　　设所要检验的总体参数为 θ，用 θ_0 代表该参数的假设值（它是一个具体数值）。一般地，总体参数的假设检验有下列三种形式。

　　（1）H_0：$\theta = \theta_0$；H_1：$\theta \neq \theta_0$。这种形式的假设检验称为双侧检验。如果对所研究问题只需判断有无显著差异或要求同时注意总体参数偏大或偏小的情况，则采用双侧检验。例如，例 7-1 中检验的参数是总体均值，原假设和备择假设可表述为

$$H_0：\overline{X} = 4；\quad H_1：\overline{X} \neq 4$$

　　（2）H_0：$\theta = \theta_0$（或 $\theta \geqslant \theta_0$）；$H_1$：$\theta < \theta_0$。这种形式的假设检验称为左侧检验。在例 7-1 中，如果我们在乎的是零件长度是否比原来有所缩短，则可采用左侧检验，即

$$H_0：\overline{X} = 4；\quad H_1：\overline{X} < 4$$

　　（3）H_0：$\theta = \theta_0$（或 $\theta \leqslant \theta_0$）；$H_1$：$\theta > \theta_0$。这种形式的假设检验称为右侧检验。例如，

某种疾病传统疗法的治愈率是 85%，我们关注新疗法的治愈率（用 P 表示）是否显著提高，可提出如下假设

$$H_0: P = 0.85 \quad (\text{或 } P \leqslant 0.85); \quad H_1: P > 0.85$$

左侧检验和右侧检验统称为单侧检验。虽然单侧检验中原假设的参数假设值可以是一个区域，但实际检验时，通常都只针对其边际值 θ_0 进行检验，若能否定 $\theta = \theta_0$，则其余假设值就更有理由被否定。

在单侧检验时，原假设和备择假设的建立，应根据所检验问题的具体背景而定。常常是采取"不轻易拒绝原假设"的原则，即把没有充分理由就不能轻易否定的命题作为原假设，这样一旦拒绝原假设而接受备择假设时，理由是很充分的，犯错误的可能性很小。因此，通常也把想要证明的命题或想要支持的陈述作为备择假设 H_1，再将相反的命题作为原假设 H_0。在实际应用中，通常可将样本信息所显示的方向作为备择假设 H_1 的方向。因为正是样本信息显示出了与假设值的差异，才对相反的命题产生了怀疑，也才有检验这种差异是否显著的必要。如例 7-1 中，样本均值为 3.95cm，如果要进行单侧检验，显然我们要怀疑的是 $\bar{X} \geqslant 4$，而样本信息可能支持的是 $\bar{X} < 4$，因此备择假设应该是 $H_1: \bar{X} < 4$。

二、选择适当的检验统计量，明确其概率分布

对某个总体参数的数值进行假设检验时，为了说明原假设成立的前提下，样本的出现是否属于小概率事件，显然要以该参数的估计量的抽样分布为理论依据。在原假设成立的前提下，该估计量经过标准化转换后的变量就是用以对原假设做出检验和判断的样本统计量，称为检验统计量。检验统计量不包含未知总体参数（包含原假设中的参数值），其数值取决于样本观测结果。

在原假设成立的前提下，检验统计量的抽样分布应该是明确的。假设检验的具体方法的名称通常以检验统计量服从的分布来命名，常用的有 Z 检验（正态检验）、t 检验、F 检验和 χ^2 检验等。在例 7-1 中，所采用的是 Z 检验，检验统计量为 $Z = \dfrac{\bar{x} - 4}{\sigma/\sqrt{n}}$，在 H_0 为真时，$Z \sim N(0,1)$。

如何选择检验统计量呢？实质上与参数估计中用于构建置信区间的变量的选择条件是一致的，要看总体是否正态分布、总体方差是否已知，以及是大样本（$n \geqslant 30$）还是小样本（$n < 30$）等。

三、给定显著性水平 α，确定临界值和拒绝域

假设检验是基于小概率原理的推断，但多小的概率才算小概率呢？这并没有统一的规定，而是由研究者根据实际问题的背景及其风险偏好来确定的。最常见的情况是取 α 为

0.05，也可以取 0.005、0.01、0.10 等。

给定了显著性水平 α，就可由检验统计量的概率分布求得相应的临界值（可查有关概率分布表或在计算机上利用 Excel 的有关概率函数来确定）。临界值是划分拒绝原假设与否两个区域的分界点。确定了拒绝域，就等于确定了检验的具体规则：当检验统计量的值落在拒绝域时，就应该拒绝原假设；反之，则不能拒绝原假设。

拒绝域不仅与显著性水平的大小和检验统计量的分布有关，也与假设类型有关。不同类型的假设检验，H_0 的拒绝域也有所不同。

双侧检验也称为双尾检验，有两个拒绝域，分别位于检验统计量分布曲线的两侧尾端，如图 7-1 所示。

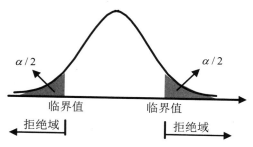

图 7-1　双侧检验的显著性水平与拒绝域

左侧检验也称为左尾检验，其拒绝域位于统计量分布曲线的左侧尾端，如图 7-2 所示。右侧检验也称为右尾检验，其拒绝域位于统计量分布曲线的右侧尾端，如图 7-3 所示。

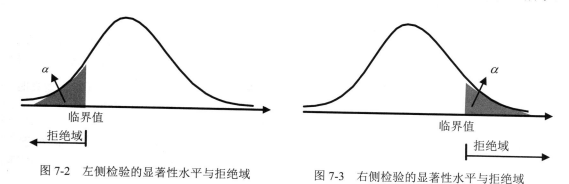

图 7-2　左侧检验的显著性水平与拒绝域　　图 7-3　右侧检验的显著性水平与拒绝域

四、计算出检验统计量的观测值及其对应的 P 值

检验统计量是随着样本观测值的不同而有不同取值的随机变量。对于特定的样本，样本观测值一旦确定，检验统计量的值也就唯一地确定了。根据样本数据计算的检验统计量的值也称为检验统计量的观测值。

假设检验的 P 值是指在原假设成立的假定前提下，检验统计量等于实际观测值或更极端情况的概率。换言之，它表示的是：在原假设成立的假定前提下，出现这种与原假设相背离的样本以及更加背离原假设的样本的概率。显然，P 值小，就意味着在原假设成立的前提下发生了小概率事件，因此应该否定原假设。P 值越小，表示样本数据与原假设相背离的程度就越严重，拒绝原假设的理由就越充足，或者说拒绝原假设的信心就越强。显著性水平 α 是研究者自己事先给定的"小概率"，而 P 值则是根据样本数据计算的概率值，故 P 值又称为观测的显著性水平。

P 值的大小与检验统计量的分布、检验统计量的观测值、检验类型等因素都有关。计算 P 值时的方向随备择假设的方向而定。例如，应用 Z 检验时，若检验统计量的观测值为 z，则根据标准正态分布可计算相应的 P 值。

右侧检验时，P 值 $= P(Z \geqslant z)$（即检验统计量落在观测值右侧的概率）。

左侧检验时，P 值 $= P(Z \leqslant z)$（即检验统计量落在观测值左侧的概率）。

双侧检验时，P 值 $= 2 \times$ 单侧检验的 P 值。这里的单侧检验的 P 值指左侧概率与右侧概率中较小者。

事实上，P 值的具体计算是很复杂的，一般都不可能依靠手工计算，而需要借助于计算机来实现，统计分析软件在涉及假设检验时一般都给出了 P 值。

五、做出检验结论

假设检验的结论可采用两种判断规则来做出：一是依据临界值来判断；二是依据 P 值来判断。

依据临界值来判断，就是给定显著性水平 α 后，将检验统计量的观测值与 α 对应的临界值相比较来做出检验结论。当检验统计量的值落在拒绝区域内时，应拒绝原假设；反之则不能拒绝原假设。以 Z 检验为例，其具体规则如下。

双侧检验时，临界值为 $-Z_{\alpha/2}$ 和 $+Z_{\alpha/2}$，当 $|Z| \geqslant Z_{\alpha/2}$ 时，拒绝原假设。

左侧检验时，临界值为 $-Z_\alpha$，当 $Z \leqslant -Z_\alpha$ 时，拒绝原假设。

右侧检验时，临界值为 $+Z_\alpha$，当 $Z \geqslant +Z_\alpha$ 时，拒绝原假设。

无论哪种类型的检验，利用 P 值进行决策的具体规则都是一样的：若 P 值 $\leqslant \alpha$，则拒绝原假设；反之，若 P 值 $> \alpha$，则不能拒绝原假设。

就是否拒绝原假设而言，以上两种判断方法得到的检验结论是一致的。例如，采用 Z 检验时，以右侧检验为例，"$Z \geqslant Z_\alpha$"等价于"P 值 $\leqslant \alpha$"，结论都是拒绝原假设，两者之间的关系如图 7-4（a）所示；"$Z < Z_\alpha$"等价于"P 值 $> \alpha$"，结论都是不能拒绝原假设，两者之间的关系如图 7-4（b）所示。

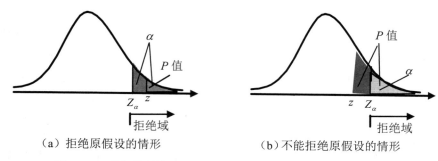

（a）拒绝原假设的情形　　　　　　　（b）不能拒绝原假设的情形

图 7-4　P 值与临界值两种判断方法的比较（Z 检验，右侧检验）

对于相同的 α，检验统计量的观测值落在相同区域内，检验结论就相同，但事实上由不同位置的观测值得到的检验结论在信心上还是有差别的，而 P 值就能够精确地表明这种差别。如图 7-4（a）中，若观测值 z 落在更偏右的位置，那么检验的 P 值就更小，拒绝原假设就更有把握。此外，利用 P 值进行假设检验时，不必事先指定 α，不同决策者可以灵活地利用 P 值来做出自己的决策。

第三节　单个总体参数的检验

一、单个正态总体均值的检验

用 $\overline{X}$ 表示待检验的总体均值，$\overline{X}_0$ 表示总体均值的假设值（某一具体的数值）。对总体均值进行假设检验时，首先要建立下列三种类型之一的假设。

双侧检验：H_0：$\overline{X} = \overline{X}_0$；$H_1$：$\overline{X} \neq \overline{X}_0$

左侧检验：H_0：$\overline{X} = \overline{X}_0$（或 $\overline{X} \geqslant \overline{X}_0$）；$H_1$：$\overline{X} < \overline{X}_0$

右侧检验：H_0：$\overline{X} = \overline{X}_0$（或 $\overline{X} \leqslant \overline{X}_0$）；$H_1$：$\overline{X} > \overline{X}_0$

以上三种类型的假设，确定检验统计量及其分布的依据都是相同的，取决于总体是否服从正态分布、总体方差 σ^2 是否已知以及样本量大小等条件。

（一）总体方差 σ^2 已知时对正态总体均值的检验

当总体服从正态分布且总体方差 σ^2 已知时，若原假设中总体均值的数值为 $\overline{X}_0$，对总体均值的假设检验应采用 Z 检验，即检验统计量服从标准正态分布，在这里检验统计量为式（7.1）所示的变量 Z。

$$Z = \frac{\overline{x} - \overline{X}_0}{\sigma / \sqrt{n}} \sim N(0,1) \qquad (7.1)$$

例 7-1 就是应用上述检验方法对总体均值进行双侧检验的一个具体例子。下面来看一个右侧检验的情形。至于左侧检验，只是拒绝域的方向和计算 P 值的方向不同而已，读者可结合练习题去理解和掌握。

【例 7-2】根据过去的大量资料，某厂产品的使用寿命 $X \sim N(1\,020,100^2)$。现从该厂最近生产的一批产品中随机抽取 16 件，测得样本平均寿命为 1 080h。试在 0.05 的显著性水平下判断这批产品的使用寿命是否有显著提高。

解：根据题意，应建立如下假设。

$$H_0 : \overline{X} = 1\,020, \quad H_1 : \overline{X} > 1\,020$$

已知总体服从正态分布且总体标准差为 100，应采用 Z 检验，即检验统计量为服从标准正态分布的 Z，如式（7.1）所示。

已知显著性水平 $\alpha = 0.05$，查正态分布表可得临界值为 $Z_\alpha = Z_{0.05} = 1.645$。

将有关数值代入式（7.1）可计算出检验统计量的值为

$$Z = \frac{\overline{x} - \overline{X}_0}{\sigma / \sqrt{n}} = \frac{1\,080 - 1\,020}{100 / \sqrt{16}} = 2.4$$

若根据临界值来判断，由于 $Z=2.4 > Z_\alpha=1.645$，所以应拒绝 H_0 而接受 H_1，即根据样本信息可认为这批产品的使用寿命确有显著提高。

由检验统计量的值 Z=2.4 可计算出检验的 P 值为

$$P \text{ 值}=P(Z \geqslant 2.4)=1-P(Z \leqslant 2.4)=1-0.991\,802=0.008\,198 [1]$$

根据 P 值来判断，由于 P 值=0.008 198 < α =0.05，所以检验结论同样是拒绝 H_0。

（二）总体方差 σ^2 未知时对正态总体均值的检验

在小样本条件下，当总体方差 σ^2 未知时，需要用修正的样本方差 S^{*2} 代替总体方差 σ^2 [2]，这种情形下检验统计量就不再服从标准正态分布，而是服从自由度为 $(n-1)$ 的 t 分布，因此就需要采用 t 检验来检验总体均值，其检验统计量为式（7.2）所示的自由度为 $(n-1)$ 的 t 分布变量。

$$t = \frac{\overline{x} - \overline{X}_0}{S^* / \sqrt{n}} \sim t(n-1) \tag{7.2}$$

t 检验的程序与 Z 检验的程序完全相同，不同的只是临界值和 P 值是根据自由度为 $(n-1)$ 的 t 分布来计算的。对于给定的显著性水平 α，由 t 分布表可得临界值；将所计算的 t 值与临界值比较，可做出检验结论。

双侧检验时，临界值为 $-t_{\alpha/2}(n-1)$ 和 $t_{\alpha/2}(n-1)$，若 $|t| > t_{\alpha/2}(n-1)$，则拒绝 H_0；反之不能拒绝 H_0。

左侧检验时，临界值为 $-t_\alpha(n-1)$，若 $t < -t_\alpha(n-1)$，则拒绝 H_0；反之不能拒绝 H_0。

右侧检验时，临界值为 $t_\alpha(n-1)$，若 $t > t_\alpha(n-1)$，则拒绝 H_0；反之不能拒绝 H_0。

---

[1] 本章 P 值的计算都是借助于 Excel 中有关函数来实现的。详见本章第五节的介绍。

[2] 修正的样本方差 S^{*2} 是总体方差 σ^2 的无偏估计量，$S^{*2} = \dfrac{\sum (x-\overline{x})^2}{n-1} = \dfrac{n}{n-1} S^2$。$S^*$ 称为修正的样本标准差。

【例 7-3】某厂采用自动包装机分装产品，假定每包产品的重量服从正态分布，每包标准重量为 1 000g。某日随机抽查 9 包，测得样本平均重量为 986g，修正的样本标准差为 24g。试问在 0.05 的检验水平上，能否认为该天自动包装机工作正常？

解：根据题意，检验目的是观察产品的平均每袋重量是否与标准重量一致。因此，可建立如下假设。

$$H_0: \bar{X} = 1\,000, \quad H_1: \bar{X} \neq 1\,000$$

由于总体服从正态分布，但是总体方差未知，且样本为小样本，所以应采用 t 检验，即检验统计量如式（7.2）所示。

本例属于双侧检验，有两个临界值：$-t_{\alpha/2}(n-1)$ 和 $t_{\alpha/2}(n-1)$。已知 $\alpha = 0.05$，查 t 分布表得

$$t_{\alpha/2}(n-1) = t_{0.025}(9-1) = 2.306$$

检验统计量的值为

$$t = \frac{\bar{x} - \bar{X}_0}{S*/\sqrt{n}} = \frac{986 - 1\,000}{24/\sqrt{9}} = -1.75$$

由于 $|t| = 1.75 < t_{\alpha/2}(n-1) = 2.306$，所以不能拒绝 H_0，即可认为该天自动包装机工作仍属正常。

这里的检验是双侧检验，$t = -1.75$，所对应的 P 值就是 t 分布左尾概率 $P(t \leqslant -1.75)$ 的两倍（或右尾概率的两倍，因为 t 分布是关于 $t = 0$ 对称的）。Excel 只给出 t 分布右尾的概率，用 Excel 计算 P 值时 t 值只能为正数，即

$$P \text{ 值} = 2 \times P(t \leqslant -1.75) = 2 \times P(t \geqslant 1.75) = 2 \times 0.059\,1 = 0.118\,2$$

若根据 P 值来判断，由于 P 值 $> \alpha$，所以不能拒绝 H_0，结论同上。

在大样本条件下，由式（7.2）构造的检验统计量 t 近似服从标准正态分布。因此，总体方差未知时，只要样本量足够大，对总体均值的假设检验通常近似采用 Z 检验，检验统计量 Z 为

$$Z = \frac{\bar{x} - \bar{X}_0}{S/\sqrt{n}} \sim N(0,1) \tag{7.3}$$

上述结论也可近似适用于非正态总体大样本（$n \geqslant 30$）的情形。

【例 7-4】有一种电子元件，按质量标准规定，其使用寿命不低于 1 000h 才算合格品。现从一批元件中随机抽查了 50 件，测得平均使用寿命为 972h，标准差为 100h。试在 0.05 的显著性水平下，检验这批电子元件是否合格。

解：这是要求对总体均值进行假设检验。据题意，建立假设如下。

$$H_0: \bar{X} \geqslant 1\,000, \quad H_1: \bar{X} < 1\,000$$

由于总体标准差未知，但 $n = 50$，属大样本，故可近似采用 Z 检验。已知 $\bar{x} = 972$，$S = 100$，由式（7.3）可计算出检验统计量的值为

$$Z = \frac{\overline{x} - \overline{X}_0}{S/\sqrt{n}} = \frac{972 - 1\,000}{100/\sqrt{50}} = -1.98$$

给定的 $\alpha = 0.05$，临界值为 $-Z_{0.05} = -1.645$，$Z = -1.98 < -1.645$，因此在 0.05 的显著性水平下应拒绝 H_0，即可认为这批电子元件不合格。

这里的检验是左侧检验，$Z = -1.98$，所对应的 P 值就是标准正态分布左尾的概率 $P(Z \leqslant -1.98) = 0.023\,85$。因此，根据 P 值来判断，由于 P 值 $< \alpha = 0.05$，因此在 0.05 的显著性水平下应拒绝 H_0，即可认为这批电子元件不合格。

二、单个正态总体方差的检验

方差或标准差也是正态总体的重要参数，是衡量一个变量的离散程度最常用的指标，所以对总体方差 σ^2 的检验也是常见的假设检验问题。检验了方差，也就等于检验了标准差。用 σ_0^2 表示待检验的总体方差 σ^2 的一个假设值，所要检验的假设有下列三种类型。

双侧检验：H_0：$\sigma^2 = \sigma_0^2$；H_1：$\sigma^2 \neq \sigma_0^2$

左侧检验：H_0：$\sigma^2 = \sigma_0^2$（或 $\sigma^2 \geqslant \sigma_0^2$）；$H_1$：$\sigma^2 < \sigma_0^2$

右侧检验：H_0：$\sigma^2 = \sigma_0^2$（或 $\sigma^2 \leqslant \sigma_0^2$）；$H_1$：$\sigma^2 > \sigma_0^2$

在总体服从正态分布的情形下，根据有关的抽样分布理论，对上述假设问题的检验应采用 χ^2 检验，检验统计量服从自由度为 $(n-1)$ 的 χ^2 分布，计算公式为

$$\chi^2 = \frac{(n-1)S^{*2}}{\sigma_0^2} = \frac{nS^2}{\sigma_0^2} \sim \chi^2(n-1) \tag{7.4}$$

给定显著性水平 α 和自由度 $(n-1)$，查附录 C 的 χ^2 分布的临界值表，从而确定拒绝域。左侧检验的拒绝域为 $(0, \chi_{1-\alpha}^2(n-1))$，右侧检验的拒绝域为 $(\chi_\alpha^2(n-1), +\infty)$，双侧检验的拒绝域为 $(0, \chi_{1-\alpha/2}^2(n-1))$ 和 $(\chi_{\alpha/2}^2(n-1), +\infty)$。检验统计量 χ^2 的值落在拒绝域就应拒绝原假设，反之则不能拒绝原假设。检验的 P 值为检验统计量 χ^2 落在由式（7.4）计算的数值之左尾（左侧检验时）或右尾（右侧检验时）的概率。双侧检验时，P 值为相应的较小的单侧 P 值的两倍。

【例 7-5】在例 7-3 中，若按要求产品重量的标准差不超过 20g。试在 0.05 的显著性水平下，检验这批产品重量的波动是否符合要求？

解：H_0：$\sigma^2 \leqslant 20^2$；H_1：$\sigma^2 > 20^2$

检验统计量为 $\qquad \chi^2 = \frac{(n-1)S^{*2}}{\sigma_0^2} = \frac{(9-1) \times 24^2}{20^2} = 11.52$

已知 $\alpha = 0.05$，查 χ^2 分布表得临界值 $\chi_{0.05}^2(9-1) = 15.51$。由于 $\chi^2 = 11.52 < 15.51$，所以不能拒绝原假设，即在 0.05 的显著性水平下可认为这批产品重量的波动符合要求。

利用 Excel 中函数 CHIDIST 可得，自由度为 8、检验统计值为 11.52 所对应的 P 值为 $P\{\chi^2(8) \geqslant 11.52\} = 0.174$，由于 P 值$> \alpha$，所以没有充足理由拒绝原假设，结论同上。

三、单个总体成数的检验

这里只介绍在大样本条件下如何对总体成数进行假设检验。根据样本成数的抽样分布可知，当样本量足够大时（$n > 30$，$np \geqslant 5$ 且 $n(1-p) \geqslant 5$），样本成数 p 的抽样分布近似于正态分布，其均值就等于总体成数 P，其标准差 $\sigma_P = \sqrt{P(1-P)/n}$。于是，可近似根据正态分布来对总体成数进行假设检验，即采用 Z 检验法。其检验步骤与均值检验时的步骤相同，只是检验统计量不同。

首先提出待检验的假设（用 P_0 表示对总体成数 P 假设的一个具体数值）为
$$H_0:\ P = P_0,\quad H_1:\ P \neq P_0\ （或\ P < P_0,\ P > P_0）$$

检验统计量的计算公式为
$$Z = \frac{p - P_0}{\sqrt{\dfrac{P_0(1-P_0)}{n}}} \tag{7.5}$$

【例 7-6】某企业人事部经理认为，该企业职工对工作环境不满意的人数占职工总数的 1/5 以上。为了检验这种说法，从该企业随机调查了职工 100 人，其中有 26 人表示对工作环境不满意。试问：

（1）在 0.10 的显著性水平下，调查结果是否支持这位经理的看法？

（2）若检验的显著性水平为 0.05，又有何结论？

解：这是对总体成数（不满意率）P 的检验。

样本的不满意率为
$$p = \frac{26}{100} = 0.26 = 26\%$$

由于 $n = 100 > 30$，$np = 100 \times 0.26 = 26 > 5$，$n(1-p) = 100 \times 0.74 = 74 > 5$，符合大样本条件，因此可近似采用 Z 检验。据题意，有
$$H_0:\ P \leqslant 1/5,\ H_1:\ P > 1/5$$
$$Z = \frac{p - P_0}{\sqrt{P_0(1-P_0)/n}} = \frac{0.26 - 0.20}{\sqrt{0.20 \times 0.80 / 100}} = 1.5$$

检验的 P 值为
$$P\ 值 = P(Z \geqslant 1.5) = 0.066\ 8$$

所以，有如下结论。

（1）若 $\alpha = 0.1$（临界值 $Z_{0.1} = 1.282$），应拒绝原假设，即支持这位经理的看法。

（2）若 $\alpha = 0.05$（临界值 $Z_{0.05} = 1.645$），不能拒绝原假设，即不能支持这位经理的看法。

第四节 两个总体参数的假设检验

对两个总体参数的假设检验是指对两个总体的某一参数是否相等进行检验。例如，检验两个企业生产的同类产品的使用寿命（均值）或优良率（成数）是否有显著差异，检验两个地区某种农作物产量的稳定性（方差）是否相同等。

一、两个正态总体均值之差的检验

对两个正态总体均值之差进行假设检验的假设有如下三种形式。

双侧检验： H_0： $\bar{X}_1 - \bar{X}_2 = D_0$ ； H_1： $\bar{X}_1 - \bar{X}_2 \neq D_0$

左侧检验： H_0： $\bar{X}_1 - \bar{X}_2 =$（或 $\geqslant$） D_0 ； H_1： $\bar{X}_1 - \bar{X}_2 < D_0$

右侧检验： H_0： $\bar{X}_1 - \bar{X}_2 =$（或 $\leqslant$） D_0 ； H_1： $\bar{X}_1 - \bar{X}_2 > D_0$

其中， D_0 是指定的一个数值，若只关心两个总体均值相等与否，则 $D_0 = 0$。

根据样本获得方式的不同，两个总体均值的检验分为独立样本和成对样本两种情形，而且检验统计量也取决于总体方差是否已知及其样本量的大小。

（一）两个样本相互独立的情形

1. 两个正态总体的方差已知

用 $\bar{X}_1$ 和 $\bar{X}_2$ 分别代表两个总体的均值， $\bar{x}_1$ 和 $\bar{x}_2$ 是分别来自这两个总体的样本均值， n_1 和 n_2 分别代表两个样本量。根据抽样分布理论， $(\bar{x}_1 - \bar{x}_2 - D_0) \sim N\left(\bar{X}_1 - \bar{X}_2 - D_0, \dfrac{\sigma_1^2}{n_1} + \dfrac{\sigma_2^2}{n_2} \right)$。

若两个总体方差 σ_1^2、 σ_2^2 已知，不论样本量大小，对两个总体均值之差的假设检验都可采用 Z 检验，其检验统计量及其分布如式（7.6）所示。

$$Z = \frac{(\bar{x}_1 - \bar{x}_2) - D_0}{\sqrt{\dfrac{\sigma_1^2}{n_1} + \dfrac{\sigma_2^2}{n_2}}} \sim N(0,1) \tag{7.6}$$

【例 7-7】已知甲、乙两厂生产的灯泡的使用寿命都服从正态分布，甲厂灯泡使用寿命的标准差为 100h，乙厂灯泡使用寿命的标准差为 90h。现分别从甲、乙两厂随机抽取 20 只和 15 只灯泡进行检测，测得甲、乙两厂灯泡的平均寿命分别为 1 378h 和 1 210h。问在 0.05 的显著性水平下，可否推断甲厂灯泡平均寿命比乙厂高出 100h 以上？

解：用 $\bar{X}_1$ 和 $\bar{X}_2$ 分别代表甲、乙两厂灯泡的平均使用寿命，依题意可建立假设

$$H_0: \bar{X}_1 - \bar{X}_2 \leqslant 100, \quad H_1: \bar{X}_1 - \bar{X}_2 > 100$$

已知 $\sigma_1 = 100$， $\sigma_2 = 90$， $n_1 = 20$， $n_2 = 15$， $\bar{x}_1 = 1378$， $\bar{x}_2 = 1210$。由式（7.6）可得

$$Z = \frac{1\,378 - 1\,210 - 100}{\sqrt{\dfrac{100^2}{20} + \dfrac{90^2}{15}}} = 2.109$$

已知 $\alpha = 0.05$，临界值 $Z_{\alpha/2} = 1.96$，则其 P 值为

$$P \text{ 值} = 2P(Z \geqslant 2.109) = 2[1 - P(Z \leqslant 2.109)] = 2 \times (1 - 0.9825) = 0.035$$

由于 $|Z| > Z_{\alpha/2}$ 或 P 值 $= 0.035 < \alpha$，所以应拒绝原假设，即根据所抽样本的信息，可断定甲厂灯泡的平均寿命比乙厂高出 100h 以上。

2. 两个正态总体的方差未知

若两个正态总体方差未知但相等（$\sigma_1^2 = \sigma_2^2 = \sigma^2$），可将两个修正的样本方差加权平均得出总体方差 σ^2 的估计量 S_w^2，对两个总体均值之差的假设检验应采用 t 检验，其检验统计量服从自由度为 $(n_1 + n_2 - 2)$ 的 t 分布，如式（7.7）所示。

$$t = \frac{(\overline{X}_1 - \overline{X}_2) - D_0}{\sqrt{S_w^2 \left(\dfrac{1}{n_1} + \dfrac{1}{n_2} \right)}} \sim t(n_1 + n_2 - 2) \tag{7.7}$$

其中

$$S_w^2 = \frac{(n_1 - 1)S_1^{*2} + (n_2 - 1)S_2^{*2}}{n_1 + n_2 - 2} \tag{7.8}$$

双侧检验的临界值为 $\pm t_{\alpha/2}(n_1 + n_2 - 2)$，左侧检验和右侧检验的临界值分别为 $-t_\alpha(n_1 + n_2 - 2)$ 和 $t_\alpha(n_1 + n_2 - 2)$。

【例 7-8】设有 A 和 B 两个品牌的同类电池，它们的使用寿命都服从正态分布。现分别从这两个品牌电池中随机抽取了 10 只进行检测，获得使用时间的样本数据如表 7-2 所示。

表 7-2　两个品牌电池使用寿命的样本数据　　　　　　　　　　　　　　　　　　h

A 品牌	48	55	53	42	45	40	57	49	49	45
B 品牌	53	43	39	43	50	45	47	48	46	39

假定两个品牌使用寿命的方差相等，试问在 0.1 的显著性水平下，可否认为两个品牌的平均使用寿命存在显著差异？

解：根据题意，需检验下列假设。

$$H_0:\ \overline{X}_1 - \overline{X}_2 = 0, \quad H_1:\ \overline{X}_1 - \overline{X}_2 \neq 0$$

已知 $n_1 = n_2 = 10$，根据样本观测值可计算得到下列数据。

样本均值分别为

$$\overline{x}_1 = 48.3, \quad \overline{x}_2 = 45.3$$

修正的样本方差分别为

$$S *_1^2 = 30.456 , \quad S *_2^2 = 20.233$$

合并的样本方差为

$$S_w^2 = \frac{(10-1) \times 30.456 + (10-1) \times 20.233}{10+10-2} = 25.344$$

检验统计量为

$$t = \frac{48.3 - 45.3}{\sqrt{25.344 \left(\frac{1}{10} + \frac{1}{10} \right)}} = 1.332$$

$$P \text{ 值} = 2 \times P\{t(18) \geqslant 1.332\} = 2 \times 0.099\ 66 = 0.199\ 32$$

已知 $\alpha = 0.1$，查 t 分布表可得临界值 $t_{\alpha/2}(n_1 + n_2 - 2) = t_{0.05}(18) = 1.734$。

由于 P 值> $\alpha = 0.1$ 或 $t = 1.332 < 1.734$，所以在 0.1 的显著性水平下不能拒绝原假设，即可认为两个品牌的平均使用寿命不存在显著差异。

若两个正态总体的方差未知但不一定相等，检验统计量与式（7.7）有所不同，计算很麻烦，但可通过 Excel 中"数据分析→t 检验：双样本异方差假设"来完成，参见本章第五节的介绍。

（二）两个样本为成对样本的情形

检验两个总体均值之差时，有时两个样本不是独立的而是成对的。例如，比较同一组学生在大一和大四的体重有无显著变化，比较同一组工人使用两种操作方法的生产效率是否相同，比较同一群测试者对两个不同品牌的产品的评分有何差异等。

这类假设检验问题可以转化为一个样本的均值检验问题。其方法是：先计算出每一对样本数据的差值：$d_i = x_i^{(1)} - x_i^{(2)}$（$i = 1, 2, \cdots, n$）；然后将这 n 个差值看作一个样本，把 $(\mu_1 - \mu_2)$ 看作待检验的一个总体参数（即成对差值的总体均值，记为 D），原来的检验问题就转化为根据一个样本去检验 D 是否等于（或小于、大于）假设值 D_0。为了简便，通常取 $D_0 \geqslant 0$。

假定成对差值构成的总体服从正态分布，且成对样本差值是从差值总体中随机抽取的，则检验统计量及其分布如式（7.9）所示。

$$t = \frac{\bar{d} - D_0}{\sqrt{S_d^2 / n}} = \frac{\bar{d} - D_0}{S_d / \sqrt{n}} \sim t(n-1) \tag{7.9}$$

式中

$$\bar{d} = \frac{\sum\limits_{i=1}^{n} d_i}{n} , \quad S_d^2 = \frac{\sum\limits_{i=1}^{n} (d_i - \bar{d})^2}{n-1}$$

【例 7-9】用某种药物治疗 9 例再生障碍性贫血患者，治疗前后患者血红蛋白变化的数据如表 7-3 所示。问在 0.05 的显著性水平下，能否认为这种药物至少可以使血红蛋白数量增加 15 个单位？

表7-3 治疗前后患者血红蛋白变化

病 人 编 号	治 疗 前	治 疗 后
1	69	107
2	67	65
3	76	113
4	61	123
5	70	112
6	76	89
7	65	80
8	66	78
9	72	105

解：令治疗前后的总体均值分别为 μ_1 和 μ_2，原假设和备择假设如下。

$$H_0: \ \mu_2 - \mu_1 \leqslant 15, \ H_1: \ \mu_2 - \mu_1 > 15$$

成对数据的差值 d_i 分别为：38、-2、37、62、42、13、15、12、33。

于是，可计算出

$$\bar{d} = \frac{250}{9} = 27.778, \ s_d^2 = \frac{3107.556}{8} = 388.444$$

检验统计量的值为

$$t = \frac{\bar{d} - D_0}{\sqrt{S_d^2 / n}} = \frac{27.778 - 15}{\sqrt{388.444 / 9}} = 1.945$$

$$P \text{ 值} = P\{t(8) > 1.945\} = 0.044$$

已知 $\alpha = 0.05$，查 t 分布表可得临界值 $t_\alpha(n-1) = t_{0.05}(8) = 1.86$，由于 P 值 $< \alpha$ 或 $t > t_\alpha(n-1)$，所以在 0.05 的显著性水平下应拒绝原假设，即可以认为这种药物至少能使血红蛋白数量增加 15 个单位。

二、两个正态总体方差相等性的检验

检验两个总体方差相等性（也称方差齐性）的假设有如下三种形式。

双侧检验：$H_0: \ \sigma_1^2 = \sigma_2^2$；$H_1: \ \sigma_1^2 \neq \sigma_2^2$

左侧检验：$H_0: \ \sigma_1^2 = \sigma_2^2$（或 $\sigma_1^2 \geqslant \sigma_2^2$）；$H_1: \ \sigma_1^2 < \sigma_2^2$

右侧检验：$H_0: \ \sigma_1^2 = \sigma_2^2$（或 $\sigma_1^2 \leqslant \sigma_2^2$）；$H_1: \ \sigma_1^2 > \sigma_2^2$

对上述假设的检验是通过其比值 σ_1^2 / σ_2^2 来推断的，其检验统计量服从第一自由度为 $(n_1 - 1)$、第二自由度为 $(n_2 - 1)$ 的 F 分布，如式（7.10）所示。

$$F = \frac{S *_1^2}{S *_2^2} \sim F(n_1 - 1, n_2 - 1) \tag{7.10}$$

左侧检验的拒绝域为 $(0, F_{1-\alpha}(n_1 - 1, n_2 - 1))$；右侧检验的拒绝域为 $(F_\alpha(n_1 - 1, n_2 - 1), +\infty)$；双侧检验的拒绝域为 $(0, F_{1-\alpha/2}(n_1 - 1, n_2 - 1))$ 和 $(F_{\alpha/2}(n_1 - 1, n_2 - 1), +\infty)$。

【例 7-10】在例 7-8 中，我们曾假定两个品牌的电池的使用寿命的方差相等。事实上，在两个总体的方差未知的情况下，两者相等的假定是很值得怀疑的。试对此进行假设检验，显著性水平为 0.1。

解：据题意，所要检验的假设如下。

$$H_0 = \sigma_1^2 = \sigma_2^2, \quad H_1 = \sigma_1^2 \neq \sigma_2^2$$

这是一个双侧 F 检验。为了简化判断过程，计算检验统计量 F 时，通常将较大的样本方差作为分子，将较小的样本方差作为分母，这样就只需要判断检验统计量的值是否落入了右尾的拒绝域。

检验统计量的值为

$$F = \frac{S *_1^2}{S *_2^2} = \frac{30.456}{20.233} = 1.505$$

已知 $\alpha = 0.1$，利用查附录 D "F 分布临界值表"，或 Excel 中的 FINV 函数可得临界值 $F_{0.05}(9,9) = 3.179$，由于检验统计量的值 $F = 1.505 < 3.179$，所以不能拒绝原假设，即可认为两个品牌的电池的使用寿命的总体方差相等。利用 Excel 中的 FDIST 函数可得，P 值 $= 2 \times P\{F(9,9) \geq 1.505\} = 2 \times 0.276 = 0.552$。由于 P 值 $> \alpha$，故结论同上。

三、两个总体成数之差的检验

用 P_1 和 P_2 分别代表所要检验的两个总体成数，p_1 和 p_2 是分别来自两个总体的样本成数。对两个总体成数之差的假设检验的基本思路与单个总体成数的检验类似。对两个总体成数之差进行假设检验，有如下三种形式的假设。

双侧检验：H_0：$P_1 - P_2 = D_0$；H_1：$P_1 - P_2 \neq D_0$
左侧检验：H_0：$P_1 - P_2 =$（或 $\geq$）D_0；H_1：$P_1 - P_2 < D_0$
右侧检验：H_0：$P_1 - P_2 =$（或 $\leq$）D_0；H_1：$P_1 - P_2 > D_0$

这里只介绍大样本条件下的检验。当 $n_1 p_1$、$n_1(1 - p_1)$、$n_2 p_2$ 及 $n_2(1 - p_2)$ 都大于或等于 5 时，才能认为是大样本。在大样本情形下，对两个总体成数之差进行假设检验可近似采用 Z 检验，检验统计量 Z 及其分布为

$$Z = \frac{(p_1 - p_2) - D_0}{\sqrt{\dfrac{p_1(1 - p_1)}{n_1} + \dfrac{p_2(1 - p_2)}{n_2}}} \sim N(0, 1) \tag{7.11}$$

【例 7-11】某公司准备采购的一种产品有 A 和 B 两家供货商，供货商 A 的产品价格较高，但他们宣称其产品质量也较高。该公司决策者决定对两家供货商的产品次品率进行比较，若没有充足信息证明供货商 A 的产品质量较高，就会选择供货商 B 作为合作伙伴。从供货商 A 的产品中随机抽取 200 件，发现有 20 件次品；从供货商 B 的产品中随机抽取 250 件，发现有 30 件次品。试在 0.10 显著性水平下对此问题进行检验，说明该公司决策者应选择哪家供货商为合作伙伴？

解：设 P_1、P_2 分别代表 A 和 B 两家供货商的产品次品率。依题意，原假设与备择假设应为

$$H_0:\ P_1 - P_2 = 0\ ,\quad H_1:\ P_1 - P_2 < 0$$

根据已知数据可计算出两个样本比率分别为：$p_1 = 10\%$，$p_2 = 12\%$。

检验统计量的值为

$$Z = \frac{0.1 - 0.12}{\sqrt{\dfrac{0.1 \times (1 - 0.1)}{200} + \dfrac{0.12 \times (1 - 0.12)}{250}}} = -0.677$$

已知 $\alpha = 0.1$，临界值 $-Z_\alpha = -Z_{0.1} = -1.28$，由于 $Z = -0.667 > -1.28$，P 值 $= P(Z < -0.667) = 0.252 > 0.1$，所以不能拒绝原假设，即该公司决策者应选择供货商 B 为合作伙伴。

第五节　Excel 在假设检验中的运用

一、Excel 在单个总体参数检验中的运用

（一）临界值的确定

根据给定的显著性水平，确定标准正态分布、t 分布、卡方（χ^2）分布和 F 分布的临界值，除了查相应的概率分布表，也可以用 Excel 中的 NORMSINV、TINV、CHIINV 和 FINV 等函数来求得，只要按提示输入指定的显著性水平和自由度等信息即可。例如，在例 7-5 中，$\alpha = 0.05$，自由度为 8，插入函数 CHIINV 或输入"=CHIINV(0.05,8)"可得 χ^2 分布的临界值 $\chi^2_{0.05}(9-1)$ 为 15.51；在例 7-5 中，$\alpha/2 = 0.05$，两个自由度都为 9，插入函数 FINV 或输入"=FINV(0.05,9,9)"可得 F 分布的临界值 $F_{0.05}(9,9)$ 为 3.179。

（二）计算检验统计量的值

这主要是利用 Excel 的公式功能来实现的。如果只给出样本的原始数据，则可利用相应函数功能或数据分析工具中的"描述统计"先计算出所需样本指标（如样本均值、样本方差或标准差等），再利用公式功能来计算检验统计量的值。

（三）P 值的计算

P 值实际上就是一种概率，它等于某个检验统计量分布曲线下（横轴之上）某一数值起左尾、右尾或双尾的面积。所以，它的大小不仅取决于检验统计量的分布和由样本计算出的检验统计量的具体数值，也取决于检验是左侧、右侧还是双侧。但是，不论哪种情况，在 Excel 中都可由相应的概率函数来计算。可以使用"插入函数"命令，在统计函数中选择所需的函数，然后在该函数对话框中按提示输入相应数值，确定后即得到所求 P 值；也可以直接在任一空白单元格中输入相应的函数名称和数值。下面主要按后一种操作方法来说明本章涉及的 Z 检验、t 检验、χ^2 检验和 F 检验的 P 值的计算。

1. 计算 Z 检验的 P 值

计算 Z 检验的 P 值可借助于 Excel 中的函数 NORMSDIST 来实现。该函数计算的是正态分布的累计分布概率（即标准正态变量的取值小于等于某一数值的概率）。若检验统计量的观测值为 z，左侧检验时，直接输入"=NORMSDIST(z)"即可得到相应的 P 值；右侧检验的 P 值则要用"=1-NORMSDIST(z)"来求得；双侧检验的 P 值则先计算相应的单侧检验 P 值，再乘以 2 即可。

例 7-1 的 Z 检验是双侧检验，z=-3.333，P 值=P(|Z|≥3.333)=2P(Z≤-3.333)，输入"=NORMSDIST(-3.333)"即可得到所求左尾的 P 值为 0.000 429 6，再乘以 2 即得 P 值为 0.000 859。

例 7-2 的 Z 检验为右侧检验，z=2.4，P 值=P(Z≥2.4)=1-P(Z≤2.4)，输入"=1-NORM SDIST(2.4)"即可得到所求 P 值为 0.008 198。

例 7-4 的 Z 检验是左侧检验，z=-1.98，P 值=P(Z≤-1.98)，输入"=NORMSDIST(-1.98)"即可得到所求 P 值为 0.023 85。

例 7-6 的 Z 检验也是右侧检验，z=1.5，P 值=P{Z≥1.5}，输入"=1-NORMSDIST(1.5)"即可得到所求 P 值为 0.066 8。

此外，如果已知样本的具体观测值，可直接用函数 ZTEST 来求得 Z 检验的 P 值。在该函数对话框中，指定样本数据所在区域，输入已知的总体标准差（若此栏无输入，就默认为总体标准差未知而自动用样本标准差代之），即可求得正态检验，即 Z 检验的 P 值。

2. 计算 t 检验的 P 值

计算 t 检验的 P 值可借助于 Excel 中的函数 TDIST 来实现。操作方法是：先计算出检验统计量 t 的值，然后选择函数 TDIST，在其对话框中依次指定检验统计量 t 的值、自由度，在 Tails 数值框中输入"1"可得单侧检验的 P 值，在 Tails 数值框中输入"2"，则可直接得到双侧检验 P 值。

例 7-3 的检验就是双侧的 t 检验，t=-1.75，所对应的 P 值就是 t 分布左尾概率 P(t≤-1.75) 的两倍。因为 t 分布是关于 t=0 对称的，P(t≤-1.75)=P(t≥1.75)，Excel 只给出 t 分布右尾的概率，用 Excel 计算 P 值时 t 值只能为正数，故 P 值=2×P(t≤-1.75)=2×P(t≥1.75) = 2×

0.059 1 = 0.118 2。直接输入"=TDIST(1.75,8,2)"可得，或在函数 TDIST 的对话框中，在 X 数值框中输入检验统计量 t 的值"1.75"，在 Deg_freedom 数值框中输入自由度"8"，在 Tails 数值框中输入"2"，即可得所求 P 值 0.118 2，如图 7-5 所示。

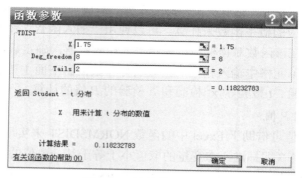

图 7-5　t 检验的 P 值计算

3. 计算 χ^2 检验的 P 值

χ^2 检验的 P 值可利用 Excel 中函数 CHIDIST 求得。如例 7-5 中，自由度为 8，检验统计值为 11.52，利用 Excel 中的函数功能"=CHIDIST(11.52,8)"可得 P 值为 0.174。

二、Excel 在两个总体参数检验中的运用

若掌握了分别来自两个总体的样本的原始数据，利用 Excel 的数据分析工具可以很方便地求得两个总体参数假设检验的结果。

（一）两个正态总体均值之差的检验——Z 检验或 t 检验

对两个总体均值之差的 Z 检验，适用于两个总体方差均为已知的场合，可利用 Excel 中的数据分析工具库中的"Z-检验：双样本平均差假设"。此不赘述。

对两个总体均值之差的 t 检验，适用于两个总体方差均未知的场合，又分如下三种情况。

（1）在两个总体方差相等的假定前提下，可利用 Excel 中的数据分析工具库中的"t-检验：双样本等方差假设"。

（2）若两个总体方差不相等，则应选择"t-检验：双样本异方差假设"。

（3）若样本为两个成对样本，则应选择"t-检验：平均值的成对二样本分析"。

在相应对话框中按提示分别输入两个样本（变量 1、2）的数据所在区域、待检验的差值、显著性水平和输出区域起点位置即可。其中，"假设平均差"即待检验的差值 D_0，该数值须大于或等于 0，取 0 时即检验两个总体均值是否相等。若不输入该项数值，则默认为 0。

输出结果很详细，主要包括两个样本的均值和方差、检验统计量 t 的观测值、单侧检验的 P 值和临界值、双侧检验的 P 值和临界值等。以上三种情况下，也可借助于 Excel 中的函数 TTEST 计算出 t 检验的 P 值。在函数 TTEST 的对话框中依次指定两个样本所在区域、是单侧检验还是双侧检验、是三种类型中哪种类型，即可得到所求 P 值（但没有其他输出结果）。

例 7-8，打开"数据分析"对话框，在分析工具库中选择"t-检验：双样本等方差假设"，显著性水平 α 取 0.1。输出结果如图 7-6 所示。

t-检验：双样本等方差假设		
	A品牌	B品牌
平均	48.3	45.3
方差	30.45556	20.23333
观测值	10	10
合并方差	25.34444	
假设平均差	0	
df	18	
t Stat	1.332493	
P(T<=t) 单尾	0.099661	
t 单尾临界	1.330391	
P(T<=t) 双尾	0.199322	
t 双尾临界	1.734064	

图 7-6　例 7-8 的 Excel 输出结果

例 7-9，在数据分析的分析工具库中选择"t-检验：平均值的成对二样本分析"，显著性水平 α 取 0.05。输出结果如图 7-7 所示。

t-检验：成对双样本均值分析		
	治疗后	治疗前
平均	96.88889	69.11111
方差	382.3611	25.11111
观测值	9	9
泊松相关系数	0.097093	
假设平均差	15	
df	8	
t Stat	1.944967	
P(T<=t) 单尾	0.043836	
t 单尾临界	1.859548	
P(T<=t) 双尾	0.087671	
t 双尾临界	2.306004	

图 7-7　例 7-9 的 Excel 输出结果

（二）两个正态总体方差相等性的检验——F 检验

对两个正态总体方差相等性的检验，可利用 Excel 的数据分析工具库中的"F-检验 双样本方差分析"来实现，输出结果主要包括两个样本的均值和方差，以及检验统计量 F 的值、单尾的 P 值和临界值。若要得到双侧检验的临界值 $F_{\alpha/2}$，应在显著性水平一栏输入 $\alpha/2$ 的值。例 7-10 为双侧检验，$\alpha=0.1$，在其对话框的显著性水平一栏应输入 0.05。输出结果如图 7-8 所示。

F 检验的 P 值可利用 FDIST 函数求得。例 7-10 中，$F=1.505$，两个自由度均为 9，输入"=FDIST(1.505,9,9)"可得单侧检验的 P 值 $P\{F(9,9) \geqslant 1.505\}=0.276$。

F-检验 双样本方差分析		
	A品牌	B品牌
平均	48.3	45.3
方差	30.45556	20.23333
观测值	10	10
df	9	9
F	1.505217	
P(F<=f) 单尾	0.276044	
F 单尾临界	3.178893	

图 7-8　例 7-10 的 Excel 输出结果

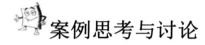

案例思考与讨论

【案例 7-1】 **对本科毕业生薪酬水平的推断**

在案例 6-1 中，我们根据抽样调查的数据对在某地区就业的某高校毕业生月薪水平以及有关成数进行了估计。这里，我们还可以利用假设检验方法进行一些统计推断。数据与案例 6-1 的数据相同。

思考与讨论问题：

1．学校就业指导部门认为，在该地区就业的该校毕业生首月薪酬的平均水平高于 5 500 元，试问：

（1）对这个问题进行假设检验，适宜双侧检验还是单侧检验？原假设和备择假设分别是什么？

（2）检验统计量及其分布是什么？计算出检验统计量的具体数值。

（3）本案例中检验的 P 值是如何具体定义的？利用 Excel 计算出 P 值的具体数值。

（4）本案例中显著性水平取多大比较合适？在你选择的显著性水平下，抽样调查结果能否支持学校就业指导部门的上述看法？

2．有人认为"该校当年全部毕业生中，首月薪酬在 6 000 元以上者所占比重已经高于 50%"。试根据案例中的调查数据对此进行假设检验。

3．若要检验该校当年全部毕业生中首月薪酬在 8 000 元以上者所占比重是否达到 5%，根据案例中的调查数据，可否采用 Z 检验（正态检验）？为什么？

【案例 7-2】 **新品种是否值得推广**

推广新品种的农作物总是有风险和代价的。所以，除非有足够的信息证明新品种比老品种的单位面积产量更高，而且稳定性也不差，才能大面积推广新品种。为此，某地区农科所研究人员进行了随机试验，他们选取了 20 个同样面积的试验田进行试验，其中随机抽取 9 个地块用于种植新品种，其余地块种植老品种。新老品种在每块试验田里所收获的产量如表 7-4 所示。

表 7-4 两个品种的产量   kg

序号	1	2	3	4	5	6	7	8	9	10	11
新品种	118	107	92	116	110	105	106	112	124		
老品种	110	89	97	107	112	120	98	103	101	92	95

思考与讨论问题：

1. 若两个品种的产量都服从正态分布，在 5% 的显著性水平下，可否认为两个品种的产量的稳定性没有显著差异？

2. 若两个品种的产量都服从正态分布，在 5% 的显著性水平下，可否认为新品种比老品种的产量有显著提高？

3. 利用 Excel 完成上述检验，并说明新品种是否值得推广。

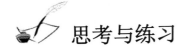

思考与练习

1. 什么是原假设？什么是备择假设？两者有何关系？

2. 什么是小概率原理？假设检验中，哪一个概念就是表示这种"小概率"的具体标准的？在确定其具体数值时，有何考虑？

3. 简述假设检验的基本思想和一般步骤。

4. 左侧检验、右侧检验和双侧检验有何不同？如何从这三种检验形式中进行选择？

5. 什么是第一类错误？什么是第二类错误？犯两类错误的概率有何关系？

6. 检验的 P 值表示什么？利用 P 值来做出检验结论的规则是什么？

7. 采用正态检验法对总体成数进行假设检验时，样本量需满足什么条件？

8. 对一项假设检验，若给定显著性水平为 0.05 时的检验结论是拒绝原假设，那么在其他条件不变的情况下，若给定显著性水平为 0.10 和 0.01，检验结论分别是什么呢？

9. 某校上届学生体能测试综合得分的平均水平为 81.2 分。今年随机抽取 100 名学生进行了同样测试，平均得分为 83.5 分，方差为 92.16。

问：当显著性水平为 0.05 时，今年学生的测试成绩与往年是否有显著性差异？

10. 有一种电子元件，要求其使用寿命不得低于 1 000h。已知这种元件的使用寿命服从标准差为100h的正态分布。现从一批元件中随机抽查了25件，测得平均使用寿命为972h。要求：

（1）试在 0.05 的显著性水平下，检验这批电子元件是否合格。

（2）假如上述样本平均寿命是对 50 件样品检查的结果，在其他条件不变的情况下，判断这批电子元件是否合格。

11．在正常生产情况下，某厂生产的一种无缝钢管的内径服从正态分布且均值为54mm。从某日生产的钢管中随机抽取 10 根，测得其内径分别为 53.8、54.0、55.1、54.2、52.1、54.2、55.0、55.8、55.4、55.5。

要求：试在 0.05 的显著性水平下检验该日生产的钢管内径是否正常。

12．某种疾病传统治疗方法的治愈率为70%。某医生研究出一种新疗法，对 200 名患者试用这种新疗法后，治愈了 152 人。

分析这一试验数据能否说明新疗法确实比传统方法更加有效。

要求：以 0.10 的显著性水平进行检验。

13．某林区对上年栽种的一批树苗进行了抽样调查，随机抽查的 200 株树苗中有 170 株成活。

要求：分析能否认为上年栽种的这批树苗的成活率不低于 80%（显著性水平为 0.05）。

14．某制鞋厂为了比较两种材料制作的鞋跟的质量优劣，随机选择了 10 人，让他们每人试穿一双鞋跟厚度相同的新鞋，其中一只鞋用材料 A 制作，另一只鞋用材料 B 制作，试穿一个月后测量每人所穿的两只鞋的鞋跟厚度，测得数据如表 7-5 所示。

表 7-5　两种材料的鞋跟厚度

试验者编号	1	2	3	4	5	6	7	8	9	10
材料 A	3.8	3.5	4.1	4	3.1	4.7	3.9	4.2	3.7	3.5
材料 B	3.5	3.1	4.3	3.8	3.3	4.5	3.3	3.7	3.5	3.4

要求：假设鞋跟厚度服从正态分布，分析在 0.05 的显著性水平下，两种材料制作的鞋跟质量有无显著性差别。

15．某企业生产工人分为早班和晚班两个班次。产品质量检验的结果是，从早班抽查产品 100 只，91 只合格；从晚班抽查产品 150 只，128 只合格。

要求：分析可否认为早班和晚班的生产质量有显著差异（显著性水平为 0.05）。

第八章 相关与回归分析

学习目标

- 了解相关关系的概念及种类。
- 掌握相关关系的判断及测定方法。
- 掌握一元线性回归分析方法。
- 了解多元线性回归分析方法。
- 熟悉利用 Excel 进行相关和回归分析的方法。

第一节 相关关系的概念及种类

一、相关关系的概念

社会经济现象总是相互依存、相互联系的，一种现象的变化总是依赖或影响着其他现象的变化。例如，企业的规模和经营费用的关系、工资增长和劳动生产率变动的关系、家庭收入和支出的关系、劳动机械化水平与劳动生产率的关系等。这就是现象之间存在的依存关系。我们可以把现象总体数量上所存在的这种依存关系划分为两种不同的类型：一种是函数关系；另一种是相关关系。

函数关系是指现象之间客观存在的，并且在数量表现上是严格的、确定性的相互依存关系。其变动规律可以用一个数学表达式反映出来。如果把作为影响因素的变量称为自变量，把发生对应变化的变量称为因变量，则函数关系可表述为：当自变量取某一个值时，因变量有确定的值与之对应。例如，圆的面积 s 和它的半径 r 之间的关系可表示为 $s = \pi r^2$。对社会经济现象的统计分析也会涉及函数关系。例如，在计件工资制的情况下，工资总额与工人加工零件数量成函数关系；在学生人数不变的前提下，学生的平均成绩与其总成绩是一个函数关系；在价格不变的前提下，商品销售收入与其销售数量是一个函数关系；在产品产量不变的前提下，单位产品成本与总成本是一个函数关系。

相关关系是指现象之间客观存在的，但在数量表现上是不确定的相互依存关系。具体地说，即当一个现象发生数量上的变化时，另一现象也会相应地发生变化，但其变化是不确定的，与之对应的数值会有很多个可能，这些数值分布在它们的平均数的周围，在一定范围内随机波动。例如，单位生产成本的高低与利润的多少的关系、劳动生产率与国民收入之间的关系、广告费支出与产品销售量之间的关系、居民收入与社会劳动生产率的关系等都属于相关关系。

函数关系与相关关系虽是两种不同类型的依存关系，但它们之间并无严格的界限。有函数关系的变量之间，由于有测量误差以及各种随机因素的干扰，可表现为相关关系；反之，有相关关系的变量之间，尽管没有确定性的关系，但我们对现象的内在联系常常借助函数关系来进行近似的描述和分析。

二、相关关系的种类

相关关系可以按照不同的标志加以划分。

1．按相关的密切程度分为完全相关、不完全相关和不相关

完全相关是指一个变量的变动必然会引起另一个变量的确定性变动的相关关系，如前所述，圆的面积与其半径的相关关系。完全相关即是函数关系，所以说函数关系是相关关系的特例。不相关是指一个变量的变动完全不受另一变量变动的影响，彼此相互独立，互不相干。不完全相关则是指一个变量发生有规律的变动，能引起另一变量的对应的规律性变动，但这种变动介于完全相关和不相关之间。

2．按相关涉及变量（或因素）的多少分为单相关和复相关

单相关又称简相关，是指两个变量之间的相关关系，即只有一个自变量和一个因变量之间的相关。例如，投入与产出之间的关系、学生学习时间与考试成绩之间的关系等均属于单相关。复相关又称多元相关，是指三个或三个以上变量之间的相关关系，如商品销售额与居民收入、商品价格之间的相关关系，银行存款余额与人均收入、商品价格水平之间的相关关系等。

3．按相关现象变化的方向不同分为正相关和负相关

若一个变量的数量变动与另一个变量的数量变动方向一致，称为正相关。例如，工人劳动生产率提高，产品产量也随之增加；职工工资上升，居民储蓄存款余额也会增加；财政收入减少，则下拨给各预算单位的财政拨款也会随之而减少。若一个变量的数量变动与另一个变量的数量变动方向相反，称为负相关。例如，商品流转额越大，商品流通费用率越低；劳动生产率提高则单位产品所耗时间会减少；产品产量越多，单位产品的生产成本会越小。

4．按相关的表现形式不同分为直线相关和曲线相关

直线相关又称线性相关，是指当一个变量变动时，另一变量随之发生大致均等变动的相关关系。表现在平面直角坐标图中，一个现象的数值与另一现象相应的数值形成的一系列散点的分布近似地表现为一条直线。曲线相关又称非线性相关，是指当一个变量变动时，

另一变量也随之发生变动，但这种变动不是均等的。从平面直角坐标图形上看，其散点的分布近似地表现为一条曲线，如抛物线、指数曲线等。例如，施肥量和农产品收获量之间的关系，当单位面积土地内的施肥量在合理范围内增加时，单位面积产量会增加，一旦施肥量超过了合理的数量界限，则施肥量越多，单位面积产量不仅不会增加，反而会减少。这就是非线性相关关系。

第二节　简单线性相关分析

一、相关关系的判断

要判断现象之间有无相关关系，一是进行定性分析，二是进行定量分析。定性分析是依据研究者的理论知识、专业知识和实践经验，对客观现象之间是否存在相关关系，及有何种相关关系做出判断。在此基础上，进一步编制相关表、绘制相关图，以便直观地判断现象之间相关的方向、形态及大致的密切程度。

在统计中，对现象总体两个相关变量作相关分析，研究其相互依存关系，首先要通过实际调查取得一系列相应的资料，作为相关分析的原始数据；然后在此基础上，编制相关表和绘制相关图。通过相关图或相关表，可以直观地判断现象之间大致呈现何种关系，这也是计算相关系数的基础。

1. 相关表

相关表是直接根据现象之间的原始资料，将一变量的若干变量值按由小到大的顺序排列，并将另一变量的值与之对应排列形成的统计表。

【例 8-1】对某部门 8 个企业的产品销售额和销售利润进行调查，将调查得到的原始数据按产品销售额从小到大加以顺序排列后，编制的相关表如表 8-1 所示。

表 8-1　某部门产品销售额和销售利润相关表　　　　　　　　万元

企 业 编 号	产品销售额	销 售 利 润
1	430	22.0
2	480	26.5
3	650	32.0
4	740	44.0
5	950	64.0
6	1 000	69.0
7	1 170	72.0
8	1 200	77.0

从表 8-1 中可以观察到，随着产品销售额的增长，销售利润额呈现出相应幅度的增长，由此可知，该部门产品销售额与销售利润之间存在相关关系，而且是正相关关系。

2. 相关图

相关图又称散点图，它是用直角坐标的 x 轴代表自变量，y 轴代表因变量，将两个变量间相对应的变量值用坐标点的形式描绘出来，用以表明相关点分布状况的图形。根据表 8-1 的资料，绘制相关图。具体绘制方法是，以销售额为自变量，对应的利润额为因变量，每一个销售额都对应一个利润额的数字，表中共有 8 对数据，在直角坐标图上，每一对数据标出一个点，共标出 8 个点形成一个散点图，如图 8-1 所示。

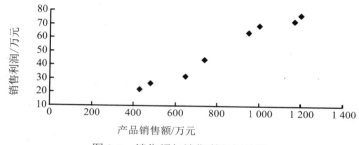

图 8-1　销售额与销售利润相关图

从图 8-1 中可以直观地看出，销售额与利润额具有向相同方向变动的趋势，表示它们之间存在正相关，而且图 8-1 中的点大致散布在一条直线周围，可以判断它们之间呈线性趋势，且关系密切。

二、相关关系的测定

在研究现象的相关关系时，通过相关表和相关图只能粗略判断现象间有无相关关系，是什么样的相关关系。要进一步对现象之间的相关关系进行分析，还应该用统计分析指标来表明相关关系的密切程度。相关的类型不同，测定相关程度的指标也有所不同。这里只讨论对简单线性相关关系的密切程度的测定。

相关系数是在直线相关的条件下，用来说明两个变量之间相关关系密切程度的统计分析指标，用 r 表示。其计算公式为

$$r = \frac{\sigma_{xy}^2}{\sigma_x \sigma_y} = \frac{\sum (x - \overline{x})(y - \overline{y})}{\sqrt{\sum (x - \overline{x})^2} \sqrt{\sum (y - \overline{y})^2}} \tag{8.1}$$

式中：r 表示两变量 x 和 y 之间的相关系数；σ_x 为变量 x 的标准差；σ_y 为变量 y 的标准差；σ_{xy}^2 为两个变量 x 和 y 的协方差。

用式（8.1）计算，需计算两个数列的平均数，这两个平均数往往是除不尽的小数，计算起来很复杂。因此，可由式（8.1）推导出另一个计算 r 的简捷计算公式。

$$r = \frac{\sigma_{xy}^2}{\sigma_x \sigma_y} = \frac{n\sum xy - \sum x \sum y}{\sqrt{n\sum x^2 - \left(\sum x\right)^2} \sqrt{n\sum y^2 - \left(\sum y\right)^2}} \qquad (8.2)$$

相关系数 r 的数值总是介于 $-1 \sim +1$ 之间。若 r 为正数或负数，表示两变量为正相关或负相关；如果 $|r| = 1$，表示两变量为完全线性相关，即为函数关系；如果 $r = 0$，表示两变量间无线性相关关系。$|r|$ 越接近于 1，说明两变量间线性相关关系越密切；反之，$|r|$ 越接近 0，说明两变量间线性相关关系越弱，但这并不表示两个现象间不存在其他形式的相关关系（如曲线相关）。

为了判断线性相关关系的密切程度的高低，可根据相关系数的大小划分成不同的等级，如常用的四级划分标准是：$|r| < 0.3$ 为微弱线性相关；$0.3 \leqslant |r| < 0.5$ 为低度线性相关；$0.5 \leqslant |r| < 0.8$ 为显著线性相关；$0.8 \leqslant |r| < 1$ 为高度线性相关。

【例 8-2】现仍以例 8-1 中的资料来说明相关系数的计算方法，如表 8-2 所示。

表 8-2　相关系数计算表

企 业 编 号	产品销售额 x	销售利润 y	xy	x^2	y^2
1	430	22.0	9 460	184 900	484.00
2	480	26.5	12 720	230 400	702.25
3	650	32.0	20 800	422 500	1 024.00
4	740	44.0	32 560	547 600	1 936.00
5	950	64.0	60 800	902 500	4 096.00
6	1 000	69.0	69 000	1 000 000	4 761.00
7	1 170	72.0	84 240	1 368 900	5 184.00
8	1 200	77.0	92 400	1 440 000	5 929.00
合　　计	6 620	406.5	381 980	6 096 800	24 116.25

$$
\begin{aligned}
r &= \frac{n\sum xy - \sum x \sum y}{\sqrt{n\sum x^2 - \left(\sum x\right)^2} \times \sqrt{n\sum y^2 - \left(\sum y\right)^2}} \\
&= \frac{8 \times 381\,980 - 6\,620 \times 406.5}{\sqrt{8 \times 6\,096\,800 - 6\,620^2} \times \sqrt{8 \times 24\,116.25 - 406.5^2}} \\
&= 0.985\,418
\end{aligned}
$$

从相关系数可以看出，产品销售额和利润额之间存在高度线性正相关关系。

第三节　一元线性回归分析

一、回归分析的意义

相关分析能确定变量相互间关系的具体形式，但无法从一个变量的变化推测出另一个变量的变化情况。因此，在相关分析的基础上，应该进行回归分析。"回归"一词最早起源于生物学。在生物学中，人们通过对遗传现象的大量观察发现，父母身高与子女身高有一定的关系，但父母很高或很矮，他们的孩子并不一定像其父母那样高或那样矮，而是与人类平均身高趋近。这种现象称为回归。虽然具有相关关系的变量间存在着不确定性的关系，但通过对现象的不断观察可以探索出它们之间的统计规律，这种统计规律称为"回归关系"。

在实际社会经济现象中，当给予自变量 x 一个确定的数值，因变量 y 虽有若干个可能的值与之相对应（这些 y 可能的变量值表现出一定的随机性、波动性），但它们却又总是按一定的分布规律围绕 y 的平均值（数学期望）而上下波动。这就是说，对于自变量 x 的某一确定的值，因变量 y 有一个平均值与之相对应。这样现象之间数量上为不确定的相关关系，从平均意义上说已转化为数量上确定的函数关系，于是可借助函数关系的数学表达式来说明现象之间数量变动的统计规律性。根据相关关系的数学表达式与给定的自变量 x，揭示因变量 y 在数量上的平均变化和求得因变量的预测值的分析过程就是回归分析。

可见，回归分析是对具有相关关系的两个或两个以上的变量之间数量变化的一般关系进行测定，确立一个相关的数学表达式，以便进行估计或预测的统计分析方法。用这个数学表达式可以近似地表达具有相互联系的变量之间的平均变化关系。通过建立回归方程可以根据自变量的数值推算因变量的值。

回归有不同的种类。按照其自变量的数量的多少分为一元回归和多元回归。只有一个自变量的回归分析叫作一元回归，又称简单回归。有两个或两个以上自变量的回归分析称为多元回归，或称复回归。按照回归方程表现在坐标图上的形态的不同分为线性回归与非线性回归，仅就一元回归而言，线性回归也称直线回归，是指因变量与自变量之间的数量关系近似呈现为一条直线；非线性回归也称曲线回归，是指因变量与自变量之间的数量关系近似呈现为一条曲线。

回归分析与相关分析都是研究两个变量相互关系的分析方法，两者有着密切的联系。

首先，相关分析是回归分析的基础和前提条件。进行回归分析必须先进行相关分析，依靠相关分析的结果来表明现象的数量变化是否具有密切的相关关系，只有两变量间具有密切的关系时，进行回归分析才具有意义，回归预测的代表性才有保障。当两变量间相关程度较低时，进行回归分析的必要性就几乎不存在了。

其次，回归分析是相关分析的继续和深入。相关分析的核心是计算相关系数。相关系数虽能确定两个变量之间的相关方向和相关的密切程度，但却不能指出两变量相互关系的具体形式，也无法从一个变量的变化来推测另一个变量的变化情况。因此，相关分析和回归分析是统计关于现象相互关系分析不可或缺的两个分析阶段。

相关分析和回归分析也存在明显的区别。

首先，相关分析可以不考虑两个变量的关系是因果关系还是非因果关系，不必确定两变量中哪个是自变量，哪个是因变量。而回归分析则必须事先进行定性分析来确定变量中哪个是自变量，哪个是因变量。如果倒果为因，则计算和分析结果就会出现严重偏差。一般地说，回归分析是研究变量间具有因果关系的数学形式。

其次，相关分析中的变量可以都是随机变量，而在回归分析中因变量是随机的，自变量是研究时可以控制的量，即在给定不同自变量数值的条件下，观察对应的因变量数值的变化情况，所以自变量不是随机变量。

再次，计算相关系数的两个变量是对等的，改变两者的地位并不影响相关系数的数值，所以只有一个相关系数。在回归分析中，自变量和因变量的关系则不是对等的。在实际经济生活中，也存在两个相关变量因果关系不太固定的情况。例如，工业产值依农业产值的变化有意义，而农业产值依工业产值的变化也有意义，工业产值和农业产值可以互为自变量。回归分析中，对于这一种没有明显因果关系的两个变量，可以求得两个回归方程：一个为 x 依 y 的回归方程，另一个为 y 依 x 的回归方程。

需要注意的是，利用回归方程只能给出自变量的数值来估计因变量的可能值，但却不能利用这个方程，给定因变量的值来推算自变量的值。尽管在数学形式上这样计算是可能的，但在统计的实际意义上却是不允许的。

二、一元线性回归模型的参数估计

如果两个变量呈现完全的直线相关关系，即因变量 y 完全确定地随着自变量 x 变动而等量地变动，则其变动的规律可用一条直线来说明，即 $y = a + bx$。

如果变量 y 的数值不仅受 x 变动的影响，还受其他随机因素的影响，x 与 y 的关系也就不会表现为完全的线性相关关系。通过相关图，可以直观地发现，并非各个相关点都落在一条直线上，而是在直线上下波动，散布在一条直线的周围，即 x 与 y 呈线性相关的态势。简单线性回归分析的任务就是在这些分散的具有线性关系的相关点之间配合一条最优的直线，用以说明现象之间的平均变动关系。

基于两变量之间的数量变化常常是以近似于一条直线的方式变动，因此，回归分析可以利用数学上线性分析的方法，配合一条直线进行统计分析。这条关于 x 与 y 的回归直线称为估计回归线。配合回归线的方程式称为回归方程，一元线性回归方程表述为

$$\hat{y} = a + bx \tag{8.3}$$

式中：$\hat{y}$ 表示 y 的估计值；a 代表直线在纵轴上的截距，即当自变量 x 为 0 时因变量 y 在纵轴上的起点值；b 在数学上是直线的斜率，在回归分析中称为回归系数。b 是一个平均性质的增减量，表示自变量 x 每增加或减少一个单位时，因变量 y 所平均增加或减少的数量，而且它还反映了自变量和因变量的变动方向。当 b 为正时，表明自变量和因变量按相同方向变动；当 b 的符号为负时，表明自变量和因变量按相反的方向变动。a 和 b 都称作待定参数，可根据实际资料求解其数值，一旦计算出 a 和 b 的值，表明变量之间一般关系的回归直线就确定下来了。

一元线性回归分析的任务就是要设法在分散的、具有线性关系的相关点之间配合一条最优的直线，以表明两个变量之间具体的变动关系。在变量数列中，通常计算一个算术平均数作为分布的中心。对于相关联的两个变量 x 和 y，可分别计算其算术平均数 $\bar{x}$、$\bar{y}$，在选择最理想的直线时，可以通过 $(\bar{x}, \bar{y})$ 所对应的点来确定，这是因为点 $(\bar{x}, \bar{y})$ 是各散点的中心，最理想的直线必然通过该散点。

然而，通过点 $(\bar{x}, \bar{y})$ 仍然可以作若干条直线，其中哪条直线才是最理想的直线呢？

估计值 $\hat{y}$ 与实际值 y 之间是存在着误差的，其误差首先表现为两者的离差，其离差有正有负。它们的代数和，就绝对值上说可以很小，甚至正负离差可能相互抵消后为零。因此，分析应该立足于离差的平方上进行。

通常可采用最小平方法来配合回归直线，其基本思想是：在所有的相关点中，通过数学方法配合一条较为理想的直线，这条直线必须满足如下两点。

（1）原数列与回归直线的离差之和为零。即

$$\sum(y - \hat{y}) = 0$$

（2）原数列与回归直线的离差平方和为最小值。即

$$\sum(y - \hat{y})^2 = \min$$

也就是说，这条直线与该相关图上的相关点（散点）的距离比其他任何直线与相关点的距离都小，所以，这条直线是最优的、最理想的回归直线。

用 Q 表示 y 对 $\hat{y}$ 的离差平方和，则

$$Q = \sum(y - \hat{y})^2 = \sum(y - a - bx)^2 = \min$$

要使 Q 值达到最小，其必要条件是它对 a 和 b 的一阶偏导数等于零，即

$$\frac{\partial Q}{\partial a} = -2\sum(y - a - bx) = 0$$

$$\frac{\partial Q}{\partial b} = -2\sum x(y - a - bx) = 0$$

由此，可以整理成标准方程式

$$\begin{cases} \sum y = na + b\sum x \\ \sum xy = a\sum x + b\sum x^2 \end{cases}$$

进一步求解该标准方程组，得

$$
\begin{cases}
b = \dfrac{n\sum xy - \sum x \sum y}{n\sum x^2 - \left(\sum x\right)^2} \\[4mm]
a = \overline{y} - b\overline{x} = \dfrac{\sum y}{n} - b\dfrac{\sum x}{n}
\end{cases}
\tag{8.4}
$$

【例 8-3】以表 8-2 中的资料为例，对该部门销售额与销售利润额的有关资料进行回归分析。

$$
\begin{aligned}
b &= \frac{n\sum xy - \sum x \sum y}{n\sum x^2 - \left(\sum x\right)^2} \\[2mm]
&= \frac{8 \times 381\,980 - 6\,620 \times 406.5}{8 \times 6\,096\,800 - (6\,620)^2} = \frac{364\,810}{4\,950\,000} \\[2mm]
&= 0.073\,699 \\[2mm]
a &= \frac{\sum y}{n} - b\frac{\sum x}{n} \\[2mm]
&= \frac{406.5}{8} - 0.073\,699 \times \frac{6\,620}{8} = 50.812\,5 - 0.073\,699 \times 827.5 \\[2mm]
&= -10.173\,4
\end{aligned}
$$

所以，该部门销售额与销售利润额之间的回归方程为

$$
\hat{y} = a + bx = -10.173\,4 + 0.073\,699x
$$

在此方程中，回归系数 b 的含义是：销售额每增加 1 万元，利润额平均增加 0.073 699 万元。

将表 8-2 中自变量（销售额）的每一个数值代入所得方程即可得出因变量（销售利润额）的对应估计值，如表 8-3 所示。

表 8-3　回归估计值计算表

企 业 编 号	产品销售额 x/万元	销售利润 y/万元	$\hat{y} = -10.173\,4 + 0.073\,699x$
1	430	22.0	21.517 17
2	480	26.5	25.202 12
3	650	32.0	37.730 95
4	740	44.0	44.363 86
5	950	64.0	59.840 65
6	1 000	69.0	63.525 60
7	1 170	72.0	76.054 43
8	1 200	77.0	78.265 40

三、一元线性回归模型的拟合效果

（一）估计标准误差

在表 8-3 中显示出，因变量的估计值 $\hat{y}$ 的大小与实际观察值 y 通常会存在一定误差。所配合的回归方程能否很好地代表变量之间的数量依存关系呢？利用所配合的回归方程去估计因变量的 $\hat{y}$，其估计效果如何呢？这要通过计算估计标准误差来判断。

估计标准误差是用来说明回归方程代表性大小的统计分析指标。其计算原理与前述标准差基本相同。若估计标准误差小，表明回归方程估计准确程度高，代表性大；反之，则估计准确程度低，代表性小。只有在估计标准误差小的情况下，用回归方程作估计或预测才具有实际价值。

估计标准误差的计算原理与标准差基本相同，其计算公式为

$$S_e = \sqrt{\frac{\sum (y - \hat{y})^2}{n-2}} \tag{8.5}$$

式中：S_e 为估计标准误差；$n-2$ 为自由度，因为一元线性回归方程中有两个参数，在利用 n 个样本点来拟合一元线性回归方程时，样本数据就有了两个约束条件，从而就失去了两个自由度。

【例 8-4】以表 8-3 中的资料来说明估计标准误差的计算方法，如表 8-4 所示。

表 8-4　估计标准误差计算表

企业编号	产品销售额 x/万元	销售利润 y/万元	$\hat{y}$	$(y - \hat{y})$	$(y - \hat{y})^2$
1	430	22.0	21.517 17	0.482 83	0.233 1
2	480	26.5	25.202 12	1.297 88	1.684 5
3	650	32.0	37.730 95	−5.730 95	32.843 8
4	740	44.0	44.363 86	−0.363 86	0.132 4
5	950	64.0	59.840 65	4.159 35	17.300 2
6	1 000	69.0	63.525 60	5.474 40	29.969 1
7	1 170	72.0	76.054 43	−4.054 43	16.438 4
8	1 200	77.0	78.265 40	−1.265 40	1.601 2
合　计	6 620	406.5	—	—	100.202 7

把计算结果代入式（8.5）可得

$$S_e = \sqrt{\frac{\sum (y - \hat{y})^2}{n-2}} = \sqrt{\frac{100.202\ 7}{8-2}} = 4.086\ 6 \text{（万元）}$$

计算结果表明，估计标准误差是 4.086 6 万元，即对于每一个企业的销售利润来说，其

回归估计值的误差有正有负，但平均起来误差就等于 4.086 6 万元。

（二）判定系数

在直线回归分析中，可以看到因变量 y 的取值各不相同，就例 8-4 来说，即销售利润的数值大小各不相同。y 值的这种波动产生的原因主要有两个方面：一是受自变量 x 变动的影响；二是受其他因素，如观察和实验中产生的误差的影响。为了分析这两个方面的影响，需要对总变差进行分解分析。

对于每个观察值来说，变差的大小可以通过实际观察值 y 与其平均数 $\bar{y}$ 的离差 $(y-\bar{y})$ 来表示，而全部观察值的总变差可以由这些变差的平方和 $\sum(y-\bar{y})^2$ 来表示，称为因变量的总变差平方和。每个观察值的变差由两部分构成，即

$$y - \bar{y} = (y - \hat{y}) + (\hat{y} - \bar{y})$$

总变差　估计误差　回归变差

上式中，$(y-\bar{y})$ 称为总变差，是每个具体的 y 值与平均值 $\bar{y}$ 之间的离差；$(\hat{y}-\bar{y})$ 称为回归变差，表明这部分变差与 x 有关，是可以由 x 得到解释和说明的变差。$(y-\hat{y})$ 称为估计误差，也称剩余变差或残差，它是由 x 以外的许多不能控制或掌握的内外因素而引起的偶然性误差。

将上式两边平方，再对所有观察点求和，则可得到

$$\sum(y-\bar{y})^2 = \sum\left[(y-\hat{y}) + (\hat{y}-\bar{y})\right]^2$$
$$= \sum(y-\hat{y})^2 + \sum(\hat{y}-\bar{y})^2 + 2\sum(y-\hat{y})(\hat{y}-\bar{y})$$

由于 $\sum(y-\hat{y})(\hat{y}-\bar{y}) = 0$，所以总变差平方和可以分解为两个部分，计算公式为

$$\sum(y-\bar{y})^2 = \sum(y-\hat{y})^2 + \sum(\hat{y}-\bar{y})^2 \tag{8.6}$$

即　　　　　　　　总变差平方和=估计误差平方和+回归变差平方和

将式（8.6）两端同时除以 $\sum(y-\bar{y})^2$，得到

$$\frac{\sum(y-\hat{y})^2}{\sum(y-\bar{y})^2} + \frac{\sum(\hat{y}-\bar{y})^2}{\sum(y-\bar{y})^2} = 1$$

由上式可以看出，在总变差平方和中，回归变差平方和（简称回归平方和）所占比例越大，相应的估计误差平方和（也称剩余平方和、残差平方和）所占比例越小，这时所有观察点离回归直线就越近，回归线对观察值的拟合效果就越好，x 与 y 的相关关系就越密切。如果剩余平方和为零，则 $\sum(\hat{y}-\bar{y})^2 / \sum(y-\bar{y})^2 = 1$，表明所有观察点全部落在回归直线上，这时因变量 y 产生的变动完全由自变量 x 的变动引起，x 与 y 的关系是完全相关；反之，若回归平方和所占比例越小，剩余平方和所占比例就越大，此时所有观察点离回归直线就越远，x 与 y 的关系程度就越低。当回归平方和为零时，x 与 y 的关系是零相关。

因此，回归平方和在总变差平方和中所占比例的大小常常用来度量回归线对观察值的拟合效果以及变量之间的相关程度。该比值在回归分析中被称为判定系数，用 r^2 来表示

$$r^2 = \frac{\sum (\hat{y} - \bar{y})^2}{\sum (y - \bar{y})^2} \qquad (8.7)$$

事实上，就一元线性相关关系而言，判定系数 r^2 就是其相关系数 r 的平方。r^2 的变动范围为 $0 \leqslant r^2 \leqslant 1$，$r^2$ 越接近于 1，表明回归方程的拟合效果越好，两个变量相关程度越高；r^2 越接近于 0，表明回归方程的拟合效果越差，两个变量相关程度越低。

【例 8-5】根据表 8-3 中的资料计算判定系数如表 8-5 所示。

表 8-5　判定系数计算表

销售利润 y/万元	$\hat{y}$	$\hat{y} - \bar{y}$	$(\hat{y} - \bar{y})^2$	$(y - \bar{y})$	$(y - \bar{y})^2$
22.0	21.517 17	−29.295 33	858.216 36	−28.812 5	830.160 16
26.5	25.202 12	−25.610 38	655.891 56	−24.312 5	591.097 66
32.0	37.730 95	−13.081 55	171.126 95	−18.812 5	353.910 16
44.0	44.363 86	−6.448 64	41.584 96	−6.812 5	46.410 16
64.0	59.840 65	9.028 15	81.507 49	13.187 5	173.910 16
69.0	63.525 60	12.713 10	161.622 91	18.187 5	330.785 16
72.0	76.054 43	25.241 93	637.155 03	21.187 5	448.910 16
77.0	78.265 40	27.452 90	753.661 72	26.187 5	685.785 16
406.5	—	0.000 18	3 360.766 98	—	3 460.968 78

$$r^2 = \frac{\sum (\hat{y} - \bar{y})^2}{\sum (y - \bar{y})^2} = \frac{3\,360.766\,98}{3\,460.968\,78} = 0.971\,048$$

表明在因变量 y（企业销售利润）的总误差中有 97.1%可以由自变量 x（产品销售额）的变动来解释。

（三）估计标准误差与判定系数、相关系数的关系

由前面的定义可知，估计标准误差与判定系数、相关系数之间存在密不可分的关系，数量上可以相互推算。在样本量 n 充分大的情况下，它们之间有如下的近似关系，计算公式为

$$|r| = \sqrt{1 - \frac{S_e^2}{\sigma_y^2}} \qquad (8.8)$$

$$S_e = \sigma_y \sqrt{1 - r^2} \qquad (8.9)$$

在实际的一元线性相关分析中，一般不常用式（8.8）计算相关系数，因为这种计算方法存在两个不足之处：其一是需要先求出回归直线方程，计算出估计标准误差，才能求得相关系数。而从一般的认识程序来看，只有在相关关系较密切的前提下，配合回归分析方程才有意义；如果相关关系不够密切，回归分析就没有进行的必要，因而要求先计算相关系数来判断相关关系的密切程度。其二是以这种方法计算出的 r 难以判断是正相关还是负

相关，通常需要借助于回归系数的正负来判断，因为相关关系与回归系数正负号相同。

式（8.8）和式（8.9）的意义在于：从互相联系的两个公式中可以看出$|r|$和S_e的变化是相反的。当$|r|$越大时，S_e就越小，这时变量间的相关关系的密切程度较高，回归直线的代表性较大；当$|r|$越小时，S_e就越大，这时变量间的相关关系的密切程度较低，回归直线的代表性较小。

四、一元线性回归模型的显著性检验

在配合回归直线时，假设x与y之间的关系近似为线性关系，这种假设是否真实还必须经过检验。一般来说，回归分析中的假设检验包括两方面的内容：一是线性关系的检验，即检验自变量和因变量之间的关系能否用一个线性模型来表示；二是回归系数的检验。当线性关系的检验通过后，回归系数检验的实际意义就是要检验每个自变量对因变量的影响程度是否显著。在一元线性回归分析中，自变量只有一个，上述两种检验是统一的。而在多元线性回归分析中，这两种检验的意义则不相同。

（一）线性相关关系的检验

根据样本观察资料所计算的相关系数是样本相关系数r。由于样本的随机性，样本相关系数与总体相关系数（用ρ表示）之间总存在一定差异。样本相关系数不等于0，有可能是由于随机原因造成的，并不能说明总体相关系数也肯定不等于0。但根据抽样原理，样本相关系数r的大小与总体相关系数ρ有关，$|r|$或r^2的值越大，说明变量之间总体相关关系存在的可能性就越大。但$|r|$或r^2的数值要多大才能断定变量之间的总体线性关系显著呢？仅从样本相关系数或判定系数本身来考虑是不行的，还必须进行统计检验。

总体相关显著性检验实际上就是对下列假设进行检验。

零假设H_0：$\rho=0$（即不存在总体线性相关关系）

备择假设H_1：$\rho \neq 0$（即存在总体线性相关关系）

在简单线性相关条件下，检验H_0的统计量为

$$F = \frac{\sum (\hat{y} - \overline{y})^2}{\sum (y - \hat{y})^2 / (n-2)} \tag{8.10}$$

或

$$F = \frac{r^2}{(1-r^2) / (n-2)} \tag{8.11}$$

统计量F在H_0成立的条件下服从分布$F_{(1, n-2)}$。决策规则是：若$F \leqslant F_{\alpha(1,n-2)}$，则接受$H_0$；若$F > F_{\alpha(1,n-2)}$，则拒绝$H_0$而接受$H_1$。$F_{\alpha(1,n-2)}$是在显著性水平为$\alpha$时第一自由度为1、第二自由度为$(n-2)$的统计量$F$的临界值。

【例8-6】仍以表8-3中的资料为例，前面已经计算出了r^2为0.971 048，从判定系数来

看，方程对样本数据的拟合效果很好。试对产品销售额和销售利润之间的总体相关性进行显著性检验，令显著性水平 $\alpha = 0.05$ 。

解：已知 $n = 8$ ，查 F 分布表，得临界值 $F_{0.05(1,6)} = 5.99$ 。

由式（8.11）可得

$$F = \frac{r^2}{(1-r^2)/(n-2)} = \frac{0.971\,048}{(1-0.971\,048)/(8-2)} = 201.24$$

因为 $F = 201.24 > F_{0.05(1,6)}$ ，所以拒绝 H_0 ，接受 H_1 ，产品销售额和销售利润之间存在显著的线性相关关系。

（二）回归系数的检验

回归系数的检验就是检验各个自变量对因变量的线性影响是否显著。只有通过了线性关系的检验，才能进行回归系数的检验。在一元回归分析中，只有一个自变量 x ，回归系数检验就是要根据样本回归系数 b 对总体回归系数（用 β 表示）进行检验，也就是对下列假设进行显著性检验。

零假设 H_0 ： $\beta = 0$ （自变量 x 对因变量 y 的线性影响不显著）

备择假设 H_1 ： $\beta \neq 0$ （自变量 x 对因变量 y 的线性影响是显著的）

检验统计量为

$$t = \frac{b}{S(b)} \tag{8.12}$$

式中： $S(b) = \hat{\sigma}\dfrac{1}{\sqrt{\sum(x-\overline{x})^2}}$ 是 b 的标准差 $\sqrt{D(b)}$ 的估计量； $\hat{\sigma}$ 是总体标准差 σ 的估计量，即估计标准误差，可由式（8.5）来计算。

在原假设 H_0 成立的情况下，有 $t \sim t(n-2)$ ，若给定显著水平 α ，则 t 的临界值为 $t_{\alpha/2}(n-2)$ ，并有 $P(|t| \leq t_{\alpha/2}(n-2)) = 1-\alpha$ 。若 $|t| \leq t_{\alpha/2}(n-2)$ ，则接受 H_0 ；若 $|t| > t_{\alpha/2}(n-2)$ ，则接受 H_1 。给定置信度 $(1-\alpha)$ ， β 的置信区间为

$$\left[b \pm t_{\alpha/2}(n-2)S(b)\right] \tag{8.13}$$

【例 8-7】例 8-3 中销售利润依销售额的回归方程为 $\hat{y} = a + bx = -10.173\,4 + 0.073\,699x$ ， $\sum(x-\overline{x})^2 = 618\,750$ ， $S_e = 4.086\,6$ 。试用 0.05 的显著性水平检验回归系数的显著性。

解：依题意原假设和备择假设为

$$H_0 : \beta = 0 , \quad H_1 : \beta \neq 0$$

$$S(\hat{b}) = \hat{\sigma}\frac{1}{\sqrt{\sum(x-\overline{x})^2}} = 4.086\,6 \times \frac{1}{\sqrt{618\,750}} = 0.005\,195\,2$$

$$t = \frac{b}{S(b)} = \frac{0.073\,699}{0.005\,195\,2} = 14.185\,98$$

因为 $|t| = 14.185\,98 > t_{0.025}(6) = 2.447$ ，所以拒接 H_0 ，接受 H_1 ，即销售额对销售利润的

影响是显著的。

置信度为95%时，β 的置信区间为 $[b \pm t_{\alpha/2}(n-2)S(b)]$，即 $(0.073\ 699 \pm 2.447 \times 0.005\ 195\ 2)$

即置信区间为：$(0.060\ 986, 0.086\ 412)$。

五、一元线性回归模型的应用

若回归方程具有较高的拟合程度，自变量与因变量之间被检验具有显著的线性关系以后，就可以根据拟合的回归方程，由 x 的某一个值 x_0 去预测因变量 y 的相应值 y_0 了。回归预测有点预测和区间预测两种。

1. 点预测

当利用样本资料计算得到的一元线性回归方程 $\hat{y} = a + bx$ 被检验通过之后，可以认为该方程大致反映了变量 y 随变量 x 变化的规律。但由于 x 与 y 之间的关系不确定，因而对于给定的 x 的某一个值 x_0，根据回归方程，也只能得到对应的 y_0 的估计值为

$$\hat{y}_0 = a + bx_0$$

点预测的优点是计算简便，但这种预测不能给出误差的大小，也不能明确置信度。因此，还需要进行区间预测。

2. 区间预测

区间预测就是对于给定的置信度 $(1-\alpha)$，给出与 $x = x_0$ 相对应的 y_0 取值的置信区间。置信区间上、下限的公式为

$$\hat{y}_0 \pm t_{\alpha/2}(n-2)S_e\sqrt{1 + \frac{1}{n} + \frac{(x_0 - \overline{x})^2}{\sum(x - \overline{x})^2}} \tag{8.14}$$

式中：$t_{\alpha/2}(n-2)$ 为从 t 分布表中查到的临界值；S_e 为估计标准误差。

对于大样本，$t_{\alpha/2}(n-2)$ 可用 $Z_{\alpha/2}$ 近似，式（8.14）中的根式近似为 1，这时，区间预测公式将简化为

$$y_0 = \hat{y}_0 \pm Z_{\alpha/2}S_e \tag{8.15}$$

式中：$Z_{\alpha/2}$ 是置信度为 $(1-\alpha)$ 时从标准正态分布表中查得的临界值。

【例8-8】利用表8-4和表8-5的资料进行回归预测。（1）求当产品销售额为1 250万元时，估计利润额是多少？（2）求当产品销售额为1 250万元时，估计利润额的置信度为0.95的置信区间。

解：（1）根据例8-3中得到的回归方程，可知当 $x_0 = 1\ 250$ 万元时，对应的 y_0 的点预测值为

$$\hat{y}_0 = a + bx_0 = -10.173\ 4 + 0.073\ 699 \times 1\ 250 = 81.95（万元）$$

（2）将表8-5中计算出的有关数据及例8-4的结果代入式（8.14），当 $\alpha = 0.05$，$n = 8$ 时，查 t 分布表得 $t_{\alpha/2}(n-2) = t_{0.025}(6) = 2.446\ 9$。

$$(x_0 - \overline{x})^2 = (1\,250 - 827.5)^2 = 178\,506.25$$

$$\sum(x - \overline{x})^2 = \sum x^2 - n\overline{x}^2 = 6\,096\,800 - 8 \times 827.5^2 = 618\,750$$

则所求置信区间为

$$81.95 \pm 2.446\,9 \times 4.086\,6 \times \sqrt{1 + \frac{1}{8} + \frac{178\,506.25}{618\,750}} = 81.95 \pm 11.888\,4$$

即利润额的置信区间为 $70.061\,6$ 万元 $\leqslant y_0 \leqslant 93.838\,4$ 万元。

第四节　多元线性回归分析

一、多元线性回归模型的参数估计

在许多实际问题中，一个现象的变动往往要受多种现象变动的影响。例如，消费支出除了受本期收入水平的影响外，还受物价水平、以前收入水平以及预期收入水平等因素的影响。因此，在进行相关回归分析时，要对多个变量之间的关系进行研究，就要进行多元相关与回归分析。这里仅讨论多个变量之间近似呈线性关系的情况。

对因变量与两个及以上自变量之间的线性关系的回归分析称为多元线性回归分析。用于表现多个变量间线性关系的数学模型称为多元线性回归模型，其一般形式可写为

$$y = \beta_0 + \beta_1 x_1 + \beta_2 x_2 + \cdots + \beta_k x_k + u \tag{8.16}$$

式中：y 为因变量，$x_1, x_2, \cdots, x_k$ 为自变量，k 为自变量个数，$\beta_0, \beta_1, \beta_2, \cdots, \beta_k$ 是模型的总体参数，其中 β_0 是模型的常数项，$\beta_1, \beta_2, \cdots, \beta_k$ 是总体回归系数。$\beta_j (j = 1, 2, \cdots, k)$ 表示在其他自变量保持不变的情况下，自变量 x_j 变动一个单位所引起的因变量 y 平均变动的数量，因而也称之为偏回归系数。

式（8.16）中，u 为随机误差项，简称误差项。它表示除了模型中的 k 个自变量以外的其他各种随机因素对因变量的影响。随机误差项 u 是无法直接观测和估计的，为了进行回归分析，通常需要对其提出一些假定，主要假定有以下几个。

假定 1：误差项的期望值为 0，即对于任意观测点 i 都有 $E(u_i) = 0$。

假定 2：误差项的方差为常数，即对所有的观测点 i 总有 $\text{Var}(u_i) = \sigma^2$。

假定 3：误差项之间不存在序列相关关系，其协方差为零，即当 $i \neq j$ 时有 $\text{Cov}(u_i, u_j) = 0$。

假定 4：自变量是给定的变量，与随机误差项线性无关。

假定 5：随机误差项服从正态分布。

假定 6：自变量之间不能具有较强的线性关系。

实际上，以上假定中前五条对一元线性模型也适用。符合以上假定的线性回归模型称为标准的线性回归模型。关于不符合以上假定条件下的分析方法，属于计量经济学的研究

内容，对此本书不作进一步的讨论。

总体参数 $\beta_0, \beta_1, \beta_2, \cdots, \beta_k$ 是未知的，多元线性回归分析的首要任务就是要利用有关的样本观测值对它们进行估计。若估计量分别用 $\hat{\beta}_0, \hat{\beta}_1, \hat{\beta}_2, \cdots, \hat{\beta}_k$ 表示，则因变量与 k 个自变量之间数量变动的一般关系可表示为

$$\hat{y} = \hat{\beta}_0 + \hat{\beta}_1 x_1 + \hat{\beta}_2 x_2 + \cdots + \hat{\beta}_k x_k \tag{8.17}$$

式（8.17）就是我们要根据样本数据来拟合的多元线性回归方程。求回归方程参数估计量的原理方法与一元线性回归方程参数估计的原理方法类似，只不过自变量由一个增加到了多个，待估计的参数也相应增加了。同样可采用最小二乘法，即最理想的估计应满足残差平方和 Q 为最小的条件，亦即

$$\begin{aligned}
Q &= \sum (y_t - \hat{y}_t)^2 \\
&= \sum (y - \hat{\beta}_0 - \hat{\beta}_1 x_1 - \hat{\beta}_2 x_2 - \cdots - \hat{\beta}_k x_k)^2
\end{aligned} \tag{8.18}$$

所求估计值 $\hat{\beta}_0, \hat{\beta}_1, \hat{\beta}_2, \cdots, \hat{\beta}_k$ 应使式（8.18）的 Q 达到最小。根据微积分中求极小值的原理，可将 Q 分别对 $\hat{\beta}_0, \hat{\beta}_1, \hat{\beta}_2, \cdots, \hat{\beta}_k$ 求偏导数并令其都等于零，加以整理后可得到以下$(k+1)$个方程式组成的一个方程组

$$\begin{cases}
\sum y = n\hat{\beta}_0 + \hat{\beta}_1 \sum x_1 + \hat{\beta}_2 \sum x_2 + \cdots + \hat{\beta}_k \sum x_k \\
\sum x_1 y = \hat{\beta}_0 \sum x_1 + \hat{\beta}_1 \sum x_1^2 + \hat{\beta}_2 \sum x_1 x_2 + \cdots + \hat{\beta}_k \sum x_1 x_k \\
\sum x_2 y = \hat{\beta}_0 \sum x_2 + \hat{\beta}_1 \sum x_1 x_2 + \hat{\beta}_2 \sum x_2^2 + \cdots + \hat{\beta}_k \sum x_2 x_k \\
\cdots \\
\sum x_k y = \hat{\beta}_0 \sum x_k + \hat{\beta}_1 \sum x_1 x_k + \hat{\beta}_2 \sum x_2 x_k + \cdots + \hat{\beta}_k \sum x_k^2
\end{cases} \tag{8.19}$$

方程组（8.19）称为正规方程组或标准方程组。不难看出，求解多元线性回归方程参数估计量的标准方程组就是一元线性回归估计中标准方程组的扩展。有了样本数据，通过解方程组（8.19）便可以求出多元回归线性方程的参数估计值 $\hat{\beta}_0, \hat{\beta}_1, \hat{\beta}_2, \cdots, \hat{\beta}_k$。在依靠手工计算的时代，这一求解过程是很繁琐的，一般需要运用矩阵运算来求得。在计算机技术十分发达和普及的今天，有关的计算早已成为一件相当简单的事情。Excel 的"数据分析"就提供了进行多元线性回归分析的工具。详见本章第五节的例 8-9。

二、多元线性回归模型的拟合效果

多元线性回归模型同样可以用估计标准误差、判定系数等指标来评价其拟合效果。其计算原理与一元线性回归分析的计算原理基本相同。

（一）估计标准误差

由于存在随机误差的影响，根据多元线性回归方程得到的因变量估计值 $\hat{y}$ 与实际观察

值 y 之间总是存在一定误差，综合反映这种误差大小通常可用估计标准误差。多元线性回归方程的估计标准误差的计算公式为

$$S_e = \sqrt{\frac{\sum (y - \hat{y})^2}{n - k - 1}}$$ （8.20）

式中：n 为样本量（即观测点）的个数；k 为回归方程自变量的个数。在 k 元线性回归模型中，标准方程组有$(k+1)$个方程式，从而在利用 n 个样本点来拟合回归方程时就有$(k+1)$个约束条件，因此其自由度为$(n-k-1)$。

同样，估计标准误差 S_e 越小，表明样本回归方程的代表性越强，回归估计值的准确程度越高。

Excel 的"数据分析"工具提供了估计标准误差的计算方法，详见本章第五节的介绍。

（二）判定系数和复相关系数

在一元线性回归分析中，我们用判定系数 r^2 来衡量所估计的回归方程对样本观测值的拟合程度。在多元线性回归分析中，为了说明所估计的回归方程对样本观测值的拟合程度，同样也可以将因变量 y 的总离差平方和 $\sum (y - \overline{y})^2$ 分解为两大部分，计算公式为

$$\sum (y - \overline{y})^2 = \sum (\hat{y} - \overline{y})^2 + \sum (y - \hat{y})^2$$

总离差平方和=回归平方和+残差平方和

其中，总离差平方和反映了因变量观测值总变差的大小；回归平方和反映了因变量回归估计值与因变量均值的总变差大小，它是因变量观测值总变差中可由自变量（$x_1, x_2, \cdots, x_k$）的变动加以解释的那部分离差；残差平方和反映了因变量的观测值与回归估计值之间总变差的大小，是因变量观测值的总变差中不能由自变量解释的那部分。显然，回归平方和越大，残差平方和就越小，从而回归方程对样本观测值的拟合程度就越高。

多元线性回归分析中，回归平方和与总离差平方和的比值称为判定系数（也称为复判定系数），用 R^2 表示，计算公式为

$$R^2 = \frac{\sum (\hat{y} - \overline{y})^2}{\sum (y - \overline{y})^2}$$ （8.21）

判定系数 R^2 是介于 0～1 的一个小数，R^2 越接近 1，回归方程对样本数据的拟合程度就越好，同时也说明回归方程中自变量（$x_1, x_2, \cdots, x_k$）对因变量 y 的联合线性影响程度越大，因变量与多个自变量间的复相关程度越高；反之，R^2 越接近 0，回归方程对样本数据的拟合程度就越差，同时也说明回归方程中多个自变量对因变量的联合线性影响程度越小，因变量与多个自变量间的复相关程度越低。

在样本容量一定的情况下，判定系数是回归模型中自变量个数的不减函数，随着模型中自变量的增加，判定系数 R^2 的值就会变大。这会给人们一个错觉：只要增加自变量，就会改善模型拟合效果。但是，增加自变量必定使得待估参数的个数增加，损失自由度，从

而增加估计误差、降低估计的可靠度。为此，需要用自由度对判定系数 R^2 进行修正，修正的判定系数记为 $\overline{R}^2$，计算公式为

$$\overline{R}^2 = 1 - (1 - R^2)\frac{n-1}{n-k-1} \tag{8.22}$$

式中：n 为样本量；k 为自变量个数。由于 $k \geqslant 1$，所以 $\overline{R}^2 < R^2$，随着自变量个数 k 的增加，$\overline{R}^2$ 将明显小于 R^2。同样，$\overline{R}^2$ 越大，表明回归方程对样本数据的拟合程度就越好，因变量与自变量间的复相关程度越高。

可见，在多元的场合，因变量与多个自变量之间的复相关程度的测定是以回归分析为基础的。测定多元相关关系的密切程度，除了可以用判定系数或修正的判定系数外，还可以用复相关系数。复相关系数等于判定系数的平方根，记为 R，计算公式为

$$R = \sqrt{\frac{\sum(\hat{y} - \overline{y})^2}{\sum(y - \overline{y})^2}} \tag{8.23}$$

复相关系数的取值区间为 $0 \leqslant R \leqslant 1$。$R = 1$，表明因变量 y 与自变量（$x_1, x_2, \cdots, x_k$）之间存在完全确定的线性关系；$R = 0$，则表明因变量 y 与自变量（$x_1, x_2, \cdots, x_k$）之间不存在任何线性相关关系。一般情况下，R 的取值介于 $0 \sim 1$，表明变量之间存在一定程度的线性相关关系。需要注意的是，在多元的情况下，因变量 y 与各个自变量之间既可能是正相关又可能是负相关，但由式（8.23）计算的复相关系数只能取正值。因此，复相关系数只能反映因变量 y 与自变量（$x_1, x_2, \cdots, x_k$）之间线性相关的密切程度，而不能反映其相互之间线性相关的方向。

Excel 的"数据分析"工具也提供了复相关系数、多重判定系数和修正的判定系数的计算方法，详见本章第五节的例 8-9。

三、多元线性回归模型的显著性检验

多元线性回归方程的显著性检验包括两个方面的内容：回归方程的显著性检验和回归系数的显著性检验。

（一）回归方程的显著性检验

多元线性回归分析中，回归方程的显著性检验就是要检验样本量与多个自变量的线性关系是否显著，其实质就是判断因变量总离差平方和中的回归平方和与残差平方和的比值的大小问题。考虑到样本容量 n 和自变量个数 k 的影响，这一检验是在方差分析的基础上利用 F 检验进行的。其具体的方法步骤可归纳如下。

（1）假设总体线性回归方程不显著，即待检验的零假设为

$$H_0: \quad \beta_1 = \beta_2 = \cdots = \beta_k = 0$$

（2）检验统计量 F 为

$$F = \frac{\sum (\hat{y} - \overline{y})^2 / k}{\sum (y - \hat{y})^2 / (n - k - 1)} \qquad (8.24)$$

在随机误差项服从正态分布同时原假设成立的条件下，上述统计量 F 服从于自由度为 k 和 $(n-k-1)$ 的 F 分布。

通常可将回归平方和、残差平方和及其自由度与检验统计量 F 的数值都显示在方差分析表中，如表 8-6 所示。

表 8-6　回归模型的方差分析表

离 差 来 源	平　方　和	自　由　度	方　差	F
回归	SSR=$\sum (\hat{y} - \overline{y})^2$	k	SSR/k	$\dfrac{\text{SSR} / k}{\text{SSE} / (n - k - 1)}$
残差	SSE=$\sum (y - \hat{y})^2$	$n-k-1$	SSE/$(n-k-1)$	
总离差	SST=$\sum (y - \overline{y})^2$	$n-1$		

（3）根据自由度和给定的显著性水平 α，查 F 分布表中的临界值 F_a。当 $F \geqslant F_a$ 时，拒绝原假设，即认为总体回归模型中因变量与自变量的线性关系显著；当 $F < F_a$ 时，接受原假设，即自变量与因变量的线性关系不显著，因而所建立的回归方程没有意义。

（二）回归系数的显著性检验

一元回归分析中，自变量只有一个，回归方程显著，也就等价于回归系数显著。但在多元线性回归中，由于自变量不只一个，通过 F 检验后只能说明 k 个总体回归系数不全为 0，即至少有一个自变量对因变量有显著影响，并不能说明所有的自变量都对因变量有显著影响。因此，还需要进一步对每一个回归系数进行显著性检验。一般来说，当发现某个自变量的线性影响不显著时，应将其从多元线性回归模型中剔除，以尽可能少的自变量达到尽可能高的拟合效果。

回归系数检验的原假设 $H_0: \beta = 0$。其检验原理和基本步骤与一元回归模型的检验基本相同，同样采用 t 检验，这里仅给出检验统计量 t 的一般计算公式为

$$t = \frac{\hat{\beta}_j}{S_{\hat{\beta}_j}} \qquad (j = 1, 2, \cdots, k) \qquad (8.25)$$

式中：t 服从自由度为 $(n-k-1)$ 的 t 分布；$\hat{\beta}_j$ 是自变量 x_j 的回归系数估计量；$S_{\hat{\beta}_j}$ 是估计量 $\hat{\beta}_j$ 的估计标准误差。

给定显著性水平 α，可查 t 分布表中自由度为 $(n-k-1)$ 对应的临界值 $t_{\alpha/2}$，若 $|t| \geqslant t_{\alpha/2}$，就拒绝 H_0，说明自变量 x_j 对因变量 y 的线性影响是显著的；反之，若 $|t| < t_{\alpha/2}$，就不能拒

绝 H_0，说明自变量 x_j 对因变量 y 的线性影响不显著。也可依据与 t 统计值对应的 P 值来判断：P 值越小表明越有信心否定原假设 H_0，P 值 $<\alpha$ 即可拒绝 H_0，可认为自变量 x_j 对因变量 y 的线性影响是显著的。

　　Excel 的"数据分析"工具也提供了回归方程和回归系数的显著性检验的各项结果，详见本章第五节的例 8-9。

　　在通过各种检验的基础上，多元线性回归模型可用于分析和预测。多元线性回归预测与一元线性回归预测的原理是一致的，这里不再赘述。

第五节　Excel 在相关与回归分析中的应用

一、利用 Excel 绘制相关图

　　利用 Excel 的图表向导可绘制两个变量的相关图（散点图），下面以例 8-1 的数据为例说明利用图表向导绘制相关图的具体步骤。

　　（1）输入数据，本例中作为 X 的变量是产品销售额，其数据位于单元格 B2～B9；作为 Y 的变量是销售利润，其数据位于单元格 C2～C9。

　　（2）在 Excel 2007 或 Excel 2010 中，用鼠标选定数据区域后，直接选择菜单栏中的"插入"→"XY 散点图"命令。注意：输入数据时，X 的数据在前，Y 的数据在后，它们位于紧邻的两列（或两行）；否则，在图中单击鼠标右键，在弹出的快捷菜单中选择"选择数据"命令，打开"选择数据源"对话框，在"图例项"下选择"编辑"选项卡，打开"编辑数据系列"对话框，即出现"X 轴系列值"和"Y 轴系列值"两栏，分别指定 X 和 Y 两个变量的数据所在区域即可。然后再在图中分别插入文本框，添加横坐标和纵坐标的名称、计量单位即可。本例输出的相关图如第二节的图 8-1 所示。

　　在 Excel 2003 中，选择"图表向导"命令，选择"XY 散点图"选项，单击"下一步"按钮；弹出"源数据"对话框，在"数据区域"数值框中输入 X 和 Y 的数据所在区域。本例中，输入"=Sheet1!\$B\$2:\$C\$9"，也可以直接用鼠标从 B2 拖动至 C9，Excel 会自动确认数据产生在"列"，同时在图形预览中会显示即将输出的图形（如图 8-2 所示）。同样需注意：X、Y 的数据要位于紧邻的两列（或两行），否则须打开"源数据"对话框，在"系列"选项卡下，单击左边的"添加"按钮，在对话框右侧指定 X 和 Y 的数据所在区域。单击"下一步"按钮，弹出"图表选项"对话框，其中有"标题""坐标轴""网格线""图例""数据标志"等选项卡。根据情况和需要填写相应内容即可生成相关图（散点图）。

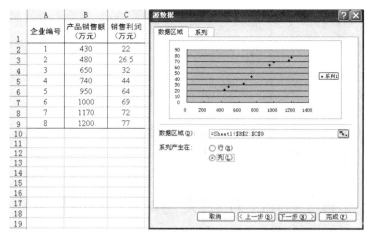

图 8-2　利用 Excel 2003 制作相关图

二、利用 Excel 计算相关系数

下面仍以例 8-1 的数据来说明利用 Excel 计算变量间相关系数的具体操作步骤。

（1）在工作表中分别输入各个变量的数据，本例中产品销售额的数据位于单元格 B2～B9，销售利润的数据位于单元格 C2～C9。

（2）打开"数据分析"工具，在"数据分析"对话框中选择"相关系数"选项后单击"确定"按钮，弹出"相关系数"对话框。在"输入区域"数值框中输入样本数据所在区域，本例中输入"$B$1:$C$9"或"B1:C9"（也可使用鼠标来选定），在"分组方式"栏中选中"逐列"单选按钮（如果变量的数据是按行放置的，选中"逐行"单选按钮）；如果输入区域的第一行（列）为变量名，选中"标志位于第一行"复选框，否则取消选中此复选框；在"输出区域"数值框中指定输出结果的起点位置，本例中输入"$B$11"或"B11"，如图 8-3 所示。

图 8-3　用 Excel 计算相关系数

（3）最后单击"确定"按钮即可得到相关系数（如图 8-3 中左下方区域）。本例中，产品销售额与销售利润之间的相关系数为 0.985 418。

使用统计函数 CORREL 也可以计算两个变量之间的相关系数。本书对其使用方法不再赘述。建议读者使用"数据分析"中的相关系数工具，这不仅是因为该工具的操作更加简便、直观，而且使用该工具所得到的输出结果实际上是一个相关系数矩阵，即两两之间的相关系数。对角线上的数值都是 1（各个变量与其自身当然是完全相关）。涉及多个变量时，这一工具的优越性更加突出。得到多个变量之间的相关系数矩阵的操作方法与上面相同。

三、利用 Excel 进行回归分析

（一）利用 Excel 进行一元线性回归分析

下面以例 8-1 的数据来说明利用 Excel 进行一元线性回归分析的具体操作步骤，并且解释有关输出结果的含义。

（1）在工作表中分别输入各个变量的数据，本例中产品销售额的数据位于单元格 B2～B9；销售利润的数据位于单元格 C2～C9。

（2）打开"数据分析"工具，在"数据分析"对话框中选择"回归"选项。

（3）单击"确定"按钮，弹出"回归"对话框。在"Y 值输入区域"数值框中输入因变量观测数据的起止单元格，本例中输入 "$C$1:$C$9"；在"X 值输入区域"数值框中输入自变量数据的起止单元格，本例中输入 "$B$1:$B$9"；选中"标志"复选框（因为这里输入区域的第一行是变量名，如果输入区域只有观测值，可取消选中此复选框）；在"输出区域"数值框中指定显示输出结果的单元格起点（本例中输入 "$B$14"），如图 8-4 所示。

（4）单击"确定"按钮，即可得到回归估计结果。本例的输出结果如图 8-5 所示。

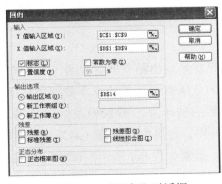

图 8-4　"回归"对话框

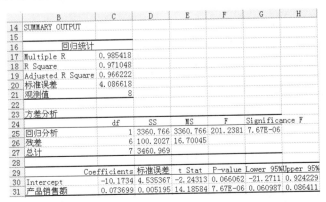

图 8-5　利用 Excel 进行回归的输出结果

输出结果包括"回归统计""方差分析""参数估计"等三个部分。"回归统计"部分输出结果的含义有以下几方面。

- ❑ Multiple R——相关系数，在多元线性回归中指复相关系数（复相关系数不考虑相关方向，在一元线性回归中它就是简单相关系数 r 的绝对值）。本例中，$|r| = 0.985\,418$。
- ❑ R Square——判定系数（R^2），即相关系数 R 的平方。本例中，$r^2=0.971\,048$。
- ❑ Adjusted R Square——修正的判定系数（在多元回归分析中有用）。
- ❑ 标准误差——回归方程的估计标准误差，如本例中，估计标准误差为 $4.086\,618$（与例 8-4 计算的结果略有出入，这是由例 8-4 在计算过程中的舍入所致）。
- ❑ 观测值——指观测值的数目，即样本容量 n。

在输出结果的"方差分析"部分给出了对回归方程进行检验的 F 统计量的值及其对应的显著性水平（即 Significance F）。例如，本例中 Significance F 很小（接近于 0），表明两个变量之间存在显著的线性相关关系。

在输出结果的第三部分不仅给出了回归方程参数的估计值 a 和 b，还给出了两者的 t 检验值及其对应的 P 值，最后两列是 a 和 b 置信区间的下限和上限。例如，本例中，从 Coefficients 下可得到截距项 a（Intercept）的估计值为-10.173 4，回归系数 b（本例中为产品销售额的系数）为 0.073 699。由此可得到所求的回归方程为

$$\hat{y} = a+bx = -10.173\,4+0.073\,699x$$

如果在图 8-4 中数据输入区域未包括变量名，则本例输出结果中"产品销售额"处显示的是"X Variable 1"。

本例中，对回归系数的 t 检验值为 14.185 84，远远大于显著性水平 0.05 对应的临界值，P 值为 7.67E-06，几乎等于 0，表明这里的产品销售额和销售利润两个变量之间存在显著的线性相关关系。事实上，不难验证，F 统计量的值等于 t 统计量的值的平方，F 检验的显著性水平（即 Significance F）与 t 检验的 P 值相等。所以，对于一元线性回归而言，回归方程的 F 检验与回归系数的 t 检验是一样的。

（二）利用 Excel 进行多元相关与线性回归分析

利用 Excel 进行多元线性回归分析的具体操作步骤及其输出结果的含义与一元回归分析基本相同。所不同的是，在 X 的输入区域，指定的是所有自变量的样本数据所在区域；输出结果中，对应于每一个自变量，都有其回归系数的估计值、t 检验值及其 P 值等。

【例 8-9】已知 2010 年我国各省市的能源消费总量（Y）、地区生产总值（X_1）、工业增加值占地区生产总值的比重（X_2）、年平均人口数（X_3），数据如表 8-7 所示。试利用 Excel 对这几个变量的关系进行多元线性相关和回归分析。

表 8-7　2010 年我国各省市的能源消费总量及相关指标

地　区	能源消费总量 /万 t 标准煤	地区生产总值 /万亿元	工业增加值占地区生 产总值的比重/%	年平均人口数/万人
	Y	X_1	X_2	X_3
北京	6 954	14 114	19.6	1 858
天津	6 818	9 224	47.8	1 264
河北	27 531	20 394	46.8	7 114
山西	16 808	9 201	50.6	3 501
内蒙古	16 820	11 672	48.1	2 465
辽宁	20 947	18 457	47.6	4 358
吉林	8 297	8 668	45.3	2 743
黑龙江	11 234	10 369	44.4	3 829
上海	11 201	17 166	38.1	2 256
江苏	25 774	41 425	46.5	7 840
浙江	16 865	27 722	45.7	5 361
安徽	9 707	12 359	43.8	5 917
福建	9 809	14 737	43.4	3 682
江西	6 355	9 451	45.4	4 447
山东	34 808	39 170	48.2	9 529
河南	21 438	23 092	51.8	9 446
湖北	15 138	15 968	42.1	5 722
湖南	14 880	16 038	39.3	6 488
广东	26 908	46 013	46.6	10 285
广西	7 919	9 570	40.3	4 733
海南	1 359	2 065	18.7	866
重庆	7 856	7 926	46.7	2 872
四川	17 892	17 185	43.2	8 113
贵州	8 175	4 602	33.0	3 508
云南	8 674	7 224	36.0	4 586
陕西	8 882	10 123	45.0	3 731
甘肃	5 923	4 121	38.9	2 557
青海	2 568	1 350	45.4	560
宁夏	3 681	1 690	38.1	629
新疆	8 290	5 437	39.7	2 172

数据来源:《中国能源年鉴 2011》和《中国统计年鉴 2011》

影响能源消费的因素很多，各地区人口与经济发展的规模和结构不同，能源消费的总量也不尽相同。本例以影响能源消费总量为因变量 Y，地区生产总值（X_1）、工业增加值占地区生产总值的比重（X_2）、年平均人口数（X_3）为自变量。利用 Excel 进行多元线性相关和回归分析的具体操作步骤如下。

（1）输入各个变量的数据。可先在第 1、2 行输入变量的中文名称和字母，在第 3 行起输入各变量的数值。地区名称位于第一列，能源消费总量（Y）的数据位于单元格 B3～B32；三个自变量依次输入 C、D、E 三列的第 3～32 行。

（2）利用 Excel 计算上述变量两两之间的相关系数。操作方法为：打开"数据分析"工具，选择"相关系数"选项，在打开的"相关系数"对话框中指定全部数据的输入区域（本例中输入"$B$2:$E$32"）；本例中一个变量占一列，故指定"分组方式"为"逐列"（若变量是按行排的，就选定"逐行"）；选中"标志位于第一行"复选框；最后指定输出区域的起点位置即可。本例的输出结果如表 8-8 所示。

表 8-8 例 8-9 的相关系数矩阵

	Y	X_1	X_2	X_3
Y	1.000			
X_1	0.868	1.000		
X_2	0.513	0.361	1.000	
X_3	0.834	0.817	0.425	1.000

由上述输出结果可见，能源消费总量（Y）与地区生产总值（X_1）、工业增加值占地区生产总值的比重（X_2）、年平均人口数（X_3）之间的线性相关系数分别高达 0.868、0.513 和 0.834。

（3）利用 Excel 实现多元线性回归的计算。操作方法为：在"数据分析"对话框中选择"回归"选项，在打开的"回归"对话框中的"Y 值输入区域"数值框中输入"$B$2:$B$32"；在"X 值输入区域"数值框中输入所有自变量的数据起止位置，本例中输入"$C$2:$E$32"；选中"标志位于第一行"复选框，因为这里因变量和自变量的输入区域的第一行都是变量名（字母），如果输入区域只有观测值，可不选中此复选框；在"输出区域"数值框中指定显示输出结果的起点单元格即可。本例的输出结果如图 8-6 所示。

由图 8-6 可知，复相关系数 $R = 0.910\,406$；复判定系数 $R^2 = 0.828\,839$；修正的判定系数 $\bar{R}^2 = 0.809\,089$；估计标准误差 $S_e = 3\,570.788$。表明 Y 与三个自变量之间的线性相关程度很高，回归方程的拟合效果较好。

对回归方程进行检验的结果，$F = 41.967\,81$，对应的显著性水平（即 Significance F）接近于 0（4.153E-10），表明上述变量之间的总体线性回归模型是显著的。

```
SUMMARY OUTPUT
```

回归统计	
Multiple R	0.910406
R Square	0.828839
Adjusted R Square	0.809089
标准误差	3570.788
观测值	30

方差分析

	df	SS	MS	F	Significance F
回归分析	3	1605335508	535111836	41.96781	4.153E-10
残差	26	331513770	12750530		
总计	29	1936849277			

	Coefficients	标准误差	t Stat	P-value	Lower 95%	Upper 95%
Intercept	-5211.2	3768.03117	-1.383005	0.178426	-12956.5	2534.095
X1	0.400074	0.1016195	3.9369827	0.000551	0.1911924	0.608956
X2	196.774	96.1132057	2.0473152	0.050857	-0.789492	394.3376
X3	0.921434	0.43870165	2.1003665	0.045546	0.0196701	1.823198

图 8-6　例 8-9 的 Excel 回归输出结果

根据 Coefficients 下的输出结果，可得到回归模型参数的估计值，从而可写出所估计的回归方程为

$$\hat{y} = -5211.2 + 0.400\,074X_1 + 196.774X_2 + 0.921\,434X_3$$

图 8-6 还给出了与各参数估计值对应的 t 检验值、P 值以及 95%置信度下的置信区间。本例中，t 值（t Stat）比较大，相应的 P 值（P-value）都很小，从而可认为回归模型中的三个回归系数都显著，三个自变量都对因变量有显著的线性影响。唯有常数项检验的 P 值较大，不能拒绝常数项为 0 的假设。本例中常数项为 0 也符合定性分析，因此可建立不含常数项的三元线性回归模型，在"回归"对话框中选择"常数项为 0"选项即可得到相应的输出结果。读者可自行尝试，此不赘述。

案例思考与讨论

【案例 8-1】　　　　　　　　城镇居民收入与消费的关系

经济学理论和常识表明，居民的收入水平与消费水平和消费结构都有一定的关系。它们之间到底有什么样的关系呢？可以用统计方法对这些关系进行定量分析，并且做出合理的解释、估计和预测。

表 8-9 是 2015 年我国 31 个省市自治区的城镇居民家庭的人均可支配收入、人均消费支出及其中食品烟酒、居住和文教娱乐等大类人均消费支出的实际数据。

表 8-9 我国城镇居民家庭的收入和生活消费支出（2015 年） 元

地　区	人均可支配收入	人均消费支出	人均食品烟酒支出	人均居住支出	人均教育文化娱乐支出
北京	52 859	36 642	8 091	11 252	4 028
天津	34 101	26 230	8 448	5 667	2 283
河北	26 152	17 587	4 581	4 112	1 871
山西	25 828	15 819	3 981	3 020	2 208
内蒙古	30 594	21 876	6 210	3 710	2 505
辽宁	31 126	21 557	6 092	4 416	2 419
吉林	24 901	17 973	4 641	3 532	2 162
黑龙江	24 203	17 152	4 750	3 416	1 847
上海	52 962	36 946	9 691	12 137	4 046
江苏	37 173	24 966	7 004	5 645	3 058
浙江	43 714	28 661	8 092	7 231	2 963
安徽	26 936	17 234	5 802	3 460	1 913
福建	33 275	23 520	7 759	5 811	2 314
江西	26 500	16 732	5 408	3 620	1 874
山东	31 545	19 854	5 527	4 058	2 141
河南	25 576	17 154	4 819	3 391	1 992
湖北	27 051	18 192	5 829	3 743	1 972
湖南	28 838	19 501	6 076	3 520	2 934
广东	34 757	25 673	8 533	5 715	2 672
广西	26 416	16 321	5 610	3 629	1 845
海南	26 356	18 448	7 052	3 680	1 618
重庆	27 239	19 742	6 628	3 680	1 951
四川	26 205	19 277	6 783	3 335	1 863
贵州	24 580	16 914	5 283	3 468	2 313
云南	26 373	17 675	5 346	3 612	2 079
西藏	25 457	17 022	7 238	3 589	758
陕西	26 420	18 464	5 146	3 823	2 201
甘肃	23 767	17 451	5 346	3 540	2 045
青海	24 542	19 201	5 503	3 340	2 022
宁夏	25 186	18 984	4 883	3 608	2 390
新疆	26 275	19 415	5 955	3 167	2 105

资料来源：《中国统计年鉴 2016》

思考与讨论问题：

1. 城镇居民家庭的人均可支配收入分别与人均消费支出、人均食品烟酒支出、人均居住支出、人均教育文化娱乐支出等变量之间存在什么样的关系？试利用恰当的统计图和统计指标来说明。如果有相关关系，则具体说明它们之间分别是什么性质（方向）、形态和强度的相关关系？其中相关性最强、最弱的相关关系分别是什么？

2. 城镇居民家庭的人均可支配收入分别与人均消费支出中食品烟酒支出占比、居住支出占比、教育文化娱乐支出占比等变量之间存在什么样的相关关系？

3. 上述变量之间的关系能否用一定的数学关系式（回归方程）来表达？如果能，应该建立什么样的关系式？

4. 试求出具体的回归方程，并解释所估计的回归方程中回归系数的具体意义，并关注有关分析结论是否与经济学理论相符合？

5. 评价所估计回归方程的拟合效果，检验回归方程的显著性。

6. 若已知某地区城镇居民家庭的人均可支配收入，能否估计或预测出该地区城镇居民家庭的人均消费支出？预测时应该注意哪些问题？

思考与练习

1. 说明相关关系的含义和分类。
2. 相关关系的判断及测定方法有哪些？
3. 函数关系与相关关系之间的联系是如何表现出来的？
4. 如何理解回归分析和相关分析是相互补充、密切联系的？
5. 回归方程 $\hat{y} = a + bx$ 中，a、b 的经济含义是什么？
6. 进行相关分析与回归分析应注意哪些问题？
7. 已知某企业最近 6 年某产品产量与单位成本的有关资料如表 8-10 所示。

表 8-10　某企业某产品的产量与单位成本

年 份 序 号	产量/千件	单位成本/元
1	2	73
2	3	72
3	4	71
4	3	73
5	4	69
6	5	68

要求：

（1）计算相关系数，并说明产量和单位成本之间有无相关关系，如存在相关关系，请进一步说明其相关的方向和程度。

（2）确定并求解回归直线方程，并指出产量每增加 1 000 件时，单位成本平均下降多少。

（3）假设产量为 6 000 件，单位成本为多少？

8．已知某企业汽车使用年限与年维修费用之间的有关资料如表 8-11 所示。

表 8-11　某企业汽车的使用年限与年维修费用

序　　号	汽车使用年限/年	年维修费用/元
1	2	400
2	2	540
3	3	520
4	4	640
5	4	740
6	5	600
7	5	800
8	6	700
9	6	760
10	6	900
11	8	840
12	9	1 080

要求：

（1）计算汽车使用年限与其维修费用间的相关系数。

（2）以汽车使用年限为自变量，确定回归直线方程。

（3）预计汽车使用年限为 15 年时的维修费用。

（4）利用 Excel 完成上述计算任务。

9．通过统计调查，取得 10 对母女的有关资料如表 8-12 所示。

表 8-12　10 对母女身高统计表　　　　　　　　　　　　　　cm

序　　号	母 亲 身 高	女 儿 身 高
1	158	159
2	159	160
3	160	160
4	161	163
5	161	159

续表

序　号	母　亲　身　高	女　儿　身　高
6	155	154
7	162	159
8	157	158
9	162	160
10	150	157

要求：

（1）计算母亲与女儿身高之间的相关系数。

（2）确定并求解回归直线方程。

（3）预计当母亲身高为 170cm 时，女儿的身高会是多少？

（4）利用 Excel 完成上述计算任务。

10．检查 5 位同学统计学的学习时间与成绩如表 8-13 所示。

表 8-13　学习时间与学习成绩统计表

每周学习时数/h	学习成绩/分
4	40
6	60
7	50
10	70
13	90

要求：

（1）计算学习时数与学习成绩之间的相关系数。

（2）建立直线回归方程。

（3）计算估计标准误差。

11．根据某市历年人均收入 x（元）与年末银行存款余额 y（万元）资料计算的有关数据如下：$n=9$，$\sum x = 546$，$\sum y = 260$，$\sum x^2 = 34\,362$，$\sum xy = 16\,918$。

要求：

（1）建立以银行存款余额为因变量的直线回归方程，并解释回归系数的含义。

（2）若 2015 年人均收入为 2 400 元，试推算该年年末银行存款余额。

12．某研究者对某地老年人在未来十年内发生中风的风险（以下简称中风概率）进行了研究。表 8-14 是对 20 个受测试者评估的中风概率以及他们的年龄、血压（指收缩压）、是否吸烟等有关数据。

表 8-14 20 个受测试者的中风概率及有关数据

中风概率/%	年龄/周岁	血压/mmHg	是否吸烟（是=1，否=0）
42	70	165	1
16	67	135	1
48	74	184	1
15	60	163	0
34	79	119	1
8	66	152	0
18	56	155	1
30	76	120	0
37	80	137	1
15	78	98	0
22	71	152	0
35	70	167	1
32	76	125	1
4	62	117	0
37	59	195	1
12	57	152	0
24	67	163	0
13	58	155	0
56	77	168	1
28	59	169	0

要求：

（1）建立一个反映中风概率与其年龄、血压、是否吸烟之间数量关系的回归方程。

（2）检验年龄、血压、是否吸烟是否对中风概率有显著影响。

（3）解释回归系数的含义。

（4）若有一老人，年龄 72、血压 140、不吸烟，试估计其未来十年内中风的概率。

第九章 时间序列分析

学习目标

- 了解时间序列的概念、种类和编制原则。
- 掌握各种水平指标的含义及其计算方法。
- 掌握各种速度指标的含义、计算方法以及相互关系。
- 熟悉长期趋势的分析和预测方法。
- 熟悉季节变动的分析方法。
- 熟悉利用 Excel 进行时间序列分析的方法。

第一节 时间序列的意义和种类

一、时间序列的意义

任何社会经济现象都有一个产生和发展变化的过程。时间序列就是把反映某种现象在不同时间上发展变化情况的一系列统计指标值，按照时间先后顺序排列起来所形成的序列。任何时间序列都由两个基本因素所组成：一是现象所属的时间；二是反映现象在不同时间上数量表现的指标数值。表 9-1 是我国 2010—2015 年历年的国内生产总值等五个时间序列组合而成的表格。其中时间序列（1）由时间（2010、2011…）和国内生产总值、第三产业增加值等指标值所构成。

表 9-1　我国历年国内生产总值及有关社会经济发展统计指标统计表

年　份	国内生产总值/亿元	第三产业增加值/亿元	第三产业增加值占GDP 的比重/%	就业人员/万人（年底数）	劳动生产率/（元/人年）（按 GDP 计算）
	（1）	（2）	（3）	（4）	（5）
2010	401 202	173 087	43.1	76 105	—
2011	471 564	203 260	43.1	76 420	61 834
2012	524 123	244 822	46.7	77 253	67 845
2013	588 019	277 959	47.3	76 977	76 389

续表

年 份	国内生产总值/亿元	第三产业增加值/亿元	第三产业增加值占GDP 的比重/%	就业人员/万人（年底数）	劳动生产率/（元/人年）（按 GDP 计算）
	（1）	（2）	（3）	（4）	（5）
2014	636 139	308 059	48.4	76 704	82 934
2015	676 708	341 567	50.5	77 451	87 372

资料来源：2015 年数据来自《中华人民共和国 2015 年国民经济和社会发展统计公报》，其余数据来自《中国统计年鉴 2014》

根据时间序列可以了解现象在过去某段时间上的发展水平，了解现象过去的活动规律，并在此基础上展望现象未来的发展趋势。通过对时间序列的分析，从动态上对社会经济现象的量变过程进行研究，通过现象的数量变化分析现象的发展变化规律，并预见其发展变化趋势，为科学制订未来的决策方案提供依据。

二、时间序列的种类

根据构成数列指标性质的不同可将时间序列分为绝对数时间序列、相对数时间序列和平均数时间序列三种。其中，绝对数时间序列是基本的时间序列，相对数时间序列和平均数时间序列是在其基础上计算出来的，是其派生序列。

（一）绝对数时间序列

绝对数时间序列又称总量指标时间序列，是指将一系列同类总量指标数据按时间先后顺序排列起来所形成的序列。例如，表 9-1 中的（1）、（2）、（4）三个序列均为绝对数时间序列。

绝对数时间序列根据其所反映的时间状况的不同，可分为时期指标时间序列和时点指标时间序列两类，简称为时期序列和时点序列。

时期序列是反映某种社会经济现象在一段时间内发展过程总量的绝对数时间序列。例如，表 9-1 中 2010—2015 年的国内生产总值和第三产业增加值序列均为时期序列。时点序列是反映社会经济现象在某一时点上的状况或水平的绝对数时间序列，如表 9-1 中的 2010—2015 年的就业人员序列就是时点序列。

时期序列和时点序列各有不同的特点，具体如下。

（1）时期序列中各个指标的数值可以相加。通过加总可以得到更长一段时间内的总量；而时点序列中各个指标数值则不具有可加性，这是因为同样一个总体单位或者总体单位的标志值可能统计到序列中几个时期的指标中，出现重复计算，因而加总的结果没有经济含义。但是，某些时点现象在一定时期的增减数量，如人口数、耕地面积、库存量等现象的新增数量或减少数量是可以加总的，因而是时期序列。

（2）时期序列具有连续统计的特点。由于时期指标中排列的各个时期指标反映的是现象在该时期发展过程的总量，因而必须把这段时间内发生的数量逐一登记后进行累计；而时点序列不具有连续统计的特点。时点序列中各项指标数值是反映现象在某一时刻上所达到的数量，一般只要在某一时点上进行统计即可，不必连续进行登记。

（3）时期序列中各个指标值的大小与所包括的时期长短有直接关系。一般来说，时期越长，指标数值就越大；反之，时期越短，指标数值就越小。时点序列中各指标值的大小与其时间长短没有直接关系。由于时点序列的每一个指标值只表明现象在某一瞬间上的数值，因而时间间隔的长短对指标值的大小不发生直接的影响。

（二）相对数时间序列

相对数时间序列是根据一系列同类相对指标数据按时间先后顺序排列起来而形成的时间序列，它反映社会经济现象之间相互联系的发展过程。例如，表 9-1 中第三产业增加值占 GDP 的比重（%）数列就是相对数时间序列。

（三）平均数时间序列

平均数时间序列是把一系列同类平均指标数据按时间先后顺序排列形成的时间序列，反映社会经济现象总体各单位某一数量标志值一般水平的发展变动趋势。例如，表 9-1 中按国内生产总值计算的社会劳动生产率序列就是平均数时间序列。

三、编制时间序列的原则

编制时间序列是进行动态分析的基础，而各种时间序列分析方法通常都是通过对数据的比较研究来揭示现象的动态特征和规律的。因此，保证数列中各指标数值的可比性是编制时间序列的基本原则，为此要注意以下几个方面。

（一）时间长短应当前后一致

由于时期数列中各项指标数值的大小与时间长短有直接关系，因而时期数列各项指标反映的时期长短应该一致，否则难以做出判断和比较。但在特殊研究目的下，也可将时期不同的指标编为时间序列。

（二）总体范围应该前后统一

时间序列中各项指标包括的总体范围必须前后一致。例如，研究某地的经济发展状况，如果该地的行政区域扩大或缩小了，就必须根据该地所管辖范围的变化情况对统计指标做必要的调整，使包括的总体范围前后一致，然后再做动态分析。

（三）计算方法应该前后一致

指标的计算方法不同，指标数值就会发生变化。因此，时间序列各项指标的计算口径、计量单位和计算方法应该前后一致。例如，统计工业净产值有生产法和分配法两种方法，由于计算过程中其资料来源的不同，可能导致其两种方法计算结果有较大的出入。计算方法前后统一，其计算的指标才具有可比性。

（四）经济内容应该前后统一

编制时间序列不仅要使各项指标的名称相同，而且要使各项指标具有相同的经济内容。有的时间序列的指标在名称上是相同的，而经济内容却有了变化，这也是不可比的。例如，工业企业的成本，有时指的是生产过程的成本，即狭义的成本，或称为制造成本，其内容只包括按照国家有关财务制度允许列入生产成本的那一部分费用，而有时所指的成本则是企业的完全成本，即广义的成本，内容上包括企业的全部费用。如果把这样一些指标数值编成时间序列反映现象的变动，就容易产生错误的结论。特别是在对不同社会制度国家的统计指标进行对比时，更需要注意。

第二节 现象发展的水平指标分析

时间序列编制出来，只是意味着有了分析现象发展变化的基础资料。为了进一步进行动态分析，就需要计算一系列时间序列分析指标。一般来说，时间序列分析指标可分为两类：一类是水平指标，包括发展水平、平均发展水平、增长量和平均增长量等；另一类是速度指标，包括发展速度、增长速度、平均发展速度和平均增长速度等。水平指标是速度指标分析的基础，速度指标是水平指标分析的深入和继续。

一、发展水平

发展水平又称发展量，是时间序列中各个时间上具体的指标数值，反映社会经济现象在不同的时间上所达到的规模和发展的程度。发展水平既可以是绝对水平，也可以是相对水平或平均水平。它是表明现象发展变化的重要分析指标，是计算其他时间序列分析指标的基础。

发展水平根据其在时间序列中所处的位置不同，可分为最初水平、最末水平和中间水平。如果将某一时间序列用符号表示为 $(y_0, y_1, y_2, y_3, y_4, \cdots, y_{n-1}, y_n)$，则数列中第一项指标数值 y_0 称为最初水平，最末一项指标数值 y_n 称为最末水平。发展水平根据其作用不同，又可分为基期水平和报告期水平。基期水平是作为比较基础时期的水平，通常以 y_0 表示；报告期水平也叫计算期水平，是作为分析研究时期的水平，通常以 y_n 表示。应该注意的是：上述最初水平与最末水平、报告期水平与基期水平等概念并不是一成不变的，而是随着研究目的的改变而变化的，该场合下的报告期水平可能是另一场合的基期水平，该数列的最末水平可能是另一数列的最初水平。

发展水平在文字说明上习惯用"增加到""增加为"或"降低到""降低为"表示。例如，我国国内生产总值 2010 年为 401 202 亿元，2015 年增加到 676 708 亿元，这两个数据都是发展水平。

二、平均发展水平

平均发展水平又称序时平均数，是时间序列中各个不同时期的发展水平的平均数，它表明现象在较长一段时间中发展变化的一般水平。它是根据时间序列各个时间上的发展水平加以平均计算的平均数，用以表明现象发展水平在不同时间上变动的一般水平。

由于时间序列可分为绝对数时间序列、相对数时间序列和平均数时间序列三种，故根据时间序列计算平均发展水平也分为三种情况。

（一）由绝对数时间序列计算平均发展水平

由于绝对数时间序列可分为时期序列和时点序列，两者各有其不同的特点，因此，其计算序时平均数的方法也就不同，现分述如下。

1. 由时期序列计算平均发展水平

由于时期序列的各项指标数值可以相加，所以计算平均发展水平可用简单算术平均数的方法。其计算公式为

$$\bar{y} = \frac{y_1 + y_2 + y_3 + \cdots + y_n}{n} = \frac{\sum y_i}{n} \tag{9.1}$$

式中：$\bar{y}$ 表示平均发展水平；y_i 表示各期发展水平（$i = 1, 2, \cdots, n$）；n 代表时期项数。

【例 9-1】根据表 9-1 的数据，计算我国 2011—2015 年国内生产总值的年平均发展水平。

解：由式（9.1）得

$$\bar{y} = \frac{\sum y_i}{n} = \frac{471\,564 + 524\,123 + 588\,019 + 636\,139 + 676\,708}{5}$$

$$= \frac{2\,896\,553}{5} = 579\,310.60 \text{（亿元）}$$

表明我国 2011—2015 年平均每年的国内生产总值为 579 310.60 亿元。

2. 由时点序列计算平均发展水平

时点序列可分为连续时点序列和间断时点序列两种。根据掌握资料的不同，计算平均发展水平所采取的方法也就不同。

（1）由连续时点序列计算平均发展水平。由连续时点序列计算平均发展水平分以下两种情况。

第一种情况，如果时点序列资料是逐日登记又逐日排列的，则可用简单算术平均法计算。其计算公式同式（9.1）。例如，已知某企业某月内每天的职工人数，要求计算该月平均每天的职工人数，将每天的职工人数相加再除以该月的日历天数即可。

第二种情况，如果时点序列的资料不是逐日提供的，而只提供发生变动时的资料，则可用加权算术平均法计算。其计算公式为

$$\bar{y} = \frac{\sum y_i f_i}{\sum f_i} \tag{9.2}$$

式中：y_i 为各时点指标数值；f_i 为两相邻时点间的间隔长度。

【例 9-2】某企业 6 月份职工人数统计资料如表 9-2 所示。

表 9-2　某企业 6 月份职工人数统计表

日 期	1 日	9 日	16 日
职工人数/人	2 100	2 150	2 200

试计算该企业该月份平均每天职工人数。

解：将表 9-2 中的数据代入式（9.2）得

$$\bar{y} = \frac{\sum y_i f_i}{\sum f_i} = \frac{2\,100 \times 8 + 2\,150 \times 7 + 2\,200 \times 15}{8 + 7 + 15} = \frac{64\,850}{30} \approx 2\,162 \text{（人）}$$

（2）由间断时点序列计算平均发展水平。间断时点序列通常是指间隔一段时间，如按月末、季末、年末等对其时点数据进行登记而得的时点序列。如果每隔相同的时间登记一次，所得序列称为间隔相等的间断时点序列；如果每两次登记的间隔不尽相同，所得序列称为间隔不等的间断时点序列。两种时点序列在计算平均发展水平时各采用不同的方法。

如果由间隔相等的时点序列计算平均发展水平，则采用"首末折半法"，计算公式为

$$\bar{y} = \frac{\dfrac{y_1 + y_2}{2} + \dfrac{y_2 + y_3}{2} + \cdots + \dfrac{y_{n-1} + y_n}{2}}{n-1} \tag{9.3}$$

$$= \frac{\dfrac{y_1}{2} + y_2 + y_3 + \cdots + y_{n-1} + \dfrac{y_n}{2}}{n-1}$$

式中：$y_1, y_2, \cdots, y_n$ 为各个时点上的水平；n 为时点数。

【例 9-3】根据表 9-1 中我国各年年末就业人员数，计算 2011—2015 年平均每年的就业人员数。

解：该数列属于间隔相等的时点序列。故由式（9.3）可得

$$\bar{y} = \frac{\dfrac{y_1}{2} + y_2 + y_3 + \cdots + y_{n-1} + \dfrac{y_n}{2}}{n-1}$$

$$= \frac{\dfrac{76\,105}{2} + 76\,420 + 77\,253 + 76\,977 + 76\,704 + \dfrac{77\,451}{2}}{6-1}$$

$$= 76\,826.40 \text{（万人）}$$

如果由间隔不等的时点序列计算平均发展水平，则应用时期间隔做权数进行加权计算。其计算公式为

$$\bar{y} = \frac{\dfrac{y_1 + y_2}{2} f_1 + \dfrac{y_2 + y_3}{2} f_2 + \cdots + \dfrac{y_{n-1} + y_n}{2} f_{n-1}}{\sum f_i} \tag{9.4}$$

式中：$f_1, f_2, \cdots, f_{n-1}$ 为各间隔的时间长度。

【例 9-4】某公司某年职工人数资料如表 9-3 所示。试计算该企业该年平均每月的职工人数。

表 9-3 某公司某年职工人数

时　　间	1 月初	4 月初	9 月初	本年 12 月末
职工人数/人	1 100	1 250	1 320	1 430

解：该数列属于间隔不等的时点序列，故由式（9.4）可得

$$\bar{a} = \frac{\dfrac{y_1 + y_2}{2} f_1 + \dfrac{y_2 + y_3}{2} f_2 + \cdots + \dfrac{y_{n-1} + y_n}{2} f_{n-1}}{\sum f}$$

$$= \frac{\dfrac{1100 + 1250}{2} \times 3 + \dfrac{1250 + 1320}{2} \times 5 + \dfrac{1320 + 1430}{2} \times 4}{3 + 5 + 4}$$

$$= \frac{15\,450}{12} \approx 1288 \text{（人）}$$

应当说明的是，在上述间断时点序列计算平均发展水平的过程中，是以假定相邻两个时点间的指标数值是均匀变动的为前提的。而现实中这种均匀变动是极其少见的，所以按照此方法计算的结果只能是近似值。一般来说，时点序列的时间间隔越小，求得的时序平均数越接近真实。

（二）由相对数时间序列和平均数时间序列计算平均发展水平

由于相对数时间序列和平均数时间序列是由两个相互联系的绝对数时间序列相对比而得的，因此，求其平均发展水平，可先找到形成相对数或平均数的分子、分母两个绝对数时间序列，分别计算这两个绝对数时间序列的平均发展水平，然后将其对比即得到相对数或平均数时间序列的平均发展水平。若以 z 表示相对数时间序列或平均数时间序列中的各项指标数值，y 表示形成相对数或平均数时间序列的分子序列，x 表示形成相对数或平均数时间序列的分母序列，则计算公式为

$$\bar{z} = \frac{\bar{y}}{\bar{x}} \tag{9.5}$$

式中：$\bar{z}$ 代表相对数序列或静态平均数序列的序时平均数；$\bar{y}$ 代表作为分子的时间序列的序时平均数；$\bar{x}$ 代表作为分母的时间序列的序时平均数。

【例 9-5】根据表 9-1 中的数据，计算 2011—2015 年我国人均国内生产总值的平均发展水平。

解：在例 9-1 和例 9-3 中已经得出：2011—2015 年平均每年国内生产总值为 579 310.60 亿元，平均就业人数为 76 826.40 万人，将计算结果代入式（9.5）得出我国人均国内生产总值的平均发展水平为

$$\bar{z} = \frac{\bar{y}}{\bar{x}} = \frac{579\ 310.60}{76\ 826.40} = 75\ 405.15 \quad （万元/人）$$

由相对数时间序列和平均数时间序列计算的平均发展水平指标是最常见的统计指标之一，因而，对于不同表现形式的指标所组成的时间序列，采用正确的计算方法计算其平均发展水平就显得特别重要。尤其是时点序列构成的相对数序列和静态平均数时间序列计算平均发展水平更是如此。

三、增长量与平均增长量

（一）增长量

增长量也称增减量，是报告期发展水平与基期发展水平之差，说明社会经济现象在一定时期内增减变化的绝对数量。其基本计算公式为

$$增长量 = 报告期发展水平 - 基期发展水平 \tag{9.6}$$

增长量可为正值，也可为负值。如果为正，则是报告期比基期的增加量；如果为负，则是报告期比基期的减少量。有些现象的增长量为正值时是好现象，如利润额的增长量；而有些现象的增长量为负值时才是好现象，如产品单位成本的增长量等。

由于采用的基期不同，增长量可分为逐期增长量和累计增长量。

逐期增长量是各报告期水平与其前一期水平之差，说明现象逐期增减的数量。用符号表示为

$$y_1 - y_0, y_2 - y_1, y_3 - y_2, \cdots, y_n - y_{n-1} \tag{9.7}$$

累计增长量是各报告期水平与某一固定基期水平（通常为最初水平 y_0）之差，说明现象从某一固定基期到报告期这一段时间内增减的总量。用符号表示为

$$y_1 - y_0, y_2 - y_0, y_3 - y_0, \cdots, y_{n-1} - y_0, y_n - y_0 \tag{9.8}$$

累计增长量和逐期增长量之间存在着密切的联系：累计增长量等于相应的若干逐期增长量之和。即

$$y_n - y_0 = (y_1 - y_0) + (y_2 - y_1) + \cdots + (y_n - y_{n-1}) \tag{9.9}$$

同理，两个相邻的累计增长量之差等于相应的逐期增长量。即

$$(y_n - y_0) - (y_{n-1} - y_0) = y_n - y_{n-1} \tag{9.10}$$

实际工作中，有时为了消除季节变动的影响，可以计算同比增长量。所谓同比增长量，就是报告期水平与上年同期水平之差。其计算公式为

$$同比增长量 = 报告期水平 - 上年同期水平 \tag{9.11}$$

（二）平均增长量

平均增长量又称平均增减量，是现象在一段时期内各个逐期增长量的序时平均数，说明现象在一定时期内平均每期增加或减少的数量。其计算公式为

$$平均增长量 = \frac{逐期增长量之和}{逐期增长量的个数} \qquad (9.12)$$

由于各逐期增减量之和等于累计增减量，因此，上述公式又可表示为

$$平均增长量 = \frac{累计增长量}{时间序列项数 - 1} \qquad (9.13)$$

【例9-6】根据表9-1中的数据，计算我国2010—2015年各年国内生产总值的增长量和平均增长量。

解：将计算结果列入表9-4中。

表9-4 2010—2015年我国国内生产总值的增长量　　　　　　　　　　亿元

年份	2010	2011	2012	2013	2014	2015
国内生产总值	401 202	471 564	524 123	588 019	636 139	676 708
逐期增长量	—	70 362	52 559	63 896	48 120	40 569
累计增长量	—	70 362	122 921	186 817	234 937	275 506

由式（9.12）可得到我国2010—2015年各年国内生产总值的平均增长量为

$$= \frac{70\,362 + 52\,559 + 63\,896 + 48\,120 + 40\,569}{5} = \frac{275\,506}{5} = 55\,101.2 \text{（亿元）}$$

如果由式（9.13）可得

$$= \frac{676\,708 - 401\,202}{6 - 1} = \frac{275\,506}{5} = 55\,101.2 \text{（亿元）}$$

即2010—2015年我国国内生产总值平均每年增加55 101.2亿元。

第三节　现象发展的速度指标分析

反映现象在一段时间内发展变化的指标有发展速度、增长速度、平均发展速度和平均增长速度指标等。

一、发展速度

发展速度是将报告期发展水平与基期发展水平相对比而计算的动态相对指标，用以反映现象报告水平比基期水平发展的相对程度，一般用百分数或倍数表示。其计算公式为

$$发展速度 = \frac{报告期发展水平}{基期发展水平} \times 100\% \qquad (9.14)$$

由于基期的不同，发展速度分为环比发展速度和定基发展速度。

环比发展速度是各报告期发展水平与其前一期发展水平之比，说明现象逐期发展的相对速度。其计算公式为

$$环比发展速度 = \frac{报告期发展水平}{前一期发展水平} \times 100\% \tag{9.15}$$

用符号表示为

$$\frac{y_1}{y_0}, \frac{y_2}{y_1}, \frac{y_3}{y_2}, \cdots, \frac{y_n}{y_{n-1}} \tag{9.16}$$

定基发展速度是各报告期发展水平与某一固定基期水平（通常是最初水平 y_0）之比，说明现象从某一固定基期到计算期这一段较长时期之内的总发展速度。因此也被称为总速度。其计算公式为

$$定基发展速度 = \frac{报告期发展水平}{固定基期水平} \times 100\% \tag{9.17}$$

用符号表示为

$$\frac{y_1}{y_0}, \frac{y_2}{y_0}, \frac{y_3}{y_0}, \cdots, \frac{y_n}{y_0} \tag{9.18}$$

环比发展速度和定基发展速度存在着密切的联系：各期环比发展速度的连乘积等于相应的定基发展速度。用符号表示为

$$\frac{y_1}{y_0} \times \frac{y_2}{y_1} \times \frac{y_3}{y_2} \times \cdots \times \frac{y_{n-1}}{y_{n-2}} \times \frac{y_n}{y_{n-1}} = \frac{y_n}{y_0} \tag{9.19}$$

两个相邻时期的定基发展速度之商等于相应的环比发展速度，即

$$\left(\frac{y_i}{y_0}\right) \bigg/ \left(\frac{y_{i-1}}{y_0}\right) = \frac{y_i}{y_{i-1}} \tag{9.20}$$

利用定基发展速度和环比发展速度的相互关系，可以进行定基或环比发展速度的推算，此方法对于整理推算某些短缺的历史资料具有重要作用。

在实际工作中，也经常计算同比发展速度，其目的也是消除季节变动的影响，以便更准确地反映现象的变化趋势。其计算公式为

$$同比发展速度 = \frac{报告期水平}{上年同期水平} \tag{9.21}$$

二、增长速度

增长速度是将报告期增长量与基期发展水平对比而计算的相对指标，用以反映现象报告期水平比基期水平增减的相对程度，一般用百分数或系数表示。其计算公式为

$$增长速度 = \frac{增长量}{基期水平} = 发展速度 - 1 \qquad (9.22)$$

从式（9.22）可以看出，发展速度和增长速度之间既有联系又有区别。发展速度说明报告期水平发展到基期水平的多少倍或百分之几，增长速度只是说明增长了多少或减少了百分之几。当发展速度大于 1 时，增长速度为正值，表示现象增长的程度；当发展速度小于 1 时，增长速度为负值，表示现象降低的程度（所谓"负增长"即指这种情况）。

增长速度由于采用的基期不同，可分为环比增长速度和定基增长速度。

环比增长速度是报告期逐期增长量与前一期水平之比，说明社会经济现象较前期的相对增减程度。其计算公式为

$$环比增长速度 = \frac{逐期增长量}{前一期水平} = 环比发展速度 - 1 \qquad (9.23)$$

定基增长速度是报告期累计增长量与固定基期水平之比。它说明社会经济现象在较长时间内总的增减程度。其计算公式为

$$定基增长速度 = \frac{累计增长量}{固定基期水平} = 定基发展速度 - 1 \qquad (9.24)$$

同样，为了消除季节变动的影响，也可计算同比增长速度。其计算公式为

$$同比增长速度 = \frac{同比增长量}{上年同期水平} = 同比发展速度 - 1 \qquad (9.25)$$

必须指出，由于定基增长速度和环比增长速度都是发展速度的派生指标，它们只反映增长部分的相对程度，因此，各环比增长速度的连乘积并不等于相应的定基增长速度。如果要由环比增长速度求定基增长速度，必须先将各环比增长速度分别加 1 变为各期环比发展速度，然后将各环比发展速度连乘得到定基发展速度，最后将所得结果减去 1 即为所求的定基增长速度。

【例 9-7】仍使用表 9-1 资料，计算我国 2010—2015 年国内生产总值的发展速度和增长速度。

解：将计算结果列入表 9-5 中。

表 9-5　2010—2015 年我国国内生产总值的发展速度和增长速度

年　　份	2010	2011	2012	2013	2014	2015
国内生产总值/亿	401 202	471 564	524 123	588 019	636 139	676 708
环比发展速度/%	—	117.53	111.14	112.21	108.18	106.38
定基发展速度/%	100	117.53	130.64	146.56	158.56	168.67
环比增长速度/%	—	17.53	11.14	12.21	8.18	6.38
定基增长速度/%	—	17.53	30.64	46.56	58.56	68.67

三、平均发展速度和平均增长速度

为了反映现象在一个较长时期内的平均发展程度和平均增长程度，有必要把现象在各个时期的环比发展速度和环比增长速度加以平均，计算平均发展速度和平均增长速度指标。平均发展速度和平均增长速度统称平均速度，它们均属于序时平均数。

平均发展速度是各时期环比发展速度的平均数，用以反映现象在一个较长时间内的逐期发展的平均程度。

平均增长速度是现象在研究时间内的各个时期的环比增长速度的平均数，用以反映现象在一个较长的时间内逐期递增或递减的平均速度。但不能直接将各环比增长速度加以平均，而应根据它与平均发展速度之间的关系来加以推算。

平均发展速度与平均增长速度之间的关系式为

$$平均增长速度 = 平均发展速度 - 1 \qquad (9.26)$$

平均发展速度大于 1，表明现象在某段时期内是平均逐期递增的，这时的平均增长速度可称为平均递增率；如果平均发展速度小于 1，表明现象在某段时期内是平均逐期递减的，这时的平均增长速度可称为平均递减率。

平均速度的计算首先是平均发展速度的计算。

平均发展速度是环比发展速度的序时平均数。但是，由于环比发展速度的连乘积等于定基发展速度，即两者之间的关系并非是算术和的关系，而是几何和的关系。因而，计算平均发展速度不能采用算术平均的方法。在统计实践中，平均发展速度指标通常是采用几何平均法（也称水平法）和方程式法（也称累计法）来计算的。

（一）几何平均法

用几何平均法计算平均发展速度就是对各期环比发展速度求几何平均数。根据掌握的资料不同，所采用的计算公式也有所不同。

（1）当已知各期环比发展速度时，求平均发展速度的公式为

$$\bar{x} = \sqrt[n]{x_1 x_2 x_3 \cdots x_n} = \sqrt[n]{\Pi x} \qquad (9.27)$$

式中：$\bar{x}$ 代表平均发展速度；n 代表环比发展速度的项数；$x_1, x_2, x_3, \cdots, x_n$ 依次代表各期的环比发展速度。

（2）当已知期初水平 y_0 和期末水平 y_n 时，其计算公式为

$$\bar{x} = \sqrt[n]{\frac{y_1}{y_0} \times \frac{y_2}{y_1} \times \frac{y_3}{y_2} \times \cdots \times \frac{y_n}{y_{n-1}}} = \sqrt[n]{\frac{y_n}{y_0}} \qquad (9.28)$$

（3）当已知某期的定基发展速度 R（总速度）时，其计算公式为

$$\bar{x} = \sqrt[n]{R} \qquad (9.29)$$

【例 9-8】 根据表 9-5 中的资料，求 2010—2015 年我国国内生产总值的平均发展速度和

平均增长速度。

解：表 9-5 数据齐全，可分别采用式（9.27）～式（9.29）进行计算。

将各期环比发展速度数据代入式（9.27）得 2010—2015 年我国国内生产总值的平均发展速度为

$$\bar{x} = \sqrt[n]{x_1 x_2 x_3 \ldots x_n} = \sqrt[5]{1.175\,3 \times 1.111\,4 \times 1.122\,1 \times 1.081\,8 \times 1.063\,8}$$

$$= \sqrt[5]{1.686\,7} = 111.02\%$$

平均增长速度 $\bar{x} - 100\% = 111.02\% - 100\% = 11.02\%$

将 2010 年和 2015 年国内生产总值数据代入式（9.28）得

$$\bar{x} = \sqrt[n]{\frac{y_n}{y_0}} = \sqrt[5]{\frac{676\,708}{401\,202}} = 111.02\%$$

将 2015 年定基发展速度数据代入式（9.29）得

$$\bar{x} = \sqrt[n]{R} = \sqrt[5]{1.686\,7} = 111.02\%$$

从以上计算可知，式（9.27）～式（9.29）本质上是一致的，在实际应用中应根据所掌握的资料选择合适的公式进行计算。

（二）方程式法

方程式法又称累计法，它是以各期发展水平的总和与基期水平之比为基础来计算的。方程式法计算公式是利用基期水平与各期定基发展速度的乘积得出各期发展水平，在此基础上计算各期发展水平之和，进而计算平均发展速度。其计算公式为

$$(\bar{x}) + (\bar{x})^2 + (\bar{x})^3 + \cdots + (\bar{x})^n = \frac{\sum y_i}{y_0} \tag{9.30}$$

这个方程式的正根就是所求的年平均发展速度。但是，要求解这个方程式是比较复杂的，因此，在实际统计工作中，应用手工计算是根据事先编好的《平均增长速度查对表》来进行查对的，这样十分烦琐。随着计算机应用的普及，应用方程式法将不再困难。关于利用计算机采用方程式法计算平均发展速度和平均增长速度的问题，将在本章第五节中介绍。

第四节　现象的趋势及季节变动分析

一、时间序列的因素分解

（一）时间序列的构成因素

影响时间序列变动的因素很多，难以细分，从内容上看，有政治因素、经济因素、自然因素等。如果按其性质不同加以分类，通常将时间序列的总变动（Y）归纳为四个主要影响因素：长期趋势（T）、季节变动（S）、循环变动（C）和不规则变动（I）。

1．长期趋势（T）

长期趋势是指使各期发展水平在相当长的时间内沿着某一方向上升或下降的一种态势或规律性，如生产力的不断发展、科学技术的不断进步等。

2．季节变动（S）

季节变动是指由于自然因素、社会条件的影响，从而造成社会经济现象在一年内随着季节的变化而出现的周期性波动。引起季节变动的原因有自然因素，也有人为因素。前者指由于自然界季节变化对现象发生影响而产生的周期性波动，如农作物的生产、某种商品的销售、某种商品的需求等。后者是指由于制度、习惯、法规、法律等而产生的周期性变动。例如，我国商品销售量在春节、端午节、中秋节等会出现大幅上升，而某些国家商品销售又在圣诞节、复活节等特别活跃，这是一种由民俗习惯引起的季节变动。

3．循环变动（C）

循环变动是造成社会经济现象以若干年为周期的涨落起伏波动。其特点是在短时间内不易被消除。循环变动不同于长期趋势，因为它是涨落起伏相间或扩张与紧缩相交替的变动，不是朝单一方向的持续变动。循环变动与季节变动也不同，其一是循环变动的规律性变动周期常在一年以上，变动周期不固定，上下波动幅度差异较大，其变动规律是一种自由规律；而季节变动是一种固定的变动，通常以一年 12 个月或一年四个季度为一个变动周期。其二是循环变动模型的可识别性低于季节变动模型，季节变动的模型通常很容易被识别，而循环变动模型的识别则有较大难度，如资本主义的经济危机即属于循环变动。

4．不规则变动（I）

不规则变动是指现象除了受以上三种因素的影响以外，受临时的、偶然性因素或不明原因的影响而产生的非周期性的随机波动，这种波动在目前科学技术条件下还不能预测或控制。但由于这种因素具有偶然性，根据概率论原理，如果这类因素原因很多且相互独立，则有相互抵消的可能；若这些因素相互存在着联系而且受一两个重大因素支配，则难以相互抵消，极可能形成经济波动，而且振幅往往会较大，如自然灾害、政策变动、战争或情况不明等原因而引起的变动都可称为偶然性因素。

时间序列分析的重要任务之一是对时间序列中的这几类影响因素给以统计测定和分析，从序列的变动中划分出各种变动的具体作用和动向，揭示出各种变动（除不规则变动）的规律性特征，为正确认识事物并预测事物的发展提供科学的依据。

（二）时间序列的组合模型

时间序列中的各项指标数值总是由各种不同的影响因素共同作用的结果，即序列中每个时间上的指标数值，同时包含着各种不同的因素。以 Y 代表序列中的指标数值，则 Y 可分别表示为

$$Y=T+S+C+I \qquad \text{（加法模型）} \tag{9.31}$$

$$Y=T \cdot S \cdot C \cdot I \qquad \text{（乘法模型）} \tag{9.32}$$

其中，乘法模型是分析时间数列最常用的模式，它以趋势因素（绝对量）为基础，其余各因素均用比率（相对量）来表示。而在加法模型中，各组成因素均为独立的、计量单位一致的绝对量。

但是，时间序列中的几个因素并不总是在每一个数列中都同时存在，或者说，并不是每个现象都会同时受到上述四类因素的影响，往往在一个序列中仅包含其中部分因素，从而形成时间序列的不同组合类型。

二、长期趋势的测定

长期趋势的测定和分析是时间序列构成因素分析中最重要和最基础的部分。它应用一定的数学方法，对原时间序列进行加工、整理，以排除季节变动、循环变动和不规则变动等因素的影响，从而形成一个新的时间序列，以更好地显示出现象发展变化的规律性，为预测和决策提供依据。

长期趋势测定的方法主要有时距扩大法、移动平均法和数学模型法。其中，最常用的是移动平均法和数学模型法，现就这两种方法分别介绍如下。

（一）移动平均法

移动平均法是将原时间序列中各指标数值按事先确定的时间距离，依次逐一递推移动计算一系列序时平均数，形成一个新的派生的序时平均数时间序列，并以这一系列移动平均数作为对应时期的变动趋势值的统计方法。采用移动序时平均形成的时间序列进行分析研究，其目的在于消除或削弱原序列中各指标数值在短期内因偶然因素的影响所引起的波动，从而呈现出现象在较长时间的基本发展趋势。这种方法适用于时期序列和时点序列。

移动平均指标的计算公式为

$$\bar{y}_{(n+1)/2} = \frac{y_1 + y_2 + \cdots + y_n}{n} \tag{9.33}$$

式中：y 代表观察值；n 代表平均的项数；$\bar{y}$ 代表移动平均数；$(n+1)/2$ 代表 $\bar{y}$ 的位置。

【例 9-9】某企业历年的产品销售收入数据如表 9-6 所示，分别计算 3 年移动平均数和 5 年移动平均数。

表 9-6 某企业历年销售收入的移动平均值

年　　份	时 间 序 号	产品销售收入/万元	3 年移动平均数/万元	5 年移动平均数/万元
2001	1	4 000	—	—
2002	2	3 500	4 000.000	—
2003	3	4 500	4 216.667	4 350.000
2004	4	4 650	4 750.000	4 378.000
2005	5	5 100	4 630.000	4 522.000
2006	6	4 140	4 486.667	4 702.000
2007	7	4 220	4 586.667	4 834.000

续表

年　　份	时 间 序 号	产品销售收入/万元	3 年移动平均数/万元	5 年移动平均数/万元
2008	8	5 400	4 976.667	4 936.000
2009	9	5 310	5 440.000	5 018.000
2010	10	5 610	5 156.667	5 114.000
2011	11	4 550	4 953.333	4 956.000
2012	12	4 700	4 620.000	5 058.000
2013	13	4 610	5 043.333	5 136.000
2014	14	5 820	5 476.667	—
2015	15	6 000	—	—

从表 9-6 中可以看出，分别按 3 年和 5 年移动平均后可以计算出 13 个和 11 个序时平均数组成的新的时间序列。重新编制后的序列消除了原序列中因偶然因素所引起的工业产品销售收入上下无规律的波动，更为清楚地表明了某工业企业产品销售收入连续 15 年生产稳定增长的趋势。

原序列的实际值与移动平均得到的趋势值序列可用图 9-1 来比较。

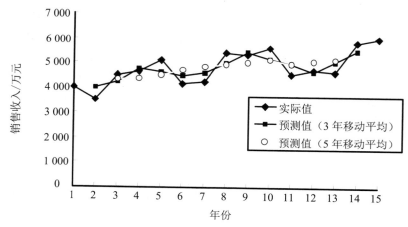

图 9-1　某企业销售收入与移动平均趋势线

表 9-6 中按 3 年移动平均的和按 5 年移动平均的各序时平均数的计算过程如下所示。

3 年移动平均的第一个平均数为

$$\bar{y} = \frac{y_1 + y_2 + y_3}{3} = \frac{4\ 000 + 3\ 500 + 4\ 500}{3} = 4\ 000（万元）$$

第二个平均数为

$$\bar{y} = \frac{y_2 + y_3 + y_4}{3} = \frac{3\ 500 + 4\ 500 + 4\ 650}{3} = 4\ 216.67（万元）$$

5 年移动平均的第一个平均数为

$$\bar{y} = \frac{y_1 + y_2 + y_3 + y_4 + y_5}{5} = \frac{4\,000 + 3\,500 + 4\,500 + 4\,650 + 5\,100}{5} = 4\,350（万元）$$

第二个平均数为

$$\bar{y} = \frac{y_2 + y_3 + y_4 + y_5 + y_6}{5} = \frac{3\,500 + 4\,500 + 4\,650 + 5\,100 + 4\,140}{5} = 4\,378（万元）$$

其余依此类推。

应用移动平均法应该注意以下问题。

（1）移动平均的结果使短期的偶然因素引起的波动被削弱，使整个时间序列被修匀得更加平滑，波动趋于平稳。即移动平均对序列具有平滑修匀作用，平均项数越大，对序列的平滑修匀作用越强。

（2）当平均项数为奇数时，只需一次移动平均即可，其平均值即对准某一时期；而当平均项数为偶数时，则需再进行一次移动平均，其平均值才能对准某一时期。

（3）若序列中包含周期变动，平均项数必须和周期长度一致，才能消除序列中的周期波动，揭示现象的长期趋势。

（4）移动平均后，其平均数序列项数较原序列的项数要少。平均时距 n 为奇数项时，新序列首尾各少$(n-1)/2$项；n 为偶数时，首尾各少 $n/2$ 项。如例 9-9 中，原数列为 15 项产品销售收入，按 3 项移动平均后，首尾各少 1 项，共少 2 项；按 5 年移动平均后，首尾各少 2 项，共少 4 项。可见，平均的项数取值越大，则所包含的指标数值就越少，但是，减少项数过多，又不宜于分析现象的长期趋势，为此，在实际工作中应加以注意。

（5）分解趋势的目的之一在于将趋势线延长至将来，以便对未来时期进行外推预测，但移动平均值本身无此功能。尽管移动平均法拥有足够的灵活性，一般都能看出现象趋势变动的特点，但它不能对趋势值进行修匀，更无法得到可供预测的方程。

（6）应用移动平均法确定的时距长度主要依据资料本身的具体特点而定。如果现象的变化有周期性，一般要求移动平均的项数与现象的周期长度相吻合。如果现象的变动周期为 3 年，则用 3 年移动平均；如果以 5 年为一个周期，则用 5 年移动平均；如果是各年的季度资料，则应以一年的季度数 4 进行移动平均；若是各年月度的资料，应取 12 进行移动平均；也可用现象变动周期长度的整数倍进行移动平均。

（7）对于只包含趋势和不规则变动的数列，如果移动平均的目的只是为了得到序列的趋势估计值，也可以将移动平均值直接对准所平均时间的最后一期。例如，三项移动平均时，第一个移动平均值对准第三期，第二个移动平均值对准第四期，依此类推；四项移动平均时，第一个平均值对准第四期，第二个平均值对准第五期，依此类推。Excel 中的移动平均法程序即是这样处理的。

（二）数学模型分析法

数学模型分析法是应用适当的数学模型对时间序列配合一个方程式，据以计算和分析各期的趋势值，以测定长期趋势的一种分析方法。该方法一般又分为直线趋势和非直线趋势。这里仅介绍直线趋势的测定方法。

直线趋势的测定就是采用数学方法对原时间序列配合一个适当的直线方程式，用以测定现象长期趋势的一种数学方法。如果现象的发展趋势是每期增长量的变动大体上相同，或被研究现象的系列数据描绘在直角坐标图中大致呈现出一种直线趋势，则可以配合直线方程式求解出其理论值对其直线进行修匀，以此反映现象的变动趋势。该直线方程的一般形式用符号可表示为

$$\hat{y} = a + bt \qquad (9.34)$$

式中：$\hat{y}$ 代表理论值（或称趋势值）；t 代表时间序号；a 为趋势线的截距；b 为趋势线的斜率，它表示当时间 t 每变动一个单位时趋势值的平均变动量。

如何使直线方程符合我们所研究现象的发展趋势，关键是要根据所掌握的资料计算出方程中的参数 a 和 b。计算参数的方法较多，最常用的方法是最小二乘法。

用最小二乘法求解参数 a、b 的公式与第八章中介绍的直线回归方程参数的计算公式相同。其计算公式为

$$\begin{cases} b = \dfrac{n\sum ty - \sum t \sum y}{n\sum t^2 - \left(\sum t\right)^2} \\ a = \overline{y} - b\overline{t} \end{cases} \qquad (9.35)$$

【例 9-10】现仍以表 9-6 资料为例，用最小二乘法配合直线方程，求该工业企业 15 年产品销售收入的增长趋势，计算结果如表 9-7 所示。

表 9-7　最小平方法配合直线方程计算表

年　　份	年份序号 t	工业产品销售收入 y/万元	t^2	ty	$\hat{y}$
2001	1	4 000	1	4 000	4 031.083
2002	2	3 500	4	7 000	4 141.976
2003	3	4 500	9	13 500	4 252.869
2004	4	4 650	16	18 600	4 363.762
2005	5	5 100	25	25 500	4 474.655
2006	6	4 140	36	24 840	4 585.548
2007	7	4 220	49	39 540	4 696.440
2008	8	5 400	64	43 200	4 807.333
2009	9	5 310	81	47 790	4 918.226
2010	10	5 610	100	56 100	5 029.119
2011	11	4 550	121	50 050	5 140.012
2012	12	4 700	144	56 400	5 250.905
2013	13	4 610	169	59 930	5 361.798

年　　份	年份序号 t	工业产品销售收入 y/万元	t^2	ty	$\hat{y}$
2014	14	5 820	196	81 480	5 472.690
2015	15	6 000	225	90 000	5 583.583
合　　计	120	72 110	1 240	607 930	—

设所配合的直线方程为 $y_c = a + bt$

$$\begin{cases} b = \dfrac{n\sum ty - \sum t \sum y}{n\sum t^2 - \left(\sum t\right)^2} = \dfrac{15 \times 607\,930 - 120 \times 72\,110}{15 \times 1\,240 - 120^2} = \dfrac{465\,750}{4\,200} = 110.892\,8 \\[3mm] a = \bar{y} - b\bar{t} = \dfrac{\sum y}{n} - b\dfrac{\sum t}{n} = \dfrac{72\,110}{15} - 110.892\,8 \times \dfrac{120}{15} = 4\,807.3 - 887.11 = 3\,920.19 \end{cases}$$

所以，用最小二乘法求得的配合的直线方程为

$$\hat{y} = a + bt = 3\,920.19 + 110.892\,8t$$

根据此方程，分别取 $t=1$，$t=2$，$t=3$，…，$t=15$ 代入上式，求出的各 $\hat{y}$ 值，即为时间序列的各个时间序号下的长期趋势值，如表 9-7 的最后一列所示。

三、季节变动的测定

测定季节变动的意义在于掌握现象的季节变动规律，为决策和预测提供重要依据，此外也是为了从原时间序列中剔除季节变动的影响，以便更好地分析其他因素。

测定季节变动的常用方法有两类：一类是虽然现象实际存在着长期趋势的影响，但在具体分析时可忽略该因素的存在，即不剔除长期趋势因素的同期平均法；另一类是考虑到长期趋势的存在，并将其影响因素剔除而求季节变动趋势因素的移动平均趋势剔除法。无论哪种测定方法，都至少要有三个以上季节周期的数据。例如，月份数据就要有不少于三年，即 36 个月的数据。如果季节变动的规律性不是很稳定，则所需要的数据还应更多一些。为了叙述简便，下面的讨论都以周期为一年的季节变动来说明，但其测定基本原理和方法同样适用于周期小于一年的各种季节变动。

（一）同期平均法

同期平均法是假定时间序列呈水平趋势（即长期趋势值是一常数），通过对多年的同期数据进行简单算术平均，以消除各个季节周期上的不规则变动，再将剔除不规则变动后的各季节水平（同期平均数）与水平趋势值（全部数据的总平均数）对比，即可得到季节指数（也称为季节比率），以此来表明季节变动的规律。

同期平均法计算季节指数的一般步骤如下。

（1）计算同期平均数 $\bar{y}_i$（$i=1, 2, \cdots, L$。L 为一年所包含的时序数据项数），即将不同年份同一季节的多个数据进行简单算术平均。其目的是消除不规则变动的影响。为了计算方

便，一般要先将各年同一季节的数据对齐排列，如将历年的月（季）度数据按月（季）对齐排列。

（2）计算全部数据的总平均数 $\bar{y}$，用以代表消除了季节变动和不规则变动之后的全年平均水平，亦即整个时间序列的水平趋势值。

（3）计算季节指数 S_i，它等于同期平均数与总平均数的比率，即

$$S_i = \frac{\bar{y}_i}{\bar{y}} \times 100\% \tag{9.36}$$

从多个季节周期平均来看，同期平均法计算的季节指数表示各季节水平相对于平均水平的相对变化程度。当季节指数 S_i 大于 100% 时，表示所研究现象在第 i 期处于旺季；反之，当季节指数 S_i 小于 100%，表示第 i 期是个淡季。

季节指数应满足一个平衡关系：在一个完整的季节周期中，季节指数的总和等于季节周期的时间项数，或季节指数的平均值等于 1，即

$$\sum_{i=1}^{L} S_i = L \quad \text{或} \quad \bar{S} = \frac{1}{L} \sum_{i}^{L} S_i = 100\% \tag{9.37}$$

若计算结果不满足式（9.37），就需要对其进行调整（即归一化处理）。这种调整实质上就是将误差平均分摊到各期季节指数中去。调整方法是用各项季节指数除以全部季节指数的均值，或者说，将所求的各项季节指数都乘以一个调整系数，即可得到最终所求的季节指数。此调整系数的公式为

$$季节指数的调整系数 = \frac{1}{\bar{S}} = L \Big/ \sum_{i=1}^{L} S_i \tag{9.38}$$

【例 9-11】某公司某商品销售额资料如表 9-8 所示，试用同期平均法计算各月的季节指数。

表 9-8　某公司商品销售额季节指数计算表

月　　份	月销售额/万元			合计/万元	同月平均/万元	季节指数/%
	2013 年	2014 年	2015 年			
1	207.0	254.0	298.0	759.0	253.0	92.8
2	404.0	479.0	434.0	1 317.0	439.0	161.0
3	263.0	296.0	359.0	918.0	306.0	112.3
4	161.0	241.0	336.0	738.0	246.0	90.2
5	125.0	162.0	133.0	420.0	140.0	51.4
6	94.0	103.0	184.0	381.0	127.0	46.6
7	199.0	291.0	365.0	855.0	285.0	104.5
8	214.0	302.0	397.0	913.0	304.3	111.6
9	245.0	333.0	427.0	1 005.0	335.0	122.9
10	217.0	316.0	358.0	891.0	297.0	108.9

续表

月 份	月销售额/万元			合计/万元	同月平均/万元	季节指数/%
	2013 年	2014 年	2015 年			
11	209.0	324.0	346.0	879.0	293.0	107.5
12	183.0	233.0	320.0	736.0	245.3	90.0
合 计	2 521.0	3 334.0	3 957.0	9 812.0	3 270.6	1 199.7
月平均	210.1	277.8	329.8	817.7	272.6	100.0

解：首先，计算三年同月的平均商品销售额。例如，1 月平均销售额为(207+254+298)/3 =253（万元），2 月份的商品平均销售额为(404+479+434)/3=439（万元）等。

其次，求出三年所有月份的总平均数，即表中的 272.6 万元。它可以用 36 个月的销售额求平均而得，也可以用 12 个同月平均销售额求得，或者用三年的月平均销售额求得。

最后，把同月份平均商品销售额与总平均商品销售额进行对比，得出各个同月的商品销售额季节变动指数。这里，12 个月的季节变动指数之和应等于 1 200%（按季度计算则应为 400%），平均应等于 100%，如果误差较大，应按各月份（季度）指数比例进行调整。表中资料 12 个月的季节变动指数之和为 1 199.7%，可以不进行调整。

上述计算的季节变动指数表明，该公司的商品销售季节波动幅度较大，销售最旺的月份是 2 月份，达到了 161%，最淡的月份是 6 月份，仅为 46.6%，7、8、9、10、11 月份则相对平稳。于是该公司应针对这种情况，在春季前后把握好机会，切实加强管理和组织，搞好商品销售工作。

同期平均法分析季节变动的优点是简便、易行，缺点是没有消除完全可能存在的长期趋势的影响。从表 9-8 中各年的月平均销售额，可明显地观察出该现象存在着增长趋势。现象中存在着长期趋势影响而又未被消除，就会影响季节变动分析的准确性，因为长期趋势在其中起着权数的作用。

（二）移动平均趋势剔除法

趋势剔除法是假定时间序列有明显的上升或下降趋势，首先测定出时间序列各期的趋势值，然后设法从原序列中消除趋势成分，最后再通过平均的方法消除不规则变动，从而测定出季节变动程度。

长期趋势的测定可用移动平均法，也可用趋势方程拟合法，还可以先采用移动平均法修匀时间序列，再采用趋势方程拟合法。但在计算季节指数的过程中，测定长期趋势最简便、最常用的方法是移动平均法。采用移动平均法测定长期趋势，再剔除长期趋势来计算季节指数，这种方法称为移动平均趋势剔除法。

移动平均趋势剔除法计算季节指数的具体方法和步骤如下。

（1）计算移动平均值（M）。对原序列计算中心化移动平均值且移动平均项数应等于季节周期的长度。通过这样的移动平均可消除原序列中的季节变动 S 和不规则变动 I 的影响。

若序列不包含循环变动，即 $Y = T \cdot S \cdot I$，则所求移动平均值就作为长期趋势值，即 $M = T$。假定时间序列也包含循环变动，即 $Y = T \cdot S \cdot C \cdot I$，则所求移动平均值包含着趋势和循环变动，即 $M = T \cdot C$，可称之为趋势—循环值。

（2）剔除原序列中的趋势成分（或趋势—循环成分）。用原序列各项数据 Y 除以对应的移动平均值（M），得到消除了长期趋势（或消除了长期趋势和循环变动）的序列，即得到只含季节变动和不规则变动的比率序列

$$\frac{Y}{M} = \frac{T \cdot S \cdot I}{T} = S \cdot I \text{ 或 } \frac{Y}{M} = \frac{T \cdot S \cdot C \cdot I}{T \cdot C} = S \cdot I \tag{9.39}$$

（3）消除不规则变动 I。将各年同期（同月或同季）的比率（$S \cdot I$）进行简单算术平均，可消除不规则变动 I，从而可得到季节指数 S。

（4）调整季节指数。经由上述过程所得的季节指数通常不满足式（9.37），因此需要根据式（9.38）计算调整系数对所求季节指数进行归一化处理。

【例 9-12】某公司 2013—2015 年来各季度的某商品销售额数据如表 9-9 所示。试用移动平均趋势剔除法计算各季度的季节指数。

表 9-9　某商品的季度销售额　　　　　　　　　　　　万元

年　份	季　　　　度			
	1	2	3	4
2013	25	92	110	18
2014	30	104	132	28
2015	40	108	127	32

解：先计算四项中心化移动平均值（M），并计算趋势（或趋势—循环）剔除值（Y/M）。计算结果如表 9-10 和表 9-11 所示。

表 9-10　商品销售额的趋势值和趋势剔除值计算表

年　份	季　度	销售额 Y/万元	中心化四季移动平均值 M	趋势剔除值 Y/M
2013	1	25	—	—
	2	92	—	—
	3	110	61.88	1.777 6
	4	18	64.00	0.281 3
2014	1	30	68.25	0.439 6
	2	104	72.25	1.439 4
	3	132	74.75	1.765 9
	4	28	76.50	0.366 0

续表

年　　份	季　　度	销售额 Y/万元	中心化四季移动平均值 M	趋势剔除值 Y/M
2015	1	40	76.38	0.523 7
	2	108	75.25	1.435 2
	3	127	—	—
	4	32	—	—

为便于计算,可将表 9-10 中的趋势剔除值按季对齐排列,再计算出同季平均,经调整后即得各季度的季节指数 S,如表 9-11 所示。

表 9-11　某商品销售额的季节指数计算表

年　　份	季　　度				总　　和
	1	2	3	4	
2013	—	—	1.777 6	0.281 3	—
2014	0.439 6	1.439 4	1.765 9	0.366 0	—
2015	0.523 7	1.435 2	—	—	—
合　　计	0.963 3	2.874 6	3.543 5	0.647 3	—
同季平均	0.481 7	1.437 3	1.771 8	0.323 7	4.014 5
季节指数/%	48.00	143.21	176.54	32.25	400.00

可见,该公司某商品的销售额在第二、三季度是旺季,分别比其趋势值高出 43.21% 和 76.54%。而第一、四季度是销售淡季,其销售额分别只相当于当期趋势值的 48.00% 和 32.25%。

第五节　Excel 在时间序列分析中的应用

一、利用 Excel 的函数功能计算平均发展水平

平均发展水平的计算可利用 AVERAGE 函数来完成。

（一）用例 9-1 来说明时期数列的平均发展水平的计算

（1）数据输入。在单元格 A1 中输入"年份",在单元格 A2～A6 中分别输入 2011—2015（可用自动填充功能）；在单元格 B1 中输入"国内生产总值",在单元格 B2～B6 中分别输入对应的国内生产总值数值。

（2）在单元格 A8 中输入"国内生产总值的年平均水平",在单元格 B8 中输入计算公式"=AVERAGE(B2:B7)",按 Enter 键后即可在单元格 B8 中显示计算结果 579 310.6。

（二）用例 9-4 来说明间隔不等的时点数列的平均发展水平的计算

（1）数据输入。在单元格 A1 中输入"职工人数"，在单元格 A2～A5 中分别输入各时点的数值；在单元格 B1 中输入"间隔长度（月）"，在单元格 B3～B5 中分别输入"3""5""4"，选定单元格 B6，单击"自动求和"按钮 Σ，或在单元格 B6 中输入公式"=SUM(B3:B5)"得到分母的数值 12。

（2）在单元格 C1 中输入"两时点间的平均"，在单元格 C3 中输入公式"=(A2+A3)/2"，在单元格 D3 中输入公式"=C3*B3"，按 Enter 键后用鼠标选定单元格 C3 和 D3，将它们的公式向下复制到单元格 C5～D5；选定单元格 D6，单击"自动求和"按钮 Σ，或在单元格 B6 中输入公式"=SUM(D3:D5)"得到分子的数值 15 450。

（3）在任一空白单元格中输入公式"=D6/B6"，按 Enter 键后即显示平均职工人数的计算结果 1 287.5。

二、利用 Excel 计算增长量和速度指标

（一）利用 Excel 的函数和公式复制功能可计算各种增长量和速度指标

下面以例 9-6～例 9-8 的计算过程来说明。

（1）数据输入。在单元格 A1 中输入"年份"，在单元格 A2～A7 中分别输入 2010—2015；在单元格 B1 中输入"国内生产总值"，在单元格 B2～B7 中分别输入对应的国内生产总值数值。

（2）在单元格 C1 中输入"逐期增长量"，在单元格 C3 中输入公式"=B3-B2"，按 Enter 键后将单元格 C3 的公式向下复制到 C7，即可得到各年逐期增长量。

（3）在单元格 D1 中输入"累计增长量"，在单元格 D3 中输入公式"=B3-$B$2"，按 Enter 键后将单元格 D3 的公式向下复制到 D7，即可得到各年累计增长量。

（4）在单元格 E1 中输入"环比发展速度（%）"，在单元格 E3 中输入公式"=B3/B2*100"，按 Enter 键后将单元格 E3 的公式向下复制到 E7，即可得到各年环比发展速度。

（5）在单元格 F1 中输入"定基发展速度（%）"，在单元格 F3 中输入公式"=B3/$B$2*100"，按 Enter 键后将单元格 F3 的公式向下复制到 F7，即可得到各年定基发展速度。

（6）在单元格 G1 和 H1 中分别输入"环比增长速度（%）"和"定基增长速度（%）"，在单元格 G3 中输入公式"=E3-100"，按 Enter 键后将单元格 G3 的公式向右复制到 H3，按 Enter 键后再用鼠标选定单元格 G3 和 H3，将它们的公式向下复制到单元格 G7 和 H7，即可得到各年的环比增长速度和定基增长速度。

（7）在单元格 A8（或任一空白单元格）中输入"平均发展速度（%）"，在其旁边的单元格 B8 中输入公式"=(B7/B2)^(1/5)*100"，亦可在单元格 E8 中输入公式"=(E3*E4*E5*E6*E7)^(1/5)"，或者在单元格 F8 中输入公式"(F7/100)^(1/5)*100"，按 Enter 键后都显示计算结果 111.02%。

（二）利用 Excel 实现方程式法求平均发展速度的计算

下面以表 9-5 中的资料来说明计算过程。

采用方程式法计算我国 2010—2015 年国内生产总值的年平均增长速度。根据式（9.30），所求平均发展速度 $\bar{x}$ 应满足条件

$$(\bar{x}) + (\bar{x})^2 + (\bar{x})^3 + (\bar{x})^4 + (\bar{x})^5 = \frac{2\,896\,553}{401\,202} = 7.219\,687$$

利用 Excel 求解 $\bar{x}$ 的具体步骤如下。

（1）在一个空白单元格（如 A11）中输入"平均发展速度"，在其旁边的空白单元格（如 B11）中存放所求平均发展速度的数值。先输入一个初步的估计值（如 1.10）。在单元格 A12 中输入"方程式左端"，在单元格 B12 中输入公式"=B11+B11^2+ B11^3+B11^4+B11^5"。按 Enter 键后显示按初步估计值计算的方程式左端的数值，如图 9-3 的左半部分所示。

（2）可利用 Excel 的"单变量求解"进行计算。在 Excel 2007 中选择菜单栏的"数据"→"假设分析"→"单变量求解"（在 Excel 2003 中选择菜单栏的"工具"→"单变量求解"）命令，则弹出"单变量求解"对话框，在"目标单元格"数值框中输入"B12"，在"目标值"数值框中输入方程式右端的值（本例为 7.219 687），在"可变单元格"数值框中输入"B11"，如图 9-2 所示。单击"确定"按钮后，系统立即计算出结果，并且显示在上述可变单元格 B11 中，如图 9-3 所示，本例由方程式法计算的平均发展速度为 1.125 059，即 112.5059%。

图 9-2 "单变量求解"对话框

图 9-3 方程式法平均发展速度的求解结果

三、利用 Excel 计算移动平均序列，绘制移动平均线

利用 Excel 计算移动平均序列的方法是：选择"数据分析"→"移动平均"命令，在

弹出的"移动平均"对话框中指定数据所在区域（如果未包括指标名称，就取消选中"标志位于第一行"复选框）、间隔（即移动平均的项数）和输出区域的起点单元格，选中"图表输出"复选框。根据例 9-9 的数据计算 3 年移动平均数的有关选项，如图 9-4 所示。

图 9-4　"移动平均"对话框

若取消选中"图表输出"复选框，在单击"确定"按钮后只输出移动平均序列（如图 9-5 中黑框显示的部分）。选中"图表输出"复选框，则不仅可得到移动平均序列，还可以同时得到原数列（实际值）与移动平均序列（预测值）的折线图，如图 9-5 所示。

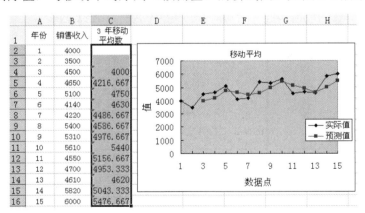

图 9-5　Excel 的移动平均输出结果

从图 9-5 中可见，Excel 计算的移动平均数均放在各相应计算期的末尾一期，3 年移动平均序列缺少的项都在前两项。对于存在上升或下降趋势的序列，这样处置会使所求的移动平均数产生明显的滞后偏差，不能反映实际的趋势水平。因此，通常需要将移动平均数放在各相应计算期的中间一期，作为该期的趋势值（预测值）。这就需要对 Excel 的输出结果进行调整。其方法是用鼠标选定新序列前面的一个空白单元格，右击鼠标在弹出的快捷菜单中选择"删除"命令，并选择"下方单元格上移"命令即可。由于 Excel 输出的图和移动平均序列的数值是相链接的，调整移动平均序列的位置后，图中预测值也会自动调整。图 9-1 中的 3 年移动平均趋势线就是经过调整后的图形。

图 9-1 还同时显示了 5 年移动平均线。其具体操作方法是：先在单元格 D2～D16 中生成 5 年移动平均序列，再删除上方的两个空白单元格并选择"下方单元格上移"命令，使 5 年移动平均序列如图 9-6 的 D 列所示。然后，单击 3 年移动平均的输出图（选定图表区），右击，在弹出的快捷菜单中选择"选择数据"命令，在弹出的"源数据"对话框中单击"添加"按钮，在其"名称"文本框中输入"=预测值（5 年移动平均）"，在 Y 轴系列值中指定数据区域（本例为$D$2: $D$16），单击"确定"按钮后即可得到图 9-1。在 Excel 2003 中的操作如图 9-6 所示。

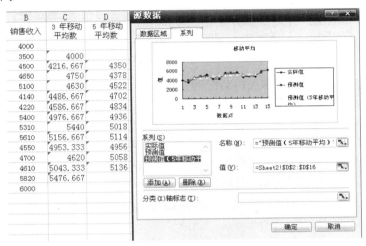

图 9-6　在图中添加系列

四、利用 Excel 求趋势方程

利用 Excel 求趋势方程有两种方法：一是利用"数据分析"对话框中的"回归"工具；二是直接在时间序列折线图上添加趋势线。

利用"数据分析"对话框中的"回归"工具来求趋势方程的方法与第八章中介绍的求回归方程的方法相同，只需要以时间序号作为自变量 x、以时间序列所分析的指标为因变量 y 即可。如根据例 9-10 的数据得到的输出结果如图 9-7 所示。此外，若在"回归"对话框的"残差"栏中选中了"线性拟合图"复选框，在输出图 9-7 所示表格的同时，还会输出与各期实际值对应的回归预测值和残差（即实际值与预测值之差），并且绘制出实际值与预测值的散点图。

图 9-7 中"Coefficients"对应显示的数值即为直线趋势方程的两个参数估计值，因此可写出所求的直线趋势方程为

$$\hat{y} = a + bt = 3\,920.19 + 110.892\,8t$$

SUMMARY OUTPUT					
回归统计					
Multiple R	0.693037173				
R Square	0.480300523				
Adjusted R Sq	0.44032364				
标准误差	535.3410214				
观测值	15				
方差分析					
	df	SS	MS	F	Significance F
回归分析	1	3443223.2	3443223.2	12.01446	0.004176
残差	13	3725670.1	286590.01		
总计	14	7168893.3			
	Coefficients	标准误差	t Stat	P-value	Lower 95%	Upper 95%
Intercept	3920.190476	290.88191	13.476914	5.13E-09	3291.778	4548.6026
年份序号	110.8928571	31.992745	3.4661876	0.004176	41.77673	180.00898

图 9-7　利用 Excel 的回归分析求直线趋势方程的输出结果

　　直接在时间序列折线图上添加趋势线的方法是：先利用图表向导根据时间序列实际值（本例中的销售收入）绘制出折线图，如图 9-9 中带点的折线，然后用鼠标在这条折线的任一点上右击，在弹出的快捷菜单中选择"添加趋势线"命令，进入"设置趋势线格式"对话框，Excel 2010 的"设置趋势线格式"对话框如图 9-8 所示，在"趋势线选项"中有几种常用的趋势线类型可供选择，本例选择"线性"；选中"显示公式"和"显示 R 平方值"复选框，这样不仅能显示趋势线，而且在图中同时显示该趋势线的方程式和 R^2（相当于回归分析中的判定系数 R Square，有助于判断该趋势线的拟合效果）。单击"确定"按钮后得到的输出结果如图 9-9 所示。

图 9-8　Excel 2010 的"设置趋势线格式"对话框

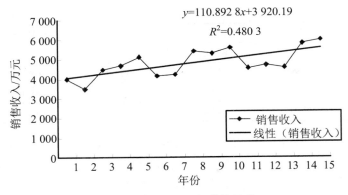

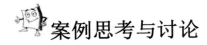

图 9-9　在折线图中添加的趋势线

使用添加趋势线的方法较为简便，尤其是在拟合非线性趋势方程时，这一优势更为突出。读者可以自己尝试。

案例思考与讨论

【案例 9-1】 　　　　　　　　四川省水力发电量的变动特征

四川省电力生产九成左右依靠水力发电，所以四川省水力发电量一直是很受政府部门和研究机构关注的统计指标。表 9-12 是四川省近几年各月的水力发电量，数据来源于中国国家统计局网站的地方数据（http://data.stats.gov.cn/easyquery.htm?cn=E0101，其中 2013 年 1 月和 2 月、2016 年 1 月和 2 月的数据经编者整理推算而得）。

表 9-12　四川省 2012—2016 年各月水力发电量　　　　　　亿千瓦小时

月　份	2012 年	2013 年	2014 年	2015 年	2016 年
1	73.35	83.30	134.29	151.79	177.12
2	71.75	72.79	116.37	125.94	154.76
3	79.65	86.33	130.92	163.68	180.17
4	71.94	73.39	124.33	162.23	144.40
5	98.19	95.04	148.77	153.92	196.60
6	129.47	159.00	202.27	229.03	263.50
7	149.16	173.17	288.89	287.59	302.90
8	171.91	203.83	307.50	301.44	312.50

续表

月 份	2012 年	2013 年	2014 年	2015 年	2016 年
9	158.26	178.08	284.50	288.40	286.10
10	160.90	181.28	266.67	268.46	287.60
11	117.68	140.52	190.78	198.12	231.90
12	89.91	140.45	142.36	158.04	184.20

根据这些数据可以分析研究四川省近几年水力发电量的水平、速度和构成因素等各种数量特征，研究水力发电量变化的数量规律性，为科学预测全省水力发电量、合理制定水电生产及输出计划、保障供需平衡等提供重要的参考信息。

思考与讨论问题：

1．利用 Excel 绘制出该动态序列的折线图。

2．按本章第四节中所讲的动态数列构成因素的分类和特征，观察折线图并说明四川省水力发电量的变化受哪几种构成因素的影响？

3．汇总出各年度的四川省水力发电量，并根据年度数据计算其这些年间的如下指标。

（1）年平均发展水平。

（2）各年的逐期增长量、累计增长量和年平均增长量，验证逐期增长量与累计增长量之间的关系。

（3）各年的发展速度（环比、定基）、增长速度（环比、定基）、平均发展速度和平均增长速度，并指出增长速度超过一般水平的是哪几年？

4．对本例的月度数据计算同比增长速度和环比增长速度各有什么意义？

5．选择适当的方法计算四川省水力发电量的季节比率。

6．如果要对 2017 年各月四川省水力发电量进行预测，应该如何预测？请指出具体步骤和方法。

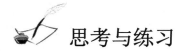 **思考与练习**

1．时间序列的基本构成和编制原则是什么？

2．某企业年底商品结存总额的序列是时期序列吗？为什么？

3．相对数和平均数时间序列计算平均发展水平的公式和计算程序是什么？

4. 发展速度和增长速度的含义、计算方法以及两者的联系是什么?

5. 时间序列构成因素组合的加法模型和乘法模型中,季节因素的表述有什么区别?

6. 某银行分支机构 2016 年 1—7 月的现金库存额资料如表 9-13 所示。

表 9-13　某银行分支机构现金库存额资料

日期	1月1日	2月1日	3月1日	4月1日	5月1日	6月1日	7月1日
库存额/万元	700	680	750	620	850	600	880

要求:

(1) 具体说明这个时间序列属于哪一种时间序列。

(2) 分别计算该机构 2016 年第一季度、第二季度和上半年的平均现金库存额。

7. 某百货公司的商品销售额和职工人数资料如表 9-14 所示。

表 9-14　销售额和职工数

月份	3月	4月	5月	6月
销售额/万元	2 500	2 600	2 650	2 850
月末职工人数/人	600	615	630	660

要求:计算该公司第二季度人均商品销售额。

8. 某企业某年第一季度各月末生产工人占全部职工人数的比重及有关资料如表 9-15 所示。

表 9-15　第一季度生产工人人数比重

指标名称	上年末	1月末	2月末	3月末
生产工人数/人	798	780	847	880
全部职工人数/人	1 050	1 040	1 100	1 100
生产工人占全部职工人数的比重/%	76	75	77	80

要求:计算该企业某年第一季度生产工人占全部职工人数的平均比重。

9. 某商业企业商品销售额和库存额资料如表 9-16 所示。

表 9-16　商品销售额和库存额

时间	4月	5月	6月	7月
商品销售额/万元	150	220	240	160
月初库存额/万元	50	43	55	60

要求:根据资料计算该企业第二季度平均每月的商品流转次数。

10. 某厂生产工人数和产量资料如表 9-17 所示。

表 9-17　生产工人数和产量资料

时间	1 月	2 月	3 月	4 月
产量/t	1 200	1 400	1 050	1 650
月初工人数/人	60	60	65	64

要求：计算第一季度平均每月的劳动生产率。

11．我国 2010—2015 年各年普通高等学校毕业生人数如表 9-18 所示。

表 9-18　2010—2015 年我国普通高等学校毕业生人数

年份	2010	2011	2012	2013	2014	2015
毕业生人数/万人	575.4	608.2	624.7	638.7	659.4	680.9

要求：

（1）计算逐期增长量、累计增长量及平均增长量。

（2）计算定基发展速度、环比发展速度、定基增长速度、环比增长速度。

（3）计算 2010—2015 年我国高校毕业生的平均发展速度和平均增长速度。

12．某地区 2011—2015 年地区生产总值数据如表 9-19 所示。

表 9-19　某地区 2011—2015 年地区生产总值资料

年份		2011	2012	2013	2014	2015
地区生产总值/亿元		40.9		68.5	58	
发展速度/%	环比	—				
	定基	—				151.34
增长速度/%	环比	—	10.3			
	定基	—				

要求：

（1）计算并填列表中所缺数字。

（2）计算该地区 2011—2015 年地区生产总值的年平均增长量。

（3）计算 2011—2015 年地区生产总值的平均发展速度和平均增长速度。

13．某汽车制造厂 2012 年产量为 30 万辆。

请问：（1）若规定 2013—2014 年递增率不低于 6%，其后年递增率不低于 5%，2017 年该厂汽车产量将达到多少？

（2）若规定 2020 年汽车产量在 2012 年的基础上翻一番，而 2013 年的增长速度达到了 8%，问以后七年应以怎样的速度增长才能达到预定目标？

14．某公司 2005—2015 年的产品销售数据如表 9-20 所示。

表 9-20　某公司各年度的饮料销售额　　　　　　　　万元

年份	2005	2006	2007	2008	2009	2010
销售额	800	830	870	890	950	1 010
年份	2011	2012	2013	2014	2015	2016
销售额	1 070	1 150	1 250	1 340	1 460	1500

要求：

（1）应用三年和五年移动平均法计算 2005—2016 年的趋势值。

（2）应用最小平方方法配合趋势直线，并预测 2018 年和 2019 年的趋势值。

15．某公司近五年来各季度的饮料销售额数据如表 9-21 所示。

表 9-21　公司近五年来各季度的饮料销售额　　　　　　　　万元

年　份	季　度			
	1	2	3	4
1	29	90	108	14
2	35	112	130	24
3	40	108	126	28
4	48	139	179	33
5	56	152	192	35

要求：

（1）试用移动平均趋势剔除法计算各季度的季节指数。

（2）利用所求的季节指数计算剔除季节变动后的销售额序列。

（3）对（2）所求出的序列拟合趋势线。

（4）在以上计算结果的基础上预测第 6 年各季度的销售额。

第十章　统　计　指　数

📖　学习目标

● 了解编制统计指数的意义及其分类。
● 掌握总指数两种形式的编制方法及其在现实中的应用。
● 掌握运用指数体系进行因素分析的方法。
● 熟悉运用 Excel 进行指数分析的方法。

第一节　统计指数的意义和种类

一、统计指数的意义

（一）统计指数的概念

统计指数简称指数，是表明社会经济现象数量对比关系的相对数。从广义上看，指数泛指一般社会经济现象的相对数。如初步核算，我国 2016 年全年国内生产总值为 744 127 亿元，比 2015 年增长 6.7%。其中，第一产业增加值 63 671 亿元，增长 3.3%；第二产业增加值 296 236 亿元，增长 6.1%；第三产业增加值 384 221 亿元，增长 7.8%。这段文字中出现了几个动态相对数，从广义上说，它们也称指数。当然，在第四章中所涉及的其他相对数，如比较相对数、计划完成程度相对数等都可以称指数。

狭义的指数是一种特殊的相对数，是反映多种不能直接相加的现象数量总体变动的相对数。它不同于一般的相对数，一般的相对数只是用来说明个别现象的变动，或者说明那些可以直接相加和对比的现象的变动情况。而狭义的指数仅仅反映复杂现象总体数量上的变动情况，如综合说明市场多种零售商品的销售量或价格的发展变动程度。因为各种商品的使用价值不同、性质不同，不能直接相加进行对比，这就需要编制综合反映全部商品销售量或价格变动的指数。

（二）统计指数的作用

统计指数在统计工作中应用广泛，其主要作用有如下几个方面。

（1）综合反映复杂现象总体数量上的变动状态。它以相对数的形式，表明多种产品或商品的数量指标或质量指标的综合变动方向和程度。编制统计指数的根本目的就在于将这些不同使用价值的产品或商品过渡到可以综合比较，从而计算出如工业产品产量、商品零售价格等的总指数，来反映它们的总变动状态。

（2）分析某一社会经济现象总体变动中的各个构成因素变动的影响程度。包括现象总体总量指标和平均指标的变动受各因素变动的影响程度分析。

（3）说明总平均数变动中，各组平均水平和总体结构变动的影响。

（4）分析社会经济现象在长时期内的发展变化趋势。利用连续编制的指数数列，对复杂现象总体的长时间发展变化趋势进行分析。

二、统计指数的种类

（一）指数按其所反映的对象范围的不同可分为个体指数和总指数

个体指数是反映个别现象数量变动的相对数。如反映个别产品产量变动的产量指数、反映个别商品价格变动的价格指数等。

总指数是综合表明全部现象总体数量变动的相对数。如全部工业产品总产值指数、全部商品零售物价总指数等。总指数是在复杂现象总体的条件下进行编制的，它的计算形式有综合指数和平均指数两种。总指数的计算和分析是本章内容的核心。

（二）指数按其所表明的指标性质的不同可分为数量指标指数和质量指标指数

数量指标指数是反映生产、经营或经济工作中数量变动的指数。如工业产品产量指数、商品销售量指数等，反映研究现象总体总规模的变动程度。

质量指标指数是说明产品或工作等质量变动的指数。如产品成本指数、商品价格指数、劳动生产率指数等，可以说明生产经营所取得的效益状态，说明生产工作质量的提高程度。

在统计指数的应用中，必须区分数量指标指数和质量指标指数，因为这两种指数在计算方法和实际应用中是有区别的。

（三）指数按所反映的时间状况的不同可分为动态指数和静态指数

动态指数是用来反映现象在不同时间上的数量变动的相对数，用来反映现象随时间变化而变动的方向和程度。将指数按年、季或月连续排列所形成的数列叫作指数数列。根据选择的基期不同，动态指数又分为环比指数和定基指数。在指数数列中，各期指数均以其前一时期为对比基期的，称为环比指数；各期指数以某一固定时期为对比基期的，称为定基指数。

静态指数主要是指区域指数和计划完成程度指数两种。区域指数是指同一时间不同空间的同类现象数量对比的相对数，它反映同类现象在不同区域的差异程度；而计划完成程度指数则是利用总指数的方法，将多项计划任务的实际数与计划数进行对比，以综合反映计划完成情况。

静态指数是动态指数应用上的拓展，其计算原理和分析方法与动态指数基本相同。本章主要介绍动态指数的计算和分析方法。

第二节   总指数的编制方法

一、综合指数的编制方法

（一）编制综合指数的基本思路

【例 10-1】某商场三种商品的价格及销售量资料如表 10-1 所示。现以此表资料为例说明综合指数的编制思路。

表 10-1   某商场三种商品的价格和销售量表

商　品	价格/元		销　售　量	
	基　期	报　告　期	基　期	报　告　期
甲/个	30	28	1 000	1 200
乙/双	20	22	2 000	1 600
丙/kg	23	25	1 500	1 500

从表 10-1 中可以计算出甲、乙、丙三种商品的个体指数，反映单个商品的价格或销售量的变动情况。但如果要综合说明甲、乙、丙三种商品价格或销售量的总体数量变动情况，首先就会遇到这三种不同性质的商品的价格或销售量不能直接相加的问题。

如要反映表 10-1 中三种商品的单价的变动情况，就需要编制价格总指数。在编制价格总指数时，要求把报告期的价格加总后再除以基期价格，但三种商品的使用价值、计量单位不同，不能把其价格进行直接相加。其原因如下：第一，各种不同商品的单价代表着不同的商品价值，将各种商品单价简单相加没有经济意义；第二，各种商品的销售量大小也是不同的，在反映各种商品的价格变动时，应考虑商品销售量因素的影响；第三，各种不同性质的商品的单价，其计量单位可大可小，如布匹的单价计量单位可以是米（m），也可以是尺，而大米的计量单位可以是克（g）、千克（kg），也可以是吨（t）。各种不同性质的商品随着使用计量单位的不同，其单价也会不同。所以，将各种商品的单价进行简单相加以反映不同性质商品价格的总变动是不合理的。

在编制价格总指数时，必须找一个因素，将不同度量的各种商品的单价转化为可以同度量的数值。对于单价来说，这个起同度量作用的因素就是各种商品的销售量。因为销售量×价格＝销售额，而各种商品的销售额是可以相加的。在这里，销售量实际起到了一种媒介作用，它使本身不能直接加总的单价变成了可以加总的销售额。通过加总后的报告期销售额与基期销售额对比来反映销售额的总变动情况，由此得到的是销售额指数。假设以

p 代表价格，q 代表销售量，p_0 代表基期价格，p_1 代表报告期价格，q_0 代表基期销售量，q_1 代表报告期销售量，I_{qp} 代表销售额指数。则销售额指数的计算可用公式表示为

$$I_{qp} = \frac{\sum q_1 p_1}{\sum q_0 p_0} \tag{10.1}$$

根据表 10-1 可以计算出三种商品的基期销售总额为 104 500 元，报告期销售总额为 106 300 元，如表 10-2 所示。于是可得

$$I_{qp} = \frac{\sum q_1 p_1}{\sum q_0 p_0} = \frac{106\,300}{104\,500} = 101.72\%$$

$$\sum q_1 p_1 - \sum q_0 p_0 = 106\,300 - 104\,500 = 1\,800 \text{（元）}$$

表 10-2　某商场三种商品销售额计算表

商　品	价格 p/元		销售量 q		销售额 qp/元			
	基期 p_0	报告期 p_1	基期 q_0	报告期 q_1	基期 $q_0 p_0$	报告期 $q_1 p_1$	假定 $q_1 p_0$	假定 $q_0 p_1$
甲/个	30	28	1 000	1 200	30 000	33 600	36 000	28 000
乙/双	20	22	2 000	1 600	40 000	35 200	32 000	44 000
丙/kg	23	25	1 500	1 500	34 500	37 500	34 500	37 500
合　计	—	—	—	—	104 500	106 300	102 500	109 500

说明报告期三种商品销售额比基期增长了 1.72%，即增加了 1 800 元，但销售总额的变动反映的是销售量和价格共同变动的结果。为了测定价格因素的变动程度，必须假设销售量不变，消除销售量因素变动的影响，只反映价格一个因素的变动情况，这样对比的相对数就是价格总指数，计算公式为

$$I_p = \frac{\sum q_m p_1}{\sum q_m p_0} \tag{10.2}$$

式中：I_p 代表价格总指数；q_m 是指各种商品某一期的销售量（m 可以是 0、1 或其他）。分子和分母都是价格与销售量相乘的结果，所以都是销售总额，但其中销售量因素 q 是被固定在同一时期的，所以分子、分母两个销售总额对比的结果中消除了销售量因素的影响，反映的只是价格一个因素的综合变动程度。

同理，为了测定销售量因素的变动程度，就必须假设价格不变，消除价格因素变动的影响，只反映销售量一个因素的变动情况，这样对比的相对数就是销售量总指数，计算公式为

$$I_q = \frac{\sum q_1 p_m}{\sum q_0 p_m} \tag{10.3}$$

式中：I_q 代表销售量总指数；p_m 是指各种商品某一期的价格（m 可以是 0、1 或其他）。分

子和分母也都是销售总额，但其中价格因素 p 是被固定在同一时期的，所以分子、分母两个销售总额对比的结果中消除了价格因素的影响，反映的只是销售量一个因素的综合变动程度。

式（10.2）和式（10.3）两个指数都是通过两个综合总量对比来计算的总指数，它们综合反映了多个个体的变动程度，称为综合指数。综合指数中指数所要测定其变动的因素称为指数化指标，那个被固定的因素叫作同度量因素。具体地说，价格综合指数中，价格就是指数化指标，同度量因素是销售量；反之，销售量综合指数中，销售量是指数化指标，而价格则是同度量因素。

（二）固定同度量因素的时期

1. 关于质量指标指数同度量因素时期的固定问题

【例 10-2】以表 10-2 资料为例，如果要计算价格总指数，其同度量因素应该固定在基期还是固定在报告期？

从理论上讲，只要同度量因素均采用同一时间的水平，基期和报告期两个时间的综合总量指标对比的结果都可以反映指数化指标的变动程度。但是，同度量因素所属时间不同，计算出的指数不仅在数值上表现出差异，而且指数所表示的经济意义也有所不同。

若以基期销售为同度量因素，其计算价格总指数的公式为

$$I_p = \frac{\sum q_0 p_1}{\sum q_0 p_0} \tag{10.4}$$

将表 10-2 中的数据代入式（10.4），可计算三种商品的价格总指数为

$$I_p = \frac{\sum q_0 p_1}{\sum q_0 p_0} = \frac{109\,500}{104\,500} = 104.78\%$$

$$\sum q_0 p_1 - \sum q_0 p_0 = 109\,500 - 104\,500 = 5\,000 \text{（元）}$$

以上结果表明，报告期三种商品价格比基期上涨了 4.78%，由于价格的上升，使销售总额上升了 5 000 元。

再以报告期销售量为同度量因素来计算价格总指数，其计算公式为

$$I_p = \frac{\sum q_1 p_1}{\sum q_1 p_0} \tag{10.5}$$

将表 10-2 中的数据代入式（10.5），计算三种商品价格总指数为

$$I_p = \frac{\sum q_1 p_1}{\sum q_1 p_0} = \frac{106\,300}{102\,500} = 103.7\%$$

$$\sum q_1 p_1 - \sum q_1 p_0 = 106\,300 - 102\,500 = 3\,800 \text{（元）}$$

以上结果表明，报告期三种商品价格比基期上涨了 3.7%，由于价格的上涨，使销售总额上升了 3 800 元。

通过上述计算可以看到，同一质量指标指数的同度量因素，由于其固定时期不同，其计

算出的指数结果也不相同。那么，质量指标指数的同度量因素究竟应该固定在什么时期好呢？

编制价格总指数的目的是要综合反映多种商品价格的变动情况。用式（10.4）计算的三种商品价格指数，是报告期价格按基期销售量计算的假定销售额 $\sum q_0 p_1$ 与基期实际销售额 $\sum q_0 p_0$ 的对比，以销售量固定在基期水平为前提，不能反映价格变动对报告期销售情况的影响。用式（10.5）计算三种商品的价格指数，是报告期实际销售总额 $\sum q_1 p_1$ 与报告期销售量按基期价格计算的假定销售总额 $\sum q_1 p_0$ 的对比，其测定的是报告期实际销售商品的价格水平的变动情况。这样计算的价格总指数符合统计研究的目的，具有现实意义。所以，在计算价格指数时，其同度量因素应固定在报告期为好。

2．关于数量指标指数同度量因素的时期的固定问题

【例 10-3】仍以表 10-2 资料为例，如果要计算销售量总指数，其同度量因素应该固定在基期还是固定在报告期？

以基期价格为同度量因素，其计算销售量总指数的公式为

$$I_q = \frac{\sum q_1 p_0}{\sum q_0 p_0} \tag{10.6}$$

将表 10-2 中数据代入式（10.6），计算三种商品销售量总指数为

$$I_q = \frac{\sum q_1 p_0}{\sum q_0 p_0} = \frac{102\,500}{104\,500} = 98.1\%$$

$$\sum q_1 p_0 - \sum q_0 p_0 = 102\,500 - 104\,500 = -2\,000 （元）$$

以上结果表明，报告期三种商品销售量比基期下降了 1.9%，由于销售量的下降，销售总额下降了 2 000 元。

再以报告期价格为同度量因素来计算销售量总指数，其计算公式为

$$I_q = \frac{\sum q_1 p_1}{\sum q_0 p_1} \tag{10.7}$$

将表 10-2 中的数据代入式（10.7），计算三种商品销售量总指数为

$$I_q = \frac{\sum q_1 p_1}{\sum q_0 p_1} = \frac{106\,300}{109\,500} = 97.08\%$$

$$\sum q_1 p_1 - \sum q_0 p_1 = 106\,300 - 109\,500 = -3\,200 （元）$$

以上结果表明，报告期三种商品销售量比基期下降了 2.92%，由于销售量的下降，销售总额下降了 3 200 元。

通过上述计算可以看到，同一数量指标指数的同度量因素，由于其固定时期不同，其计算出的指数结果也不相同。那么，数量指标指数的同度量因素究竟应该固定在什么时期好呢？

编制销售量指数是为了综合反映多种商品销售量的变动。用式（10.6）来计算销售量指数，是假定价格不变，报告期销售总额的计算不受价格变动的影响，因而，对比的结果

反映的是销售量的变动情况。可见，由基期价格作为同度量因素计算的销售量总指数，是符合研究目的的。而用式（10.7）计算的三种商品销售量指数，是以报告期价格作为同度量因素计算的销售额。报告期价格 p_1 是由基期价格 p_0 变化而来的，用 p_1 作为同度量因素，把价格变化的影响带入到指数中，使销售量降低幅度增加 1.02%（97.08%～98.1%）。究其原因，是因为甲商品销售量上升，价格下降，同时乙商品下降，价格上升。两者影响抵消后使销售量指数变小。从中可以看出，用报告期价格作为同度量因素来计算销售量指数，其数值大小会受到各种商品价格变化的影响。另外，式（10.7）的分子是按照报告期价格计算的销售额，其中包含了随销售量变化而增减的销售额，又有随价格变化而增减的销售额；而该公式中的分母则是由基期销售量按报告期价格计算的假定销售额。两者之差除了包括因销售量变化而引起的销售额变化，还包括了由于两个时期价格差额影响而增减的销售额。显然，用式（10.7）来分析销售量的变动是不理想的。通过以上分析可以得出，编制数量指标综合指数，一般将其同度量因素固定在基期水平上。

综上所述，编制质量指标综合指数，一般将其同度量因素固定在报告期；而编制数量指标综合指数，一般将其同度量因素固定在基期。应该注意的是，立足于现实经济意义的分析来确定综合指数中的同度量因素所属时期具有普遍的应用意义，但不是固定不变的原则，因而不能机械地加以应用。编制综合指数，往往要注意研究现象总体的不同情况以及分析任务的不同要求，依情况来具体确定同度量因素所属时期。

二、平均指数的编制方法

在实际工作中，有时由于受资料的限制，无法利用综合指数进行计算，这时可以采用总指数的另一种计算形式——平均指数进行计算分析。

平均指数是以个体指数为基础，对若干个体指数进行加权平均而编制的总指数。它是先计算出各种产品或商品的数量指标或质量指标的个体指数，而后对个体指数进行加权平均计算，来测定现象的总变动程度。平均指数也是编制总指数的一种重要形式，有其独立的应用意义。

平均指数与综合指数既有区别又有联系。在特定的权数条件下，平均指数是综合指数的变形形式，即加权算术平均指数是数量指标指数的变形，而加权调和平均指数是质量指标指数的变形。但是，作为一种独立指数形式的平均指数，不仅是作为综合指数的变形而使用，其本身也具有广泛的应用价值。

平均指数的计算形式有两种：加权算术平均指数和加权调和平均指数。

（一）加权算术平均指数

加权算术平均指数是将各种产品或商品的数量指标的个体指数进行算术平均而得出的总指数。若以 K_q 表示各产品或商品数量指标的个体指数，即

$$K_q = \frac{q_1}{q_0}$$

则加权算术平均指数为

$$\bar{K}_q = \frac{\sum K_q q_0 p_0}{\sum q_0 p_0} \tag{10.8}$$

式（10.8）中 $q_0 p_0$ 表示基期总值指标，以它为权数计算的算术平均指数是比较常用的形式。

【例 10-4】如果只知道表 10-1 中三种商品的销售量及其基期销售额，如表 10-3 的资料栏所示。求三种商品的销售量加权算术平均指数。

表 10-3　某商场三种商品销售量指数计算表

商　品	销　售　量		基期销售额 $q_0 p_0$/元	销售量个体指数 $K_q = \left(\dfrac{q_1}{q_0}\right)$/%	个体指数和基期总值的乘积 $K_q q_0 p_0$/元
	基期 q_0	报告期 q_1			
甲/个	1 000	1 200	30 000	120.00	36 000
乙/双	2 000	1 600	40 000	80.00	32 000
丙/kg	1 500	1 500	34 500	100.00	34 500
合　计	—	—	104 500	—	102 500

资料栏　　　　　　　　　　　计算栏

解：销售量的加权算术平均指数为

$$\bar{K}_q = \frac{\sum K_q q_0 p_0}{\sum q_0 p_0} = \frac{102\ 500}{104\ 500} = 98.1\%$$

$$\sum K_q q_0 p_0 - \sum q_0 p_0 = 102\ 500 - 104\ 500 = -2\ 000（元）$$

计算结果表明，三种商品销售量报告期比基期下降了 1.9%；由于销售量的下降，销售总额下降了 2 000 元。

（二）加权调和平均指数

加权调和平均指数是将各种产品或商品的质量指标的个体指数进行调和平均而得出的总指数。若以 K_p 表示各产品或商品质量指标的个体指数，$K_p = p_1/p_0$，则加权调和平均指数为

$$\bar{K}_p = \frac{\sum q_1 p_1}{\sum \dfrac{q_1 p_1}{K_p}} \tag{10.9}$$

式中：$q_1 p_1$ 表示报告期总值指标，以它为权数计算的调和平均指数是比较常用的形式。

【例 10-5】仍以表 10-1 资料为例，假如已知三种商品的销售价格及报告期销售额，如表 10-4 的资料栏所示。求三种商品的价格加权调和平均指数。

表 10-4　某商场三种商品销售价格指数计算表

商品	销售价格/元		报告期销售额 q_1p_1/元	价格个体指数 K_p= (p_1/p_0) /%	报告期销售额除以个体指数（q_1p_1/K_p）/元
	基期 p_0	报告期 p_1			
甲/个	30	28	33 600	93.33	36 000
乙/双	20	22	35 200	110.00	32 000
丙/kg	23	25	37 500	108.70	34 500
合　计	—	—	106 300	—	102 500

　　　　　　　　　　资料栏　　　　　　　　　　　　　　　　　　　　　计算栏

　　解：价格的加权调和平均指数为

$$\overline{K}_p = \frac{\sum q_1p_1}{\sum \dfrac{q_1p_1}{K_p}} = \frac{106\,300}{102\,500} = 103.7\%$$

$$\sum q_1p_1 - \sum \frac{q_1p_1}{K_p} = 106\,300 - 102\,500 = 3\,800（元）$$

　　计算结果表明，三种商品的价格上涨了 3.7%；由于价格上涨，销售总额增长了 3 800 元。

　　从上面算术平均指数和调和平均指数的举例计算结果来看，它们与综合指数方法所计算的结论虽然相同，但这种相同是有条件的：当数量指标的算术平均指数在采用基期总值 q_0p_0 为权数的特定情况下，和一般综合指数的计算结论相同；而质量指标的调和平均指数在采用报告期总值 q_1p_1 为权数的特定情况下，计算结果和综合指数的计算结论一致。简单证明如下。

　　由于数量指标的个体指数 $K_q = \dfrac{q_1}{p_0}$，所以

$$K_q q_0 p_0 = q_1 p_0$$

　　则算术平均指数为

$$\overline{K}_q = \frac{\sum K_q q_0 p_0}{\sum q_0 p_0} = \frac{\sum \dfrac{q_1}{q_0} q_0 p_0}{\sum q_0 p_0} = \frac{\sum q_1 p_0}{\sum q_0 p_0}$$

　　同时质量指标的个体指数的倒数 $\dfrac{1}{K_p} = \dfrac{p_0}{p_1}$，则

$$q_1 p_1 \frac{1}{K_p} = q_1 p_1 \frac{p_0}{p_1} = q_1 p_0$$

　　则调和平均指数为

$$\overline{K}_p = \frac{\sum q_1 p_1}{\sum \dfrac{q_1 p_1}{K_p}} = \frac{\sum q_1 p_1}{\sum q_1 p_1 \dfrac{p_0}{p_1}} = \frac{\sum q_1 p_1}{\sum q_1 p_0}$$

因此，以基期总值作为权数计算的数量指标的算术平均指数和以报告期总值为权数计算的质量指标的调和平均指数是综合指数的变形。

第三节　指数体系与因素分析

一、指数体系

指数体系是由若干个有联系的指数结合形成的一个整体。即由若干有关指数所形成的数量关系式，这种关系式表现为一个总量指数等于各因素指数的乘积。例如：

生产总值指数 = 产量指数 × 出厂价格指数

总成本指数 = 产量指数 × 单位成本指数

销售额指数 = 销售量指数 × 销售价格指数

利税额指数 = 销售量指数 × 销售价格指数 × 利税率指数

利用指数体系可以分析现象总变动中各个因素变动的影响程度。例如，测定不同时期销售额变动中销售量变动和价格变动对销售额变动的影响程度。同时还可以从实际效果方面分析各个构成因素对总增减量的作用。

利用指数体系还可以进行估计推算。即根据指数体系，可利用已知指数来推算未知指数。

【例 10-6】 某企业本年与去年同期相比产品销售数量增加了 5%，产品销售收入增加了 10%，求产品价格指数。

解：产品价格指数 $= \dfrac{\text{产品销售收入指数}}{\text{产品销售数量指数}} = \dfrac{110\%}{105\%} = 104.76\%$

二、因素分析

因素分析就是借助于指数体系来分析社会经济现象变动中各种因素变动发生作用的影响程度。

因素分析主要包括以下两方面内容。

（1）相对数分析。把互相联系的指数组成乘积关系的体系，从指数计算结果本身指出现象总体总量指标或平均指标的变动是由哪些因素变动作用的结果。

（2）绝对数分析。由指数体系中各个指数分子与分母指标之差所形成绝对值上的因果关系。

利用指数体系，可以对总量变动中各因素的影响从相对数和绝对数两方面进行分析，这种分析方法不仅适合于两因素分析，也适合于多因素分析；不仅适合于总量指标的因素分析，也适合于平均指标的因素分析。下面分别就总量指标和平均指标的两因素分析方法进行介绍。

（一）总量指标变动的两因素分析

若一个总量指标等于两个因素指标的乘积，要对其总量指标变动进行因素分析，应该用综合指数所形成的指数体系，分析其中数量指标和质量指标的自身变动及其对总量指标的影响程度。

对总量指标进行两因素分析，可建立指数体系

$$\frac{\sum q_1 p_0}{\sum q_0 p_0} \times \frac{\sum q_1 p_1}{\sum q_1 p_0} = \frac{\sum q_1 p_1}{\sum q_0 p_0} \tag{10.10}$$

根据上述指数体系，不仅可从相对数上分析现象总量的变动程度中各因素的影响程度，还可以从绝对数上分析各因素变动对总量指标变动的绝对影响程度。

各因素变动对总量指标变动的绝对影响程度可用公式表示为

$$\left(\sum q_1 p_0 - \sum q_0 p_0\right) + \left(\sum q_1 p_1 - \sum q_1 p_0\right) = \sum q_1 p_1 - \sum q_0 p_0 \tag{10.11}$$

现举例说明总量指标的两因素分析方法。

【例 10-7】 仍以表 10-2 资料为例，对该企业三种商品销售额的变动进行因素分析。

解：第一步，计算销售额指数

$$I_{qp} = \frac{\sum q_1 p_1}{\sum q_0 p_0} = \frac{106\ 300}{104\ 500} = 101.72\%$$

$$\sum q_1 p_1 - \sum q_0 p_0 = 106\ 300 - 104\ 500 = 1\ 800（元）$$

第二步，计算销售量总指数和价格总指数

$$I_q = \frac{\sum q_1 p_0}{\sum q_0 p_0} = \frac{102\ 500}{104\ 500} = 98.1\%$$

$$\sum q_1 p_0 - \sum q_0 p_0 = 102\ 500 - 104\ 500 = -2\ 000（元）$$

$$I_p = \frac{\sum q_1 p_1}{\sum q_1 p_0} = \frac{106\ 300}{102\ 500} = 103.7\%$$

$$\sum q_1 p_1 - \sum q_1 p_0 = 106\ 300 - 102\ 500 = 3\ 800（元）$$

第三步，利用指数体系进行综合分析。

销售量指数、价格总指数和销售额总指数之间的关系为

$$98.1\% \times 103.7\% = 101.72\%$$

销售量变动对销售额影响的绝对额加上价格变动对销售额影响的绝对额等于销售额变动的数额

$$-2\ 000 + 3\ 800 = 1\ 800\ （元）$$

以上结果说明，报告期三种商品销售额比基期增长了 1.72%，报告期销售额比基期增长的绝对额为 1 800 元。分析其原因，一是报告期三种商品销售量比基期下降了 1.9%，使销售额下降了 2 000 元；二是报告期三种商品价格比基期上涨了 3.7%，使销售额上升了 3 800 元。

（二）平均指标变动的因素分析

在第五章中我们已经知道，加权算术平均指标的计算公式为

$$\bar{x} = \frac{\sum xf}{\sum f} = \sum x \frac{f}{\sum f}$$

即在已分组资料情况下，平均指标受两个因素的影响：一是各组标志值或组平均数 x；二是各组次数 f 或各组次数占总次数的比重 $f / \sum f$，即总体的结构。所以，要对平均指标的变动情况进行因素分析，就应分别分析各因素变动对平均指标变动的影响，这就需要建立一个平均指标指数体系。

平均指标变动的分析原理与总量指标的因素分析原理相同，即要分析其中一个因素的变动，就将另一个因素固定起来，一般是将数量指标性质的因素固定在报告期，而将质量指标性质的因素固定在基期。具体地说，对平均指标变动进行因素分析需要计算以下三个指数。

1．可变构成指数（总平均数指数）

它反映总平均指标的总变动程度，是报告期平均指标 $\bar{x}_1$ 与基期平均指标 $\bar{x}_0$ 对比的结果。用公式表示为

$$I_{\bar{x}} = \frac{\bar{x}_1}{\bar{x}_0} = \frac{\dfrac{\sum x_1 f_1}{\sum f_1}}{\dfrac{\sum x_0 f_0}{\sum f_0}} \tag{10.12}$$

式中：$I_{\bar{x}}$ 代表可变构成指数；x_0 代表各组基期水平；x_1 代表各组报告期水平；f_0 代表基期次数；f_1 代表报告期次数。

2．固定构成指数（组平均数指数）

它反映各组水平或各组平均数的平均变动程度对总平均指标变动的影响程度水平的变动程度，要把次数加以固定，而且固定在报告期。这种结构固定的总平均指标指数，称为固定构成指数，可记为 I_x。其公式为

$$I_x = \frac{\dfrac{\sum x_1 f_1}{\sum f_1}}{\dfrac{\sum x_0 f_1}{\sum f_1}} \tag{10.13}$$

3. 结构变动影响指数

为了分析结构变动对总平均指标的变动影响程度，要计算结构变动影响指数。在这个指数中，必须把各组水平因素固定起来，并把它固定在基期水平上，可记为 I_f。其公式为

$$I_f = \frac{\dfrac{\sum x_0 f_1}{\sum f_1}}{\dfrac{\sum x_0 f_0}{\sum f_0}} \qquad (10.14)$$

上述三个指数之间的关系可表述为

$$\begin{matrix} 可变构成 \\ 指数 \end{matrix} = \begin{matrix} 固定构成 \\ 指数 \end{matrix} \times \begin{matrix} 结构变动 \\ 影响指数 \end{matrix}$$

$$\frac{\dfrac{\sum x_1 f_1}{\sum f_1}}{\dfrac{\sum x_0 f_0}{\sum f_0}} = \frac{\dfrac{\sum x_1 f_1}{\sum f_1}}{\dfrac{\sum x_0 f_1}{\sum f_1}} \times \frac{\dfrac{\sum x_0 f_1}{\sum f_1}}{\dfrac{\sum x_0 f_0}{\sum f_0}} \qquad (10.15)$$

同样，对总平均指标变动进行因素分析也可以从绝对数方面来进行，其关系式可表示为

$$\frac{\sum x_1 f_1}{\sum f_1} - \frac{\sum x_0 f_0}{\sum f_0} = \left(\frac{\sum x_1 f_1}{\sum f_1} - \frac{\sum x_0 f_1}{\sum f_1} \right) + \left(\frac{\sum x_0 f_1}{\sum f_1} - \frac{\sum x_0 f_0}{\sum f_0} \right) \qquad (10.16)$$

现举例说明平均指标变动因素分析方法。

【例 10-8】下面是某公司平均工资变动分析的资料，如表 10-5 所示。

表 10-5 某公司平均工资变动计算表

职 工 组 别	职工人数/人		平均工资/元		工资总额/元		
	基期 f_0	报告期 f_1	基期 x_0	报告期 x_1	基期 $x_0 f_0$	报告期 $x_1 f_1$	假定 $x_0 f_1$
甲	200	290	800	900	160 000	261 000	232 000
乙	160	160	1 100	1 280	176 000	204 800	176 000
丙	140	150	1 800	2 000	252 000	300 000	270 000
合 计	500	600	—	—	588 000	765 800	678 000

解：第一步，计算可变构成指数以测定总平均工资的变动程度

$$I_{\bar{x}} = \frac{\bar{x}_1}{\bar{x}_0} = \frac{\dfrac{\sum x_1 f_1}{\sum f_1}}{\dfrac{\sum x_0 f_0}{\sum f_0}} = \frac{\dfrac{765\,800}{600}}{\dfrac{588\,000}{500}} = \frac{1\,276.33}{1176} = 108.53\%$$

$$\frac{\sum x_1 f_1}{\sum f_1} - \frac{\sum x_0 f_0}{\sum f_0} = 1\,276.33 - 1176 = 100.33（元）$$

计算结果说明，公司全体职工的平均工资报告期比基期提高了 8.53%，报告期平均工资比基期增加了 100.33 元。

第二步，进行因素分析。

该公司平均工资变化，一方面受各组职工工资水平变化的影响，另一方面还受到各组职工人数结构变化的影响。这两个因素同时变化会影响总平均工资的变动。下面分别对两个因素进行分析。

首先，分析各组工资水平的变动对总平均工资变动的影响程度。这就需要计算固定构成指数。将表 10-5 中的数据代入式（10.13）得

$$I_x = \frac{\dfrac{\sum x_1 f_1}{\sum f_1}}{\dfrac{\sum x_0 f_1}{\sum f_1}} = \frac{\dfrac{765\,800}{600}}{\dfrac{678\,000}{600}} = \frac{1\,276.33}{1\,130} = 112.95\%$$

$$\frac{\sum x_1 f_1}{\sum f_1} - \frac{\sum x_0 f_1}{\sum f_1} = 1\,276.33 - 1\,130 = 146.33（元）$$

计算结果说明，由于各组职工工资水平报告期比基期上升，总平均工资提高了 12.95%，增加的绝对额为 146.33 元。

其次，分析职工结构变动对总平均工资变动的影响程度。将表 10-5 中的各项数据代入式（10.14）得

$$I_f = \frac{\dfrac{\sum x_0 f_1}{\sum f_1}}{\dfrac{\sum x_0 f_0}{\sum f_0}} = \frac{\dfrac{678\,000}{600}}{\dfrac{588\,000}{500}} = \frac{1\,130}{1\,176} = 96.09\%$$

$$\frac{\sum x_0 f_1}{\sum f_1} - \frac{\sum x_0 f_0}{\sum f_0} = 1\,130 - 1\,176 = -46（元）$$

计算结果说明，由于该企业职工人员结构发生变化，总平均工资下降了 3.91%，即下降了 46 元。

以上结果的数量关系为

$$108.53\% = 112.95\% \times 96.09\%$$

$$100.33元 = 146.33元 - 46元$$

这说明，该公司职工的平均工资报告期为基期的 108.53%，提高了 8.53%，其中各组职工工资水平上升使总平均工资提高了 12.95%，职工结构变化使总平均工资下降了 3.91%。而从绝对数来看，总平均工资增加了 100.33 元，其中工资水平的上升使总平均工资增加了 146.33 元，人员结构变化使总平均工资下降了 46 元。

第四节　几种常用的价格指数

一、居民消费价格指数

居民消费价格指数（Consumer Price Index，CPI）也称消费者价格指数，它是反映一定时期内城乡居民所购买的生活消费品价格和服务项目价格变动程度和趋势的综合价格指数。居民消费价格指数可以按照城市和农村分别编制，城市居民消费价格指数是反映城市居民所购买的生活消费品价格和服务项目价格变动趋势和程度的相对数，农村居民消费价格指数是反映农村居民所购买的生活消费品价格和服务项目价格变动趋势和程度的相对数。全国居民消费者价格指数是对城市居民消费价格指数和农村居民消费价格指数进行综合汇总计算的结果。目前，全国、省、自治区、直辖市和550多个市县按月度和年度编制，由国家统计局定期发布居民消费价格指数数据。

居民消费价格指数是宏观经济分析和决策、价格总水平监测和调控以及国民经济核算的重要指标。其按年度计算的变动率通常被用来作为反映通货膨胀（或紧缩）程度的指标。

居民消费价格指数是用固定加权算术平均数的方法进行的。其编制程序如下。

（1）对生活消费品和服务项目进行分类。我国现行居民消费价格指数编制中是将生活消费品和服务项目分为食品、烟酒及用品、衣着、家庭设备用品及服务、医疗保健及个人用品、交通和通信、娱乐教育文化用品及服务和居住八大类；在八大类中又划分中类，如食品又分为粮食、油脂等类别；再在中类中划分小类，如油脂又可划分为鲜蛋、鲜菜和鲜果等类别。即形成了价格指数中的总指数、类指数和个体指数。

（2）选择代表商品和代表规格品及服务项目。居民生活消费品和服务项目种类繁多，国家统计局在各类商品中选择了300多种必报商品和服务项目来编制居民消费价格指数。而各种商品又存在不同规格，其价差也较大，因此需要从中选择若干规格品作为该商品的代表，通过调查其价格，计算其个体价格指数，以反映该商品的价格变动情况。

（3）确定居民消费价格指数计算公式。居民消费价格指数采用加权算术平均指数公式，即

$$单项商品或服务项目的价格指数 = \frac{\overline{p}_1}{\overline{p}_0} \tag{10.17}$$

式中：$\overline{p}_1$ 代表报告期平均价格；$\overline{p}_0$ 代表基期平均价格。

$$类指数 = \sum k_i \frac{w_i}{\sum w_i} \tag{10.18}$$

式中：在计算小类指数时，k_i 为个体指数，w_i 为各项商品或服务项目的权数；在计算中类指数时，k_i 为小类指数，w_i 为各小类商品或服务项目的权数；在计算大类指数时，k_i 为中

类指数，w_i 为各中类商品或服务项目的权数；在计算居民消费价格指数时，k_i 为大类指数，w_i 为大类商品或服务项目的权数。

关于权数的选择问题。居民消费价格指数中的权数是指居民用于各类商品或服务项目的支出额在消费总支出中所占的比重。我国居民消费价格指数中的权数主要是以全国城乡家庭消费调查资料为依据来确定的。权数一般用千分数来表示，各类商品和服务项目的权数之和应等于 1 000。我国的 CPI 权数每年都会根据近期资料进行部分调整，五年做一次大调整，确保价格指数计算的准确性。

【例 10-9】已知 2016 年 11 月某地区有关居民各类消费价格指数及权数资料如表 10-6 所示，要求计算该地区居民消费价格指数。

表 10-6　2016 年 11 月某地区居民消费价格指数（2015 年同期=100）

序　号	项　　目	指数 k_i /%	权数 w_i /‰	指数×权数（$k_i \times w_i$）
1	食品	106.4	330	35 112
2	烟酒及用品	103.5	40	4 140
3	衣着	103.3	90	9 297
4	家庭设备用品及服务	102.2	60	6 132
5	医疗保健及个人用品	102.8	100	10 280
6	交通和通信	99.5	100	9 950
7	娱乐教育文化用品及服务	101.2	130	13 156
8	居住	102.1	150	15 315
	合　　计	—	1 000	103 382

$$居民消费价格指数 = \frac{\sum k_i w_i}{\sum w_i} = \frac{103\,382}{1\,000} = 103.382\%$$

即该地区 2016 年 11 月居民消费价格总水平比 2015 年同期上涨了 3.382%。

二、商品零售价格指数

商品零售价格指数（Retail Price Index）是反映城乡商品零售价格变动趋势的一种经济指数。商品零售价格的变动直接影响城乡居民的生活支出和购买力水平，也对市场的供求关系有着非常重要的影响。

一般情况下，商品零售价格指数是先从各类零售商品中选择具有代表性的商品计算出个体指数 $K_p = p_1 / p_0$，然后以 W 为权数计算的加权算术平均数指数。其计算公式为

$$\bar{K}_p = \frac{\sum K_p W}{\sum W} = \frac{\sum \frac{p_1}{p_0} W}{\sum W} \tag{10.19}$$

从式（10.19）可知，我国商品零售价格指数的编制采用加权算术平均指数的形式。具体操作时采用抽样调查方法，从全国成千上万的商品中选择部分具有代表性的商品进行定时定点采价，经过加权逐级计算，计算中的权数是根据社会商品零售额统计确定的。

商品零售价格指数与居民消费价格指数的编制方法和计算步骤基本相同，只是两者所包括的内容不同。居民消费价格指数反映的是城乡居民支付生活消费品和服务项目消费价格的综合变动情况；而商品零售价格指数反映的是工业、商业、餐饮业和其他零售企业向城乡居民、机关团体出售的生活消费品和办公用品价格的综合变动情况。计算商品零售价格指数，可以从一个侧面对社会经济活动进行观察和分析。

三、工业品出厂价格指数

工业品出厂价格指数是反映一定时期内全部工业产品出厂价格总水平变动趋势和程度的相对数。它可以反映出厂价格变动情况及其对工业总产值及增加值的影响，从而为研究国民经济运行情况，为制定价格政策、改革价格体系提供依据。

编制工业品出厂价格指数，首先要将工业品划分为生产资料和生活资料两大类，然后在此基础上细分为采掘工业、原材料工业、加工工业、食品工业、衣着工业、一般日用品工业和耐用消费品工业 7 类。按工业部门分为冶金工业、电力工业、煤炭工业、石油工业等 15 类。从划分的各类别中选出近 800 种代表产品，5 000 多种代表规格品，以其价格的变动来反映全部工业产品价格的变动趋势。对于每种代表产品和规格品，一般应选择两个以上企业调查其价格，代表企业一般在重点城市中选择。

工业品出厂价格指数一般采用加权算术平均数公式计算，具体程序如下。

（1）计算平均价格。用简单算术平均法计算各代表产品或代表规格品的基期和报告期平均价格 $\overline{p}_0$ 和 $\overline{p}_1$。

（2）用式（10.17）计算各代表产品或代表规格品的出厂价格指数。

（3）用式（10.18）计算工业品出厂价格类指数和总指数。式中：k_i 为各代表产品或代表规格品的出厂价格指数或类指数；w_i 为工业产品的权数。

四、股票价格指数

股票价格指数是反映某一股票市场上多种股票价格综合变动程度的相对数，是由证券交易所或金融服务机构编制的表明股票行市变动的一种供参考的指示数字。投资者据此可以检验自己投资的效果，并用以预测股票市场的动向。同时，新闻界、企业管理层以及政界领导人等也以此为参考指标，来观察、预测社会政治与经济发展形势。

股票价格指数的计算方法有多种，一般采用的是综合指数法，以发行量（或流通量）

为权数来计算。股票指数通常以"点"为单位，将基期水平固定为 100 或 1 000，股价比基期每变动 1%或 1‰，称变动了一点（一个百分点或一个千分点）。

世界各地的股票市场都有自己的股票指数，其中比较著名并有一定代表性的有如下几个。

（一）道·琼斯股票指数

道·琼斯股票指数是在 1884 年由道·琼斯公司的创始人查理斯·道开始编制的。其最初的股票价格平均指数是根据 11 种具有代表性的铁路公司的股票，采用简单算术平均法进行计算编制而成的。

现在的道·琼斯股票价格平均指数以 1928 年 10 月 1 日为基数，因为这一天收盘时的道·琼斯股票价格平均指数恰好约为 100 美元，所以就将其定为基准日。而以后的股票价格同基期相比计算出的百分数，就成为各期的股票价格指数，所以现在的股票指数普遍用点来作单位，而股票指数每一点的涨跌就是相对于基数日的涨跌百分数。

道·琼斯股票价格平均指数最初的计算方法是简单算术平均法，当遇到股票的除权除息时，股票指数将发生不连续的现象。1928 年后，道·琼斯股票价格平均指数采用了新的计算方法，即在计点的股票除权或除息时采用连接技术，以保证股票指数的连续，从而使股票指数计算方法得到了完善，并逐渐推广到全世界。

（二）标准·普尔股票价格指数

除了道·琼斯股票价格指数外，标准·普尔股票价格指数在美国也很有影响，它是由美国最大的证券研究机构——标准·普尔公司编制的股票价格指数。该公司于 1923 年开始编制发表股票价格指数，最初采选了 230 种股票，编制两种股票价格指数。到 1957 年，这一股票价格指数的范围扩大到 500 种股票，分成 95 种组合，其中最重要的四种组合是工业股票组、铁路股票组、公用事业股票组和 500 种股票混合组。从 1976 年 7 月 1 日开始，改为 40 种工业股票、20 种运输业股票、40 种公用事业类股票和 40 种金融业股票。几十年来，虽然有股票更迭，但始终保持为 500 种。标准·普尔公司股票价格指数以 1941—1993 年抽样股票的平均市价为基期，以上市股票数为权数，按基期进行加权计算，其基点数为 10。以目前的股票市场价格乘以股票市场上发行的股票数量为分子，用基期股票市场价格乘以基期股票数量为分母，相除之数再乘以 10 就是股票价格指数。

（三）纽约证券交易所股票价格指数

纽约证券交易所股票价格指数是由纽约证券交易所编制的股票价格指数。它起自 1996 年 6 月，先是普通股股票价格指数，后来改为混合指数，包括在纽约证券交易所上市的 1 500 家公司的 1 570 种股票。具体计算方法是将这些股票按价格高低分开排列，分别计算工业股票、金融业股票、公用事业股票、运输业股票的价格指数，最大和最广泛的是工业股票价格指数，由 1 093 种股票组成；金融业股票价格指数包括投资公司、储蓄贷款协会、分期付款融资公司、商业银行、保险公司和不动产公司的 223 种股票；运输业股票价格指数包括铁路、航空、轮船、汽车等公司的 65 种股票；公用事业股票价格指数则有电话电报公司、煤气公司、电力公司和邮电公司的 189 种股票。

纽约股票价格指数是以 1965 年 12 月 31 日确定的 50 点为基数，采用的是综合指数形式。纽约证券交易所每半个小时公布一次指数的变动情况。虽然纽约证券交易所编制股票价格指数的时间不长，但它可以全面、及时地反映其股票市场活动的综合状况，因而较受投资者欢迎。

（四）香港恒生股票价格指数

香港恒生股票价格指数是香港股票市场上历史最悠久、影响最大的股票价格指数，由香港恒生银行于 1969 年 11 月 24 日开始发表。恒生股票价格指数把从香港 500 多家上市公司中挑选出来的 33 家有代表性且经济实力雄厚的大公司股票作为成分股，分为四大类，包括 4 种金融业股票、6 种公用事业股票、9 种房地产业股票和 14 种其他工商业（包括航空和酒店）股票。这些股票涉及香港的各个行业，并占香港股票市值的 68.8%，具有较强的代表性。

恒生股票价格指数的编制以 1964 年 7 月 31 日为基期，因为这一天香港股市运行正常，成交值均匀，可反映整个香港股市的基本情况，基点数为 100 点。其计算方法是将 33 种股票按每天的收盘价乘以各自的发行股数为计算日的市值，再与基数的市值相比较，乘以 100 就得出当天的股票价格指数。由于恒生股票价格指数所选择的基期适当，因此，不论股票市场狂涨或猛跌，还是处于正常交易水平，恒生股票价格指数基本上都能反映整个股市的活动情况。

我国主要的股票价格指数还有上证综合指数、深证综合指数、上证 30 指数、深证成分股指数等。

第五节　Excel 在指数分析中的应用

在 Excel 中完成各项指数以及有关数值的计算，主要用到的是公式和公式复制功能。尤其是当所研究总体包括的个体很多时，公式复制功能就非常重要。下面仅说明如何在 Excel 中实现综合指数及其有关数值的计算。其他指数分析中的计算都与此大同小异，没有特别的技巧，不再赘述。

以例 10-1～例 10-3 中销售总额指数、价格指数和销售量指数以及这三个指数分子、分母之差的计算为例。

第一步，在工作表中输入已知数据的名称和数值（包括商品名称、计量单位、基期价格、报告期价格、基期销售量和报告期销售量），如图 10-1 所示的 A～F 列第 1～6 行。

第二步，计算综合指数中的各个综合总量。本例下面的计算一共要用到四个销售总额，所以可先在单元格 G1～J1 合并而成的单元格中输入"销售额（元）*pq*"字样，在单元格

G2、H2、I2 和 J2 中分别输入"基期"、"报告期"、"假定"和"假定"字样，在单元格 G3、H3、I3 和 J3 中分别输入相应的符号 p_0q_0、p_1q_1、p_0q_1 和 p_1q_0。这些字符的输入对计算本身而言并不是必需的，但却使得计算结果的含义清晰明了，便于检查，也便于将计算结果复制到分析报告中。

	A	B	C	D	E	F	G	H	I	J
1	商品	计量单位	价格（元）p		销售量q		销售额（元）pq			
2			基期	报告期	基期	报告期	基期	报告期	假定	假定
3			p_0	p_1	q_0	q_1	p_0q_0	p_1q_1	p_0q_1	p_1q_0
4	甲	个	30	28	1 000	1 200	30 000	33 600	36 000	28 000
5	乙	双	20	22	2 000	1 600	40 000	35 200	32 000	44 000
6	丙	公斤	23	25	1 500	1 500	34 500	37 500	34 500	37 500
7	合 计	—					104 500	106 300	102 500	109 500
8										
9						指数		分子—分母		
10	销售总额指数（%）：					101.72		1 800		
11	价格指数（%）：		q_0为同度量因素			104.78		5 000		
12			q_1为同度量因素			103.71		3 800		
13	销售量指数（%）：		p_0为同度量因素			98.09		-2 000		
14			p_1为同度量因素			97.08		-3 200		

图 10-1　在 Excel 中计算的综合指数及有关数值

在单元格 G4 中输入公式"=C4*E4"，在单元格 H4 中输入公式"=D4*F4"，在单元格 I4 中输入公式"=C4*F4"，在单元格 J4 中输入公式"=D4*E4"；因为对乙商品和丙商品都需要类似的计算，于是可使用公式复制，最简便的方法是：用鼠标选中单元格 G4～J4，将它们的公式一并向下复制到第 6 行即可。

在单元格 A7 中输入"合计"字样，在单元格 G7 中输入公式"=SUM(G4:G6)"（或单击自动求和图标），按 Enter 键后即可在单元格 G7 中显示出三种商品的基期销售总额为104 500。再将单元格 G7 的公式向右复制到单元格 J7，即可得到三个销售总额的数值。

第三步，分别计算各个综合指数及其分子与分母之差额。

（1）在单元格 A10 中输入"销售总额指数（%）"，在单元格 F10 中输入公式"=H7/G7*100"，按 Enter 键后即在单元格 F10 中显示出销售总额指数计算结果为 101.72；在单元格 H10 中输入公式"=H7-G7"，按 Enter 键后即在单元格 H10 中显示出销售总额指数分子与分母之差（销售总额的增减额）为 1 800。

（2）在单元格 A11 中输入"价格指数（%）"，在单元格 F11 中输入公式"=J7/G7*100"，按 Enter 键后即在单元格 F11 中显示以基期销售量 q_0 为同度量因素计算的价格指数为104.78；在单元格 H11 中输入公式"=J7-G7"，按 Enter 键后即在单元格 H11 中显示出该价格指数分子与分母之差为 5 000。

在单元格 F12 中输入公式"=H7/I7*100"，按 Enter 键后即在单元格 F12 中显示以报告期销售量 q_1 为同度量因素计算的价格指数为 103.71；在单元格 H12 中输入公式"=H7-I7"，按 Enter 键后即在单元格 H12 中显示出该价格指数分子与分母之差为 3 800。

（3）在单元格 A13 中输入"销售量指数（%）"，在单元格 F13 中输入公式"=I7/G7*100"，按 Enter 键后即在单元格 F13 中显示以基期价格 p_0 为同度量因素计算的销售量指数为 98.09；在单元格 H13 中输入公式 "=I7-G7"，按 Enter 键后即在单元格 H13 中显示出该销售量指数分子与分母之差为-2 000。

在单元格 F14 中输入公式 "=H7/J7*100"，按 Enter 键后即在单元格 F14 中显示以报告期价格 p_1 为同度量因素计算的销售量指数为 97.08；在单元格 H14 中输入公式 "=H7-J7"，按 Enter 键后即在单元格 H14 中显示出该销售量指数分子与分母之差为-3 200。

计算结果如图 10-1 所示。

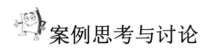

案例思考与讨论

【案例 10-1】 解读 2015 年价格水平的变化及其影响[①]

《2015 年国民经济和社会发展统计公报》披露，中国 2015 年全年居民消费价格总水平比 2014 年上涨 1.4%，城镇居民消费价格总水平的上涨幅度比农村略高 0.2 个百分点。在八大类别中，衣着类价格上涨 2.7%，涨幅居于首位；其次是食品类，上涨 2.3%，交通和通信类下跌 1.7%，如表 10-7 所示。

表 10-7　2015 年居民消费价格比 2014 年上涨情况　　　　　　　　　　　%

指　　标	全　　国	城　　市	农　　村
居民消费价格	1.4	1.5	1.3
其中：食品	2.3	2.3	2.4
烟酒及用品	2.1	2.0	2.3
衣着	2.7	2.8	2.3
家庭设备用品及维修服务	1.0	1.0	0.9
医疗保健和个人用品	2.0	1.9	2.3
交通和通信	-1.7	-1.6	-1.9
娱乐教育文化用品及服务	1.4	1.4	1.4
居住	0.7	1.0	-0.3

此外，中国 2015 年全年，固定资产投资价格下降 1.8%，工业生产者出厂价格下降

[①] 数据来自国家统计局 2016 年 2 月 29 日发布的《中华人民共和国 2015 年国民经济和社会发展统计公报》，引自国家统计局网站。http://www.stats.gov.cn/tjgb/ndtjgb/qgndtjgb/t20120222_402786440.htm。

5.2%，工业生产者购进价格下降 6.1%，农产品生产价格（指农产品生产者直接出售其产品时的价格）上涨 1.7%。

全年全社会固定资产投资 562 000 亿元，比 2014 年增长 9.8%，扣除价格因素，实际增长 11.8%。

全年社会消费品零售总额 300 931 亿元，比 2014 年增长 10.7%，扣除价格因素，实际增长 10.6%。

全年城镇居民人均可支配收入 31 195 元，比 2014 年增长 8.2%，扣除价格因素，实际增长 6.6%；城镇居民人均可支配收入中位数为 29 129 元，增长 9.4%。农村居民人均可支配收入 11 422 元，比 2014 年增长 8.9%，扣除价格因素，实际增长 7.5%；农村居民人均可支配收入中位数为 10 291 元，增长 8.4%。

思考与讨论问题：

1. "指数"与"增减率"有何关系？2015 年全国居民消费价格环比总指数是多少？交通和通信消费价格环比指数是多少？

2. "全国居民消费价格指数"与八个大类消费价格指数应该存在什么样的数量关系？我国居民消费价格变化受哪一类价格变化的影响最大？

3. "全国居民消费价格指数"与"商品零售价格指数"包括的范围有什么区别？为什么我国要分城乡计算居民消费价格指数？

4. 上述分析中多处提到"扣除价格因素，实际增长……"，如何理解这些"实际增长"的含义？"全年全社会固定资产投资 562 000 亿元，比 2014 年增长 9.8%，扣除价格因素，实际增长 11.8%。"这里的两个增长率之间存在怎样的数量关系？

5. 研究城乡居民收入水平变化时，剔除价格因素与未剔除价格因素所计算的两种增长率分别有何意义？为什么除了考察人均收入（农村居民人均纯收入、城镇居民人均可支配收入）的变化还要考察其中位数的变化？

6. 利用指数体系，根据文中所给资料，对 2015 年社会消费品零售总额与 2014 年相比的变动情况进行因素分析，并且要求包括相对数分析和绝对数分析。同理，也可以对全社会固定资产投资的变动情况进行类似的因素分析。

【案例 10-2】 公司净资产收益率变动的因素分析

某公司下属四个企业，全公司的净资产总额和净利润总额都只分布在这四个下属企业，各企业的净资产收益率有较大差异。2016 年公司根据 2015 年度各企业的收益率表现及预期经营状况，对全公司净资产规模和结构都进行了一定的调整。有关数据如表 10-8 所示(注：

净资产收益率=净利润/年平均净资产）。

表 10-8　某公司下属各企业的净资产和净利润资料　　　　　　百万元

下 属 企 业	年末净资产			净 利 润	
	2014 年	2015 年	2016 年	2015 年	2016 年
A	104	176	452	26.32	48.35
B	114	121	135	14.92	15.23
C	308	324	337	42.98	40.31
D	675	687	663	64.05 .	61.42
合　　计	1 201	1 308	1 587	148.27	165.31

思考与讨论问题：

1．怎样计算每个企业各年的平均净资产？这样计算需要什么假定条件？

2．在公司下属的四个企业中，净资产收益率最高和最低的企业分别是哪一个？

3．根据表中数据，如何计算 2016 年这四个企业的总平均净资产收益率？全公司的净资产收益率与这四个企业的总平均净资产收益率是什么关系？

4．利用指数体系分析 2016 年与 2015 年相比，全公司净资产收益率的变化情况及其各因素的影响作用。

5．在上述分析的基础上，利用指数体系进一步分析全公司净利润总额的变化及其受各因素影响的大小，并指出由于调整资产结构而带来的收益具体是多少？

6．对公司净利润总额的变化情况以及各方面因素的贡献作一简要的分析说明。

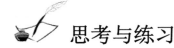 思考与练习

1．什么是同度量因素？在编制综合指数时如何确定同度量因素的时期？

2．什么是平均指数？综合指数与平均指数有哪些区别与联系？

3．什么是指数体系？如何利用指数体系来对现象的变动进行因素分析？

4．什么是平均指标指数？对平均指标的变动进行因素分析时，应分别编制哪些平均指标指数？

5．某企业生产的三种产品的价格及产量资料如表 10-9 所示，试分析该企业产品总产值变动的原因（要求从绝对数和相对数两方面进行分析）。

表 10-9　某企业三种产品的产量和价格资料

名　　称	单　　位	价格/元		产　　量	
		基　期	报　告　期	基　期	报　告　期
甲	件	70	83	720	800
乙	台	150	180	100	124
丙	t	425	470	210	245

6. 某企业生产两种产品的有关资料如表 10-10 所示。

表 10-10　某企业甲、乙两种产品的产量和单位成本

产 品 名 称	产量/件		单位成本/元	
	基　期	报　告　期	基　期	报　告　期
甲	200	300	10	12
乙	1 500	2 000	20	21

要求：从相对数和绝对数两方面来分析产量和单位成本的变动对总成本的影响程度。

7. 某市 2015 年社会商品零售额为 12 亿元，2016 年增加为 15 亿元。物价上涨了 5%。

要求：计算零售量指数，并分析零售量变动和物价变动对零售额总额变动的影响绝对值。

8. 某企业生产某产品的总成本和产量资料如表 10-11 所示。

表 10-11　某企业生产某产品的总成本和产量

产 品 种 类	产量/件		基期总成本/万元
	基　期	报　告　期	
A	1 000	1 500	50
B	2 000	2 800	80

要求：计算产量总指数以及由于产量增长而增加的总成本数额。

9. 某商场三类商品的收购价格和收购额资料如表 10-12 所示。

表 10-12　某商场三类商品的收购价格和收购额　　　　　　　元

商 品 种 类	价格/元		报告期收购额/万元
	基　期	报　告　期	
A	10	12	10 000
B	15	13	15 000
C	22	25	25 000

要求：计算价格总指数和价格变动引起的收购额变动的绝对数。

10. 某集团公司销售的三种商品的销售额及价格提高幅度资料如表 10-13 所示。

表 10-13　某集团公司销售的三种商品的销售额及价格提高幅度

种　　类	商品销售额/万元		价格提高/%
	基　　期	报　告　期	
甲/条	100	150	1
乙/件	50	45	5
丙/块	500	510	−2

要求：计算价格总指数和销售额总指数。

11. 某工业企业三种产品产量及产值资料如表 10-14 所示。

表 10-14　某企业三种产品产量及产值资料

产品名称	实际产值/万元		报告期比基期产量增加/%
	基　　期	报　告　期	
甲	400.00	480.00	25
乙	517.75	557.75	10
丙	700.00	960.00	40

要求：

（1）计算三种产品的工业总产值指数。

（2）计算三种产品的产量总指数及产量增长使企业所增加的产值。

（3）利用指数体系之间的数量平衡关系推算该企业工业产品价格总指数及价格变动对总产值的影响绝对额。

12. 某企业职工按中老年和青年分成两组，人数和工资资料如表 10-15 所示。

表 10-15　某企业中老年组和青年组的人数和工资

职工分组	工资总额/万元		职工人数/人	
	基　　期	报　告　期	基　　期	报　告　期
中老年组	21 000	31 200	300	400
青年组	8 000	25 200	200	600

要求：从相对数和绝对数两方面分析该企业总平均工资变动受各组工资水平及职工总体内部构成变动的影响程度。

13. 某公司所属三个企业生产某产品单位成本及产量资料如表 10-16 所示。

表 10-16 某公司三个企业某产品产量及单位成本资料

品 名	产量/件		单位成本/元	
	基 期	报 告 期	基 期	报 告 期
甲	1 500	1 500	3.5	2.4
乙	1 000	900	2.4	2.4
丙	1 000	700	2.2	2.1

要求：计算该公司总平均单位成本指数，分析各企业成本水平变动和产量结构变动对总平均单位成本变动的影响。

附录 A 正态分布概率表

$$P\{|Z| \leqslant Z_{\alpha/2}\} = 1 - \alpha$$

$Z_{\alpha/2}$	$1-\alpha$	$Z_{\alpha/2}$	$1-\alpha$	$Z_{\alpha/2}$	$1-\alpha$	$Z_{\alpha/2}$	$1-\alpha$
0.00	0.000 0	0.31	0.243 4	0.62	0.464 7	0.93	0.647 6
0.01	0.008 0	0.32	0.251 0	0.63	0.471 3	0.94	0.652 8
0.02	0.016 0	0.33	0.258 6	0.64	0.477 8	0.95	0.657 9
0.03	0.023 9	0.34	0.266 1	0.65	0.484 3	0.96	0.662 9
0.04	0.031 9	0.35	0.273 7	0.66	0.490 7	0.97	0.668 0
0.05	0.033 9	0.36	0.281 2	0.67	0.497 1	0.98	0.672 9
0.06	0.047 8	0.37	0.288 6	0.68	0.503 5	0.99	0.677 8
0.07	0.055 8	0.38	0.296 1	0.69	0.509 8	1.00	0.682 7
0.08	0.063 8	0.39	0.303 5	0.70	0.516 1	1.01	0.687 5
0.09	0.071 7	0.40	0.310 8	0.71	0.522 3	1.02	0.692 3
0.10	0.079 7	0.41	0.318 2	0.72	0.528 5	1.03	0.697 0
0.11	0.087 6	0.42	0.325 5	0.73	0.534 6	1.04	0.701 7
0.12	0.095 5	0.43	0.332 8	0.74	0.540 7	1.05	0.706 3
0.13	0.103 4	0.44	0.340 1	0.75	0.546 7	1.06	0.710 9
0.14	0.111 3	0.45	0.347 3	0.76	0.552 7	1.07	0.715 4
0.15	0.119 2	0.46	0.354 5	0.77	0.558 7	1.08	0.719 9
0.16	0.127 1	0.47	0.361 6	0.78	0.564 6	1.09	0.724 3
0.17	0.135 0	0.48	0.368 8	0.79	0.570 5	1.10	0.728 7
0.18	0.142 8	0.49	0.375 9	0.80	0.576 3	1.11	0.733 0
0.19	0.150 7	0.50	0.382 9	0.81	0.582 1	1.12	0.737 3
0.20	0.158 5	0.51	0.389 9	0.82	0.587 8	1.13	0.741 5
0.21	0.166 3	0.52	0.396 9	0.83	0.593 5	1.14	0.745 7
0.22	0.174 1	0.53	0.403 9	0.84	0.599 1	1.15	0.749 9
0.23	0.191 9	0.54	0.410 8	0.85	0.604 7	1.16	0.754 0
0.24	0.189 7	0.55	0.417 7	0.86	0.610 2	1.17	0.758 0
0.25	0.197 4	0.56	0.424 5	0.87	0.615 7	1.18	0.762 0
0.26	0.205 1	0.57	0.431 3	0.88	0.621 1	1.19	0.766 0
0.27	0.212 8	0.58	0.438 1	0.89	0.626 5	1.20	0.769 9
0.28	0.220 5	0.59	0.444 8	0.90	0.631 9	1.21	0.773 7
0.29	0.228 2	0.60	0.451 5	0.91	0.637 2	1.22	0.777 5

$Z_{\alpha/2}$	$1-\alpha$	$Z_{\alpha/2}$	$1-\alpha$	$Z_{\alpha/2}$	$1-\alpha$	$Z_{\alpha/2}$	$1-\alpha$
0.30	0.235 8	0.61	0.458 1	0.92	0.642 4	1.23	0.781 3
1.24	0.785 0	1.58	0.885 9	1.92	0.945 1	2.52	0.988 3
1.25	0.788 7	1.59	0.888 2	1.93	0.946 4	2.54	0.988 9
1.26	0.792 3	1.60	0.890 4	1.94	0.947 6	2.56	0.989 5
1.27	0.795 9	1.61	0.892 6	1.95	0.948 8	2.58	0.990 1
1.28	0.799 5	1.62	0.894 8	1.96	0.950 0	2.60	0.990 7
1.29	0.803 0	1.63	0.896 9	1.97	0.951 2	2.62	0.991 2
1.30	0.806 4	1.64	0.899 0	1.98	0.952 3	2.64	0.991 7
1.31	0.809 8	1.65	0.901 1	1.99	0.953 4	2.66	0.992 2
1.32	0.813 2	1.66	0.903 1	2.00	0.954 5	2.68	0.992 6
1.33	0.816 5	1.67	0.905 1	2.02	0.956 6	2.70	0.993 1
1.34	0.819 8	1.68	0.907 0	2.04	0.958 7	2.72	0.993 5
1.35	0.823 0	1.69	0.909 0	2.06	0.960 6	2.74	0.993 9
1.36	0.826 2	1.70	0.910 9	2.08	0.962 5	2.76	0.994 2
1.37	0.829 3	1.71	0.912 7	2.10	0.964 3	2.78	0.994 6
1.38	0.832 4	1.72	0.914 6	2.12	0.966 0	2.80	0.994 9
1.39	0.835 5	1.73	0.916 4	2.14	0.967 6	2.82	0.995 2
1.40	0.838 5	1.74	0.918 1	2.16	0.969 2	2.84	0.995 5
1.41	0.841 5	1.75	0.919 9	2.18	0.970 7	2.86	0.995 8
1.42	0.844 4	1.76	0.921 6	2.20	0.972 2	2.88	0.996 0
1.43	0.847 3	1.77	0.923 3	2.22	0.973 6	2.90	0.996 2
1.44	0.850 1	1.78	0.924 9	2.24	0.974 9	2.92	0.996 5
1.45	0.852 9	1.79	0.926 5	2.26	0.976 2	2.94	0.996 7
1.46	0.855 7	1.80	0.928 1	2.28	0.977 4	2.96	0.996 9
1.47	0.858 4	1.81	0.929 7	2.30	0.978 6	2.98	0.997 1
1.48	0.861 1	1.82	0.931 2	2.32	0.979 7	3.00	0.997 3
1.49	0.863 8	1.83	0.932 8	2.34	0.980 7	3.20	0.998 6
1.50	0.866 4	1.84	0.934 2	2.36	0.981 7	3.40	0.999 3
1.51	0.869 0	1.85	0.935 7	2.38	0.982 7	3.60	0.999 68
1.52	0.871 5	1.86	0.937 1	2.40	0.983 6	3.80	0.999 86
1.53	0.874 0	1.87	0.938 5	2.42	0.984 5	4.00	0.999 94
1.54	0.876 4	1.88	0.939 9	2.44	0.985 3	4.50	0.999 993
1.55	0.878 9	1.89	0.941 2	2.46	0.986 1	5.00	0.999 999
1.56	0.881 2	1.90	0.942 6	2.48	0.986 9		
1.57	0.883 6	1.91	0.943 9	2.50	0.987 6		

附录 B *t* 分布的临界值表

单侧： $P\{t > t_\alpha\} = \alpha$ ；双侧： $P\{|t| > t_{\alpha/2}\} = \alpha$

单侧 双侧	$\alpha = 0.10$ $\alpha = 0.20$	0.05 0.10	0.025 0.05	0.01 0.02	0.005 0.01
自由度=1	3.078	6.314	12.706	31.821	63.657
2	1.886	2.920	4.303	6.965	9.925
3	1.638	2.353	3.182	4.541	5.841
4	1.533	2.132	2.776	3.747	4.604
5	1.476	2.015	2.571	3.365	4.032
6	1.440	1.943	2.447	3.143	3.707
7	1.415	1.895	2.365	2.998	3.499
8	1.397	1.860	2.306	2.896	3.355
9	1.383	1.833	2.262	2.821	3.250
10	1.372	1.812	2.228	2.764	3.169
11	1.363	1.796	2.201	2.718	3.106
12	1.356	1.782	2.179	2.681	3.055
13	1.350	1.771	2.160	2.650	3.012
14	1.345	1.761	2.145	2.624	2.977
15	1.341	1.753	2.131	2.602	2.947
16	1.337	1.746	2.120	2.583	2.921
17	1.333	1.740	2.110	2.567	2.898
18	1.330	1.734	2.101	2.552	2.878
19	1.328	1.729	2.093	2.539	2.861
20	1.325	1.725	2.086	2.528	2.845
21	1.323	1.721	2.080	2.518	2.831
22	1.321	1.717	2.074	2.508	2.819
23	1.319	1.714	2.069	2.500	2.807
24	1.318	1.711	2.064	2.492	2.797
25	1.316	1.708	2.060	2.485	2.787
26	1.315	1.706	2.056	2.479	2.779
27	1.314	1.703	2.052	2.473	2.771
28	1.313	1.701	2.048	2.467	2.763
29	1.311	1.699	2.045	2.462	2.756
30	1.310	1.697	2.042	2.457	2.750
50	1.299	1.676	2.009	2.403	2.678
∞	1.282	1.645	1.960	2.326	2.576

附录 C　χ^2 分布的临界值表

$$P\{\chi^2 > \chi^2_{\alpha}\} = \alpha$$

自由度 \ α	0.995	0.990	0.975	0.950	0.900	0.100	0.050	0.025	0.010	0.005
1	0.000	0.000	0.001	0.004	0.016	2.706	3.841	5.024	6.635	7.879
2	0.010	0.020	0.051	0.103	0.211	4.605	5.991	7.378	9.210	10.597
3	0.072	0.115	0.216	0.352	0.584	6.251	7.815	9.348	11.345	12.838
4	0.207	0.297	0.484	0.711	1.064	7.779	9.488	11.143	13.277	14.860
5	0.412	0.554	0.831	1.145	1.610	9.236	11.070	12.833	15.086	16.750
6	0.676	0.872	1.237	1.635	2.204	10.645	12.592	14.449	16.812	18.548
7	0.989	1.239	1.690	2.167	2.833	12.017	14.067	16.013	18.475	20.278
8	1.344	1.646	2.180	2.733	3.490	13.362	15.507	17.535	20.090	21.955
9	1.735	2.088	2.700	3.325	4.168	14.684	16.919	19.023	21.666	23.589
10	2.156	2.558	3.247	3.940	4.865	15.987	18.307	20.483	23.209	25.188
11	2.603	3.053	3.816	4.575	5.578	17.275	19.675	21.920	24.725	26.757
12	3.074	3.571	4.404	5.226	6.304	18.549	21.026	23.337	26.217	28.300
13	3.565	4.107	5.009	5.892	7.042	19.812	22.362	24.736	27.688	29.819
14	4.075	4.660	5.629	6.571	7.790	21.064	23.685	26.119	29.141	31.319
15	4.601	5.229	6.262	7.261	8.547	22.307	24.996	27.488	30.578	32.801
16	5.142	5.812	6.908	7.962	9.312	23.542	26.296	28.845	32.000	34.267
17	5.697	6.408	7.564	8.672	10.085	24.769	27.587	30.191	33.409	35.718
18	6.265	7.015	8.231	9.390	10.865	25.989	28.869	31.526	34.805	37.156
19	6.844	7.633	8.907	10.117	11.651	27.204	30.144	32.852	36.191	38.582
20	7.434	8.260	9.591	10.851	12.443	28.412	31.410	34.170	37.566	39.997
21	8.034	8.897	10.283	11.591	13.240	29.615	32.671	35.479	38.932	41.401
22	8.643	9.542	10.982	12.338	14.041	30.813	33.924	36.781	40.289	42.796
23	9.260	10.196	11.689	13.091	14.848	32.007	35.172	38.076	41.638	44.181
24	9.886	10.856	12.401	13.848	15.659	33.196	36.415	39.364	42.980	45.559
25	10.520	11.524	13.120	14.611	16.473	34.382	37.652	40.646	44.314	46.928
26	11.160	12.198	13.844	15.379	17.292	35.563	38.885	41.923	45.642	48.290
27	11.808	12.879	14.573	16.151	18.114	36.741	40.113	43.195	46.963	49.645
28	12.461	13.565	15.308	16.928	18.939	37.916	41.337	44.461	48.278	50.993
29	13.121	14.256	16.047	17.708	19.768	39.087	42.557	45.722	49.588	52.336
30	13.787	14.953	16.791	18.493	20.599	40.256	43.773	46.979	50.892	53.672
40	20.707	22.164	24.433	26.509	29.051	51.805	55.758	59.342	63.691	66.766
50	27.991	29.707	32.357	34.764	37.689	63.167	67.505	71.420	76.154	79.490
100	67.328	70.065	74.222	77.929	82.358	118.498	124.342	129.561	135.807	140.169
200	152.241	156.432	162.728	168.279	174.835	226.021	233.994	241.058	249.445	255.264

附录 D　F分布的临界值表

$$P\{F > F_\alpha(v_1, v_2)\} = \alpha \quad (\alpha = 0.05)$$

v_2 \ v_1	1	2	3	4	5	6	7	8	9	10
1	161.45	199.50	215.71	224.58	230.16	233.99	236.77	238.88	240.54	241.88
2	18.51	19.00	19.16	19.25	19.30	19.33	19.35	19.37	19.38	19.40
3	10.13	9.55	9.28	9.12	9.01	8.94	8.89	8.85	8.81	8.79
4	7.71	6.94	6.59	6.39	6.26	6.16	6.09	6.04	6.00	5.96
5	6.61	5.79	5.41	5.19	5.05	4.95	4.88	4.82	4.77	4.74
6	5.99	5.14	4.76	4.53	4.39	4.28	4.21	4.15	4.10	4.06
7	5.59	4.74	4.35	4.12	3.97	3.87	3.79	3.73	3.68	3.64
8	5.32	4.46	4.07	3.84	3.69	3.58	3.50	3.44	3.39	3.35
9	5.12	4.26	3.86	3.63	3.48	3.37	3.29	3.23	3.18	3.14
10	4.96	4.10	3.71	3.48	3.33	3.22	3.14	3.07	3.02	2.98
11	4.84	3.98	3.59	3.36	3.20	3.09	3.01	2.95	2.90	2.85
12	4.75	3.89	3.49	3.26	3.11	3.00	2.91	2.85	2.80	2.75
13	4.67	3.81	3.41	3.18	3.03	2.92	2.83	2.77	2.71	2.67
14	4.60	3.74	3.34	3.11	2.96	2.85	2.76	2.70	2.65	2.60
15	4.54	3.68	3.29	3.06	2.90	2.79	2.71	2.64	2.59	2.54
16	4.49	3.63	3.24	3.01	2.85	2.74	2.66	2.59	2.54	2.49
17	4.45	3.59	3.20	2.96	2.81	2.70	2.61	2.55	2.49	2.45
18	4.41	3.55	3.16	2.93	2.77	2.66	2.58	2.51	2.46	2.41
19	4.38	3.52	3.13	2.90	2.74	2.63	2.54	2.48	2.42	2.38
20	4.35	3.49	3.10	2.87	2.71	2.60	2.51	2.45	2.39	2.35
21	4.32	3.47	3.07	2.84	2.68	2.57	2.49	2.42	2.37	2.32
22	4.30	3.44	3.05	2.82	2.66	2.55	2.46	2.40	2.34	2.30
23	4.28	3.42	3.03	2.80	2.64	2.53	2.44	2.37	2.32	2.27
24	4.26	3.40	3.01	2.78	2.62	2.51	2.42	2.36	2.30	2.25
25	4.24	3.39	2.99	2.76	2.60	2.49	2.40	2.34	2.28	2.24
26	4.23	3.37	2.98	2.74	2.59	2.47	2.39	2.32	2.27	2.22
27	4.21	3.35	2.96	2.73	2.57	2.46	2.37	2.31	2.25	2.20
28	4.20	3.34	2.95	2.71	2.56	2.45	2.36	2.29	2.24	2.19
29	4.18	3.33	2.93	2.70	2.55	2.43	2.35	2.28	2.22	2.18
30	4.17	3.32	2.92	2.69	2.53	2.42	2.33	2.27	2.21	2.16
40	4.08	3.23	2.84	2.61	2.45	2.34	2.25	2.18	2.12	2.08
50	4.03	3.18	2.79	2.56	2.40	2.29	2.20	2.13	2.07	2.03
100	3.94	3.09	2.70	2.46	2.31	2.19	2.10	2.03	1.97	1.93
200	3.89	3.04	2.65	2.42	2.26	2.14	2.06	1.98	1.93	1.88

v_2 \ v_1	12	15	18	20	25	28	30	40	50	100
1	243.91	245.95	247.32	248.01	249.26	249.80	250.10	251.14	251.77	253.04
2	19.41	19.43	19.44	19.45	19.46	19.46	19.46	19.47	19.48	19.49
3	8.74	8.70	8.67	8.66	8.63	8.62	8.62	8.59	8.58	8.55
4	5.91	5.86	5.82	5.80	5.77	5.75	5.75	5.72	5.70	5.66
5	4.68	4.62	4.58	4.56	4.52	4.50	4.50	4.46	4.44	4.41
6	4.00	3.94	3.90	3.87	3.83	3.82	3.81	3.77	3.75	3.71
7	3.57	3.51	3.47	3.44	3.40	3.39	3.38	3.34	3.32	3.27
8	3.28	3.22	3.17	3.15	3.11	3.09	3.08	3.04	3.02	2.97
9	3.07	3.01	2.96	2.94	2.89	2.87	2.86	2.83	2.80	2.76
10	2.91	2.85	2.80	2.77	2.73	2.71	2.70	2.66	2.64	2.59
11	2.79	2.72	2.67	2.65	2.60	2.58	2.57	2.53	2.51	2.46
12	2.69	2.62	2.57	2.54	2.50	2.48	2.47	2.43	2.40	2.35
13	2.60	2.53	2.48	2.46	2.41	2.39	2.38	2.34	2.31	2.26
14	2.53	2.46	2.41	2.39	2.34	2.32	2.31	2.27	2.24	2.19
15	2.48	2.40	2.35	2.33	2.28	2.26	2.25	2.20	2.18	2.12
16	2.42	2.35	2.30	2.28	2.23	2.21	2.19	2.15	2.12	2.07
17	2.38	2.31	2.26	2.23	2.18	2.16	2.15	2.10	2.08	2.02
18	2.34	2.27	2.22	2.19	2.14	2.12	2.11	2.06	2.04	1.98
19	2.31	2.23	2.18	2.16	2.11	2.08	2.07	2.03	2.00	1.94
20	2.28	2.20	2.15	2.12	2.07	2.05	2.04	1.99	1.97	1.91
21	2.25	2.18	2.12	2.10	2.05	2.02	2.01	1.96	1.94	1.88
22	2.23	2.15	2.10	2.07	2.02	2.00	1.98	1.94	1.91	1.85
23	2.20	2.13	2.08	2.05	2.00	1.97	1.96	1.91	1.88	1.82
24	2.18	2.11	2.05	2.03	1.97	1.95	1.94	1.89	1.86	1.80
25	2.16	2.09	2.04	2.01	1.96	1.93	1.92	1.87	1.84	1.78
26	2.15	2.07	2.02	1.99	1.94	1.91	1.90	1.85	1.82	1.76
27	2.13	2.06	2.00	1.97	1.92	1.90	1.88	1.84	1.81	1.74
28	2.12	2.04	1.99	1.96	1.91	1.88	1.87	1.82	1.79	1.73
29	2.10	2.03	1.97	1.94	1.89	1.87	1.85	1.81	1.77	1.71
30	2.09	2.01	1.96	1.93	1.88	1.85	1.84	1.79	1.76	1.70
40	2.00	1.92	1.87	1.84	1.78	1.76	1.74	1.69	1.66	1.59
50	1.95	1.87	1.81	1.78	1.73	1.70	1.69	1.63	1.60	1.52
100	1.85	1.77	1.71	1.68	1.62	1.59	1.57	1.52	1.48	1.39
200	1.80	1.72	1.66	1.62	1.56	1.53	1.52	1.46	1.41	1.32

附录 E　各章案例思考与讨论要点提示

【案例 1-1】　　　　　　　　应届本科毕业生就业状况的调研

1. 要在某高校范围内进行这项调查研究，调查的目的是了解该高校应届本科毕业生的求职与就业状况，因此统计总体应该是该高校所有的应届本科毕业生，该高校的每个应届本科毕业生就是一个总体单位。

2. 需要什么信息是由研究目的和研究对象的性质特点所决定的。这项研究要了解的信息很多，主要应该包括反映应届本科毕业生就业意愿的就业单位的类型、薪酬起点等；反映求职经历的主要困难和障碍、签约状况等；还包括毕业生的性别结构、专业分布、家庭背景等基本特征。具体指标如毕业生的性别比例、各类就业单位比重、签约率等。

3. 根据上述需要，不难明确该项调查研究应该设计哪些标志。如性别、专业、求职途径、是否签约等品质标志，外语成绩和期望工薪等数量标志。

4. 对上述标志经过汇总最终可生成一系列统计指标，如各专业的应届本科毕业生总人数、读研和出国人数、已签约人数等数量指标；应届本科毕业生的平均成绩、性别比例、读研和出国人数比重、要求最低薪酬 3 000 元的应届本科毕业生比重、平均期望工薪、签约率等质量指标。

5. 略。

【案例 1-2】　　　　取得巨大新成就的收官之年——《2015 年统计公报》评读

1. 社会经济统计学的研究对象是社会经济现象的数量特征和数量关系，通过这些数量方面来反映社会经济现象变动的规律性。参见第一章第二节。

2. 数量指标如"国内生产总值 676 708 亿元""全年城镇新增就业 1 312 万人""全年授予境内专利权 157.8 万件"，它们都是用绝对数表示的。质量指标有的是用相对数表示的，如"年末常住人口城镇化率为 56.10%""粮食产量增产 2.4%"等；有的质量指标是用平均数表示的，如"全年全员劳动生产率为 76 978 元/人（以 2010 年价格计算）""全年全国居民人均可支配收入 21 966 元"等。

3. 一个完整的统计指标应包括指标名称、指标数值、空间范围、时间和计量单位等构成因素。值得注意的是，报告中似乎有些指标的要素不齐全，这是分析报告要求简洁而有省略的缘故。例如，整篇报告都是全国的经济情况，所以文中的大多数指标也都省略了"全国"这一空间要素。又如，"2015年，国内生产总值676 708亿元，比2014年增长6.9%"，这句话实际上包括了"2015年国内生产总值676 708亿元"和"2015年国内生产总值比上年增长6.9%"两个指标。所以在阅读和理解分析报告中的统计指标信息时往往不能脱离前后文；反之，在将所计算的统计指标运用到分析报告中时，文字表述既要准确、清晰，又要简洁、明了。

4. 统计指标具有可量性和综合性两个特点。例如，能源利用效率用"万元国内生产总值能耗""万元工业增加值用水量"等可量化概念来反映，进出口商品结构的优化通过"出口总额中高新技术产品比重"等指标来反映。"全年万元国内生产总值能耗比2014年下降5.6%"这一指标是由全国所有常住单位的增加值与能源消耗量分别汇总再对比得出的综合数值。

5. 增速与对应的经济增量结合（这是高水平大总量基础上的增长，与低水平上的高增速不可同日而语）；从世界范围看，6.9%的经济增速仍然是比较快的增速，在全球主要经济体中位居前列。

6. 本文在分析我国结构调整方面的成就时，主要分析了产业结构（第三产业增加值占比）、需求结构（消费需求占GDP比重、投资结构）、城乡结构（人口城镇化率）和区域结构等方面。具体指标此略。

【案例2-1】　　　　　　　××市香烟消费市场调查方案

1. 本次调查是为了加强烟草专卖管理，有计划地组织烟草专卖品的生产和经营，维护消费者利益，所以不仅要从消费环节去了解香烟消费者的现状、需求及消费变化趋势，也要从直接与香烟消费联系的零售环节去了解市场容量、业态结构等状况，但是对消费者和零售商的调查有不同的内容（调查项目）、调查表式和方法等，所以要分别就香烟消费者和零售商进行调查。

2. 这是一个设计得比较周密的调查方案，但调查的标准时间不太明确。此外，完整的调查方案在设计调查内容之后，还应该将调查内容用调查表格或调查问卷的形式恰当地表示出来，以便于调查登记工作的顺利实施，也保障调查数据录入和汇总的方便、可行。

3. 略。

4. 略。

【案例2-2】　　　　　　应届本科毕业生就业状况调查问卷

1. 该调查问卷由说明词、主问卷和个人基本情况等几大部分的内容组成。设计"个人基本情况"的调查项目（问题）的意义在于不仅了解被调查者的基本特征，说明接受调查的对象是否具有广泛的覆盖面和代表性，还可以以该项特征为分组标志对其他调查项目进行分类汇总，从而深入研究不同类别的学生在就业意愿、行为及困难等方面的差异。

2. 该调查问卷中所设计的问题大多是封闭式问题（前 14 道题），也有开放式问题（第 15 和 16 题）。

3. 该调查问卷中设计的问题答案选项既有两项选一（是非选择题）和多项选一的问题，也有可选两项（甚至多项）答案的问题。

有些问题客观上只有一个选择符合实际（如性别、求职现状等），或研究者只需要了解最重要的一个答案，就可以要求被调查者只选择一个答案。

有些问题则要求选择两项甚至多项答案，这是因为每个被调查者对这些答案的选择不是单一的，他可能认为两个甚至多个选项都很重要或差不多同等重要。从研究来讲也需要尽可能全面了解客观实际，否则就会遗漏一些重要的信息。

显然，允许选择两项或多项答案时，调查数据的汇总处理和分析要复杂一些。特别需要注意的是，选择各项答案的频率（选择各个选项的人数占被调查者总数的比重）的总和不再等于 100% 了。

4. 该调查问卷中全部问题的排列顺序比较合理，符合先易后难、先具体后抽象、先封闭式问题后开放式问题等顺序设计原则。

备选答案的表述简洁明了、文字规范；每个问题下备选答案数量都符合问题本身的性质，备选答案的顺序也合理，如 Q13 的重要程度从"很重要"到"很不重要"由高到低分为五个等级，既有一定的区分度，又符合一般的习惯。

5. 这份调查问卷基本上也适合于对全国应届本科毕业生的就业状况调查。

6. 影响网上调查数据质量的因素很多。除了一般统计调查中可能遇到的问题外，网上调查还需注意，提供数据的被调查者对所研究总体是否有足够的代表性。总之，对网上调查数据的分析和应用要持科学、谨慎的态度。

【案例 3-1】　　　　　　　应届本科毕业生就业状况调查数据的整理结果

1. 输入调查问卷的数据时，通常将调查题目按顺序输入各列（对开放式问题可另行处理），每一行输入一个被调查者的答案（一般只需输入相应的数字或字母编号）。对可选两项（多项）答案的问题，可将每个选项都分别看作一个是非问题进行编码和输入。

2. 略。

3. 图 3-11 的数据不能用饼图来显示。因为饼图只适合于各组比重都大于 0 且各组比重总和等于 100% 的场合，而这个问题允许每个被调查者选择两个答案选项，所以各组比重的总和不等于 100%。这类问题一般都用条形图或柱形图来表示各个选项被选择的频数或频率。

4. 对该案例的调查数据进行整理时采用的都是简单分组，即只按一个标志对被调查者进行分组。这种分类方法的局限性是既不能深入研究问题，也不能很好地解释"为什么"，更不能揭示一些复杂的关系。

5. 对本案例的调查数据可以做很多复合分组或交叉分组。如对"求职现状"可以按性别进行分组，这样才能了解男生和女生就业状况的差异；按"是否担任过干部"和"求职的困扰问题"进行交叉分组，分析二者有无相关性；按生源地、专业进行分组来了解不同组别毕业生们在"期望的薪酬起点"这一意愿上有何特征；如此等等。

【案例 4-1】 长三角产业结构转型升级分析

1. 此文中运用最多的是结构相对指标（如三产比重、软化度、贡献度），也运用了比例相对指标（如霍夫曼系数）、比较相对指标（区域间横向对比）、动态相对指标（如增长率）和强度相对指标（如人均地区生产总值）等。

2. "百分点"是两个百分比之差，以 1% 为单位，是用来反映以百分比表示的相对指标变动幅度大小的概念。

3. 区位商又称专门化率，由哈盖特（P. Haggett）首先提出并运用于区位分析中。区位商通常用来衡量某一产业或某种要素在一特定区域的相对集中程度，衡量产业的专业化程度，反映某一区域各产业部门在全国（或更高层次区域中）的优势和劣势。其计算公式为

$$LQ_{ij} = \frac{X_{ij}/\sum_i X_{ij}}{\sum_j X_{ij}/\sum_i \sum_j X_{ij}}$$

式中：LQ_{ij} 表示 j 区域 i 产业的区位商；X_{ij} 代表 j 区域 i 产业的某项指标（一般是产值或增加值、产量、人数等）。例如，X 代表工业产值，LQ_{ij} 的分子代表 j 区域 i 产业的产值 X_{ij} 占该区域工业总产值的比重，LQ_{ij} 的分母则代表全国或全省所有区域 i 产业的产值占全国或全省工业总产值的比重。区位商即是上述两个比重之商。区位商大于 1，可以认为该产业是本地区的一个专业化部门，本地区在全国或全省占有一定比较优势；区位商越大，专业化水平越高，比较优势越明显。

相似系数（Similarity Coefficient）是联合国工发组织国际工业研究中心提出的度量方法，通常用于衡量不同区域的产业结构（或就业结构、消费结构等）的相似程度。相似系数介于 0~1，相似系数等于 1，说明两个区域的产业结构完全相同；相似系数等于 0，说明两个区域的产业结构完全不同。从动态来看，如果相似系数趋于上升则产业结构趋于相同；如果相似系数趋于下降，则产业结构趋异。其计算公式为

$$S_{ij} = \frac{\sum x_i x_j}{\sqrt{\sum x_i^2 x_j^2}}$$

贡献度通常是指总量增长率中各个部分的贡献所占的份额，也称为贡献率，如三次产业对国内生产总值增长率的贡献率，等于各产业增加值的增长量除以 GDP 增长量（ $= \frac{Y_{1i} - Y_{0i}}{GDP_1 - GDP_0}$ ），也等于各产业拉动的百分比除以 GDP 增长率（ $= \frac{Y_{1i} - Y_{0i}}{GDP_0} \div$

$\dfrac{\text{GDP}_1 - \text{GDP}_0}{\text{GDP}_0}$），其中 Y_{1i}、Y_{0i} 分别代表 i 产业报告期和基期的增加值，GDP_1 和 GDP_0 分别

代表报告期和基期的国内生产总值。

4. 略。

5. 略。

【案例 5-1】　　　　　　　　　　投资的收益与风险并存

1. 比较三种类型投资基金收益率水平的高低可使用收益率平均数（平均收益率）。

2. 各类投资基金的风险源于其收益率的波动。若收益率是事先确定的，没有波动，也就没有风险。统计学中的各种变异指标就是衡量变量波动情况的，常用标准差来度量。平均收益率和标准差的计算结果如表 E-1 所示。

表 E-1　平均收益率和标准差的计算结果

项　　目	偏重债券型	中　间　型	偏重股票型
平均收益率/%	5.963	7.645	9.973
标准差	1.286	2.573	5.111

3. 根据收益率标准差的计算结果，收益率波动较小的投资基金是偏重债券型，波动较大的投资基金是偏重股票型。

4. 根据收益率的平均数和标准差的计算结果可以得出一个结论：高收益往往伴随着高风险。

5. 对于一个稳健型的投资者，应建议他购买偏重债券型或中间型投资基金，避免较大的投资风险。

【案例 5-2】　　　　　　　　　　平均数的是与非

1. 略。

2. 每个人的收入总是或多或少与平均水平有差异，按算术平均计算的平均收入受极端值影响较大，少数人特别高的收入会拉高平均收入，致使许多人的收入低于平均收入，平均收入不能很好地代表收入的一般水平，因此许多人会质疑官方公布的平均收入。劳动者收入的分布一般呈右偏分布，即分布曲线的右尾较长。具体地说，就是存在一部分人，虽然人数占比极小，但他们的收入远远高于大多数人的收入水平。在这种情况下，反映收入的一般水平更适宜采用中位数，因为中位数可避免极端值的影响。

3. 一组数据最基本的分布特征体现在两大方面：分布中心（一般水平）和差异程度（变异度）。平均数揭示了数据的分布中心，代表总体各单位标志值的一般水平，但不能说明

总体各单位标志值的差异程度，也不能说明该平均数的代表性好坏。所以正确运用算术平均数还要注意与变异指标结合起来分析。最常用的变异指标是标准差或方差。

4. 要反映定类数据分布的集中趋势，应该采用众数。例如，服装鞋帽生产或销售最多的尺码、款式，观众最喜爱的电视栏目，学生人数最多的专业等都是众数。

5. 例一的平均计划完成百分数 101.67% 和 98.33% 的具体计算分别是：

假设三个厂的计划利润数分别为 100、200、300 万元，求出的利润计划平均完成指标为 101.67%，即

$$(95\% \times 100 + 100\% \times 200 + 105\% \times 300)/(100 + 200 + 300) = 101.67\%$$

若利润数分别为 300、200、100 万元，则平均完成计划数为 98.33%，即

$$(95\% \times 300 + 100\% \times 200 + 105\% \times 100)/(300 + 200 + 100) = 98.33\%。$$

例二的平均工资为 2 150 和 1 850 元的具体计算式如下所示。

假设三个公司的职工人数分别为 200、300、500，求得的平均工资为 2 150 元，即

$$(1\ 500 \times 200 + 2\ 000 \times 300 + 2\ 500 \times 500)/(200 + 300 + 500) = 2\ 150（元）$$

若三个公司的人数分别为 500、300、200，则平均工资为 1850 元，即

$$(1\ 500 \times 500 + 2\ 000 \times 300 + 2\ 500 \times 200)/(500 + 300 + 200) = 1\ 850（元）$$

从上述例子不难归纳出一个结论：计算相对数或平均数的平均水平，一般都需采用加权算术平均法，其权数一般就是该相对数或平均数的分母指标。若掌握了该相对数或平均数的分子指标而未知其分母数据，可采用作为加权算术平均法变形的加权调和平均法，相应地以该相对数或平均数的分子指标为权数。

6. 许多社会经济现象近似服从正态分布，所以"68-95-99.7 规则"（或称"3σ 法则"）在现实工作和生活中有广泛的应用。因为与均值相差 2σ 或 3σ 距离以上的数值在总体中是极少数，分别仅占 5% 和 0.3%，所以这部分数值经常被界定为异常数值。在产品质量管理、人或动物的健康状况诊断等方面都经常使用这一规则。

【案例 6-1】　　　　　　　　　　**对本科毕业生薪酬的抽样估计**

1. 变量数列和绘制直方图如表 E-2 和图 E-1 所示。

表 E-2　本科毕业生薪酬调查数据统计表

薪酬/元	人数/人
5 000 以下	3
5 000～6 000	14
6 000～7 000	12
7 000～8 000	5
8 000 以上	2
合　　计	36

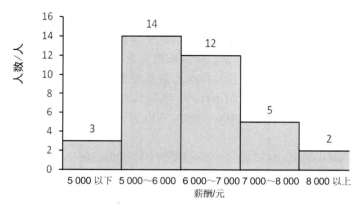

图 E-1　本科毕业生薪酬的直方图

2. 利用 Excel 的"描述统计"工具得到的输出结果如表 E-3 所示。

表 E-3　"描述统计"输出的结果

薪酬/元	
平均	6 005.556
标准误差	152.957
中位数	6 000.000
众数	5 600.000
标准差	917.744
方差	842 253.968
峰度	0.519
偏度	0.753
区域	4 000.000
最小值	4 500.000
最大值	8 500.000
求和	216 200.000
观测数	36.000
置信度（95.0%）	310.520

抽样平均误差为 152.957，置信度为 95%所对应的抽样极限误差为 310.520 元，总体平均薪酬的区间估计下限为 5 695.036 元；上限为 6 316.075 元。

3. 若以 90%的置信度再进行上述估计，抽样平均误差不变，相应的抽样极限误差为 258.432，相应的估计区间为(5 747.123, 6 263.988)元。

若以 99.7%的置信度再进行上述估计，抽样平均误差不变，相应的抽样极限误差为 487.894，相应的估计区间为(5 517.661, 6 493.450)。

可见，若提高抽样估计的置信度，则抽样极限误差会增大，所估计的区间会变宽。

4. 样本中薪酬在 6 000 元以上的毕业生占 52.78%。抽样平均误差为 8.32%，抽样极限误差为 13.69%，总体比重的区间为(39.09%, 66.46%)。

5. 样本中薪酬在 7 000 元以上的毕业生占 19.44%。抽样平均误差为 6.60%，抽样极限误差为 10.85%，总体比重的区间为(8.59%, 30.29%)。

【案例 6-2】　　　　　应该抽取多少居民进行调查

1. 根据月平均消费支出的允许误差要求计算出的必要样本量为 267 人。

2. 根据不满意率的允许误差要求计算的必要样本量：（1）1 537 人；（2）2 401 人。

3. 为了满足就业率和月平均收入的允许误差要求，可以共用一个调查样本，（1）若总体不满意率初步可估计为 20%，则该样本的样本量应为 1 537 人；（2）若以最保险、可靠的原则进行估计，该样本的样本量应为 2 401 人。这样的样本不仅能够满足不满意率推断的要求，也足以符合月平均消费支出推断的要求。

4. 如果要求推断的置信度下降到 90%，必要样本量的计算结果：满足月平均消费支出推断要求的样本量为 189 人；满足不满意率推断要求的样本量为：（1）1 083 人；（2）1 692 人。由上述计算结果的变化可知，其他条件不变的情况下，抽样推断的置信度降低，必要样本量就会减少；反之，抽样推断的置信度越大，必要样本量就越大。

【案例 7-1】　　　　　对本科毕业生薪酬水平的推断

1. （1）适宜单侧检验：原假设 H_0：$\bar{X} \leqslant 5\,500$；备择假设 H_0：$\bar{X} > 5\,500$。

（2）$n = 36$，属大样本，检验统计量近似服从正态分布，即 $Z = 3.305$。

（3）本案例中检验的 P 值=$P\{Z > 3.305\} = 0.000\,475$（可根据原始数据运用函数 ZTEST 来计算，也可根据所求 Z 值再用函数式"=1-NORMSDIST(3.305)"来计算）。

（4）拒绝原假设，可认为该校毕业生首月薪酬的平均水平不低于 5 500 元。

2. 原假设 H_0：$P \leqslant 50\%$；备择假设 H_0：$P > 50\%$。

样本成数 p=样本中薪酬在 6 000 元以上者所占比重=19/36=52.78%。由于 $np = 19$，$n(1-p) = 17$，都大于 5，可近似采用 Z 检验（正态检验），$Z = 0.667$，不能拒绝原假设。

3. 样本中薪酬在 8 000 元以上者所占比重=2/36。由于 $np = 2 < 5$，不符合推断成数时大样本的条件，对相应总体成数的推断不能采用 Z 检验（正态检验）。

【案例 7-2】　　　　　新品种是否值得推广

用下标 1 和 2 分别代表新品种和老品种。需要检验的参数分别是两个总体方差的相等性和均值差。

1. H_0：$\sigma_1^2 = \sigma_2^2$，H_1：$\sigma_1^2 \neq \sigma_2^2$；检验统计量的值为 $F = \dfrac{S*_2^2}{S*_1^2} = \dfrac{87.363\,6}{84.25} = 1.037$。

已知 α=0.05，查 F 分布表得右侧临界值 $F_{0.025}(10,8)$=4.295，由于 F=1.037<4.295，所以不能拒绝原假设，可认为两个品种的总体方差相等，即两个品种产量的稳定性无显著差异。

P 值=2×$P\{F(10,8) \geqslant 1.037\}$=2×0.489 1=0.978 2。$P$ 值>α，故结论同上。

注意，利用 Excel 进行上述检验时，若将方差较大的样本作为变量 1，则检验统计量 F>1，此时 Excel 输出的 P 值为相应的右尾概率；若将方差较小的样本作为变量 1，则 F<1，此时 Excel 输出的 P 值为相应的左尾概率。但对同一资料，上述两种处理的 P 值相同。本例的 Excel 输出结果如图 E-2 所示。

2. H_0：$\overline{X}_1 - \overline{X}_2 \leqslant 0$，$H_1$：$\overline{X}_1 - \overline{X}_2 > 0$。

由于两个总体的方差未知，但上述检验表明可认为二者相等，所以对总体均值差的检验应采用 t 检验。

$$S_W^2 = \frac{(n_1 - 1)S*_1^2 + (n_2 - 1)S*_2^2}{n_1 + n_2 - 2} = \frac{8 \times 84.25 + 10 \times 87.363\,6}{9 + 11 - 2} = 85.979\,8$$

检验统计量：$\quad t = \dfrac{(\overline{x}_1 - \overline{x}_2)}{\sqrt{S_W^2 \left(\dfrac{1}{n_1} + \dfrac{1}{n_2} \right)}} = \dfrac{110 - 102.181\,8}{\sqrt{85.979\,8 \times \left(\dfrac{1}{11} + \dfrac{1}{9} \right)}} = 1.875\,9$

P 值=$P\{t(9+11-2) \geqslant 1.875\,9\}$=0.038 5

已知 α =0.05，临界值 $t_{0.05}(18)$=1.734。所以应拒绝原假设，即可以认为新品种产量比老品种产量提高了。

3. 新品种值得推广

以上的计算可用 Excel 中"数据分析→t 检验：双样本等方差假设"来完成。输出结果如图 E-3 所示。

F-检验 双样本方差分析		
	新品种	老品种
平均	110	102.1818
方差	84.25	87.36364
观测值	9	11
df	8	10
F	0.96436	
P(F<=f) 单尾	0.48908	
F 单尾临界	0.232822	

图 E-2　两品种产量的方差比的检验结果

t-检验：双样本等方差假设		
	新品种	老品种
平均	110	102.1818
方差	84.25	87.36364
观测值	9	11
合并方差	85.9798	
假设平均差	0	
df	18	
t Stat	1.875902	
P(T<=t) 单尾	0.038491	
t 单尾临界	1.734064	
P(T<=t) 双尾	0.076982	
t 双尾临界	2.100922	

图 E-3　两品种产量的均值差的检验结果

【案例 8-1】　　　　　　　　城镇居民收入与消费的关系

1. 可用散点图和相关系数来反映，散点图此处略。相关系数矩阵如表 E-4 所示。

表 E-4　相关系数矩阵

	人均可支配收入	人均消费支出	人均食品烟酒支出	人均居住支出	人均教育文化娱乐支出	食品烟酒支出比重	居住支出比重	教育文化娱乐支出比重
人均可支配收入	1.000							
人均消费支出	0.974	1.000						
人均食品烟酒支出	0.775	0.820	1.000					
人均居住支出	0.968	0.961	0.753	1.000				
人均教育文化娱乐支出	0.854	0.852	0.502	0.824	1.000			
食品烟酒支出比重	−0.357	−0.346	0.234	−0.355	−0.632	1.000		
居住支出比重	0.849	0.793	0.612	0.921	0.657	−0.282	1.000	
教育文化娱乐支出比重	−0.060	−0.103	−0.453	−0.096	0.428	−0.615	−0.122	1.000

人均可支配收入与人均消费支出、人均食品烟酒支出、人均居住支出、人均教育文化娱乐支出等之间的相关关系都是高度的线性正相关关系，其中相关性最强的是人均可支配收入与人均消费支出的相关（相关系数 0.974），相关性较弱的是人均可支配收入与食品烟酒支出的相关（相关系数 0.775）。

2. 人均可支配收入与居住支出比重也是高度正相关，与食品烟酒支出比重、教育文化娱乐支出比重的关系属于负相关，而且相关程度都比较低。

3. 上述变量之间的关系可分别用一元线性回归方程来表达。

4～5. 人均可支配收入 x 与人均消费支出 y 的回归方程为：$\hat{y}=179.491+0.687x$。回归系数 0.687 表示：人均支配收入每增加 1 元，人均消费支出平均增加 0.687 元。$R^2=0.948$，回归估计标准误差为 1 237.767 元，检验的 P 值为 "3.66E-20"，该回归方程非常显著，拟合效果较好。

人均可支配收入 x 与人均食品烟酒支出 y 的回归方程为：$\hat{y}=1\ 986.411+0.141x$。回归系数 0.141 表示：人均可支配收入每增加 1 元，人均食品烟酒支出平均增加 0.141 元。$R^2=0.601$，回归估计标准误差为 883.537 元，检验的 P 值为 "3.09E-7"，该回归方程显著，拟合效果较好。

人均可支配收入 x 与人均居住支出 y 的回归方程为：$\hat{y}=-3\ 713.66+0.275x$。回归系数 0.275 表示：人均可支配收入每增加 1 元，人均居住支出平均增加 0.275 元。$R^2=0.938$，回归估计标准误差为 545.893 元，检验的 P 值为 "5.09E-19"，该回归方程非常显著，拟合效果很好。

人均可支配收入 x 与人均教育文化娱乐支出 y 的回归方程为：$\hat{y}=116.3+0.072x$。回归系数 0.072 表示：人均收入每增加 1 元，人均教育文化娱乐支出平均增加 0.072 元。$R^2=0.73$，回归估计标准误差为 337.094 元，检验的 P 值为 "9.665E-10"，该回归方程显著，拟合效果较好。

人均可支配收入 x 与人均食品烟酒支出比重 y 的回归方程为：$\hat{y}=36.123-0.000\ 196x$。回归系数 -0.000 196 表示：人均收入每增加 1 000 元，人均食品烟酒支出比重平均下降 0.196

个百分点。该回归方程虽也能通过显著性检验，检验的 P 值为 "0.049"，但是拟合效果很差，R^2=0.127，回归估计标准误差为 3.941。

人均可支配收入 x 与人均居住支出比重 y 的回归方程为：$\hat{y}$=9.246+0.000 396x。回归系数 0.000 396 表示：人均可支配收入每增加 1 000 元，人均居住支出比重平均上升 0.396 个百分点。检验的 P 值为 "1.541E-09"，但是拟合效果很差，R^2=0.721，回归估计标准误差为 1.895。

6. 略。

【案例 9-1】 四川省水力发电量的变动特征

1. 利用 Excel 绘制的四川省 2012—2016 年各月水力发电量的折线图，如图 E-4 所示。

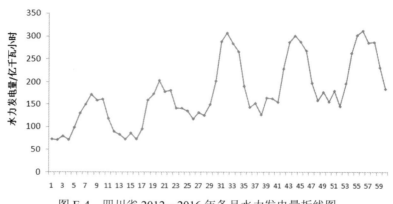

图 E-4　四川省 2012—2016 年各月水力发电量折线图

2. 从折线图中可看出，四川省 2012—2016 年各月水力发电量时间序列的构成因素明显包括长期趋势、季节变动和不规则变动。

3. 四川省 2012—2016 年各年度水力发电量及其有关动态分析指标如表 E-5 所示。

表 E-5　各年度四川省水力发电量及其有关动态分析指标

指　　标	年　　份				
	2012	2013	2014	2015	2016
水力发电量/亿千瓦小时	1 372.17	1 587.18	2 337.65	2 488.64	2 721.75
逐期增长量/亿千瓦小时	—	215.01	750.47	150.99	233.11
累计增长量/亿千瓦小时	—	215.01	965.48	1 116.47	1 349.58
环比发展速度/%	—	115.67	147.28	106.46	109.37
定基发展速度/%	100	115.67	170.36	181.37	198.35
环比增长速度/%	—	15.67	47.28	6.46	9.37
定基增长速度/%	—	15.67	70.36	81.37	98.35

年平均增长量 337.395 亿千瓦小时；年平均发展速度 118.68%；平均增长速度为 18.68%。增长速度超过一般水平的年份只有 2014 年。

年水力发电量的长期趋势可用线性模型去拟合（因为此处的年份不多，不适合拟合曲线）。线性趋势方程为

$$\hat{y} = 1\,021 + 360t$$

$R^2=0.934$。可预测 2017 年和 2018 年的水力发电量分别为 3 181 亿千瓦小时和 3 541 亿千瓦小时。

4. 对本例中的月度数据计算同比增长速度，可消除季节变动的影响，观察水力发电量变化的长期趋势变动程度；环比增长速度可观察水力发电量的逐期增长变动程度，其中有季节性因素的影响，也有趋势变动的影响。

5. 因为此时间序列有增长趋势，故适宜采用趋势剔除法。采用移动平均趋势剔除法计算各月季节比率的计算结果如图 E-5 所示。

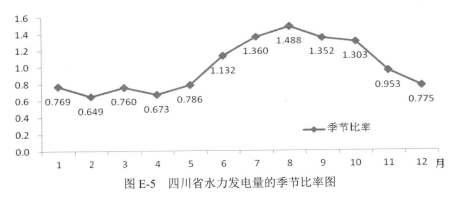

图 E-5　四川省水力发电量的季节比率图

6. 可先预测年度收入总额，再根据季节比率分解出各月的预测值；也可以先按季节指数对月度收入序列进行季节调整，根据调整后的序列建立趋势方程来预测各月的趋势值，再分别乘以相应季节指数即得各月的保费收入预测值。

【案例 10-1】　解读 2015 年的价格水平的变化及其影响

1. 指数-100%=增减率。2015 年全国居民消费价格环比总指数是 101.4%，交通和通信消费价格环比指数是 98.3%。

2. "全国居民消费价格指数"等于表中八个大类消费价格指数的加权算术平均数。2015 年我国居民消费价格变化程度受食品类价格变化的影响最大，这是因为在我国居民消费总支出中食品消费支出所占比重最大。居民消费价格指数是以消费支出来加权的。食品类本身的价格上升幅度较大，因此导致我国居民消费价格总水平出现较大幅度的上涨。

3. "全国居民消费价格指数"包括消费品价格和服务类消费价格，而"商品零售价格指数"只反映社会商品零售价格的变动，不包括服务类。分城乡计算居民消费价格指数，是因为我国城乡居民消费结构有较大差异，分别计算才能真实地反映价格变动对城乡居民生活的影响。

4. 将两个根据实际价格计算的价值量指标进行对比减去 100%所得到的增长率称为名义增长率，它包含了价格和物量两个因素变动的影响；"扣除价格因素，实际增长……"就是剔除了价格变化的影响，仅反映物量因素的增长。

$$(100\%+名义增长率) = (100\%+实际增长率)×相应价格指数$$

因此，本例中，全社会固定资产投资实际增长率为

$(100\%+9.8\%)/$固定资产投资价格指数$-100\%=109.8\%/(100\%-1.8\%)-100\%= 11.8\%$

5. 研究城乡居民收入水平变化时，名义收入增长率可以反映居民现实的消费能力和购买能力的变化等，实际增长率能够更准确地反映居民生活水平的实际提高程度。关于中位数的运用，参见案例 5-2。

6. 这里仅列出对 2015 年与 2014 年相比全社会固定资产投资总额的变动情况进行因素分析的有关指数及其联系，中间的具体计算过程和分析说明略。

指数体系： 109.8%=111.8%×98.2%

绝对数体系： 50 160.29=60 397.09-10 236.79（亿元）

【案例 10-2】　　　　公司净资产收益率变动的因素分析

1. 净资产属于时点指标，每个企业各年度的平均净资产应根据掌握的时点序列来计算。本例每年只有年初（即上年末）、年末两个时点的数值，所以取这两个数值的简单算术平均。其假定条件是净资产数量从年初到年末的变动是均匀的，通常计算结果只是实际平均水平的近似反映。如果有更多时点的数据，所计算的平均净资产就会更符合实际。

2. 净资产收益率最高的是 A 企业，最低的是 D 企业。

3. 计算这四个企业 2016 年的总平均净资产收益率应该采用加权算术平均法，以各企业 2016 年平均净资产为权数（f）对各企业 2016 年净资产收益率（x）求平均。读者不妨自己从计算式得出结论：全公司的净资产收益率就等于这四个企业的总平均净资产收益率。

4. 2016 年全公司净资产收益率为 11.42%，比 2015 年的 11.819%下降 0.399 个百分点，其中由于各企业净资产收益率下降，其下降了 1.272 个百分点，但由于公司净资产结构的变化，其上升了 0.873 个百分点。有关的指数体系为

$$96.63\%=89.98\%×107.39\%$$

$$-0.399=-1.272+0.873（\%）$$

5. 因为全公司净利润总额=年平均净资产×净资产收益率，所以，全公司净利润总额指数（111.49%）=年平均净资产指数（115.38%）×净资产收益率指数（96.63%）。

净利润增加额（17.04 亿元）=净资产变化的影响额（22.81 亿元）+净资产收益率变化的影响额（-5.77 亿元）。

其中，净资产变化的影响额=(1 447.5-1 254.5)×11.819%=22.81（亿元）

净资产收益率变化的影响额=(11.42%-11.819%)×1 447.5=-5.77（亿元）

由于调整资产结构而带来的收益=(12.692%-11.819%)×1447.5

$$=0.873\%×1\ 447.5=12.64（亿元）$$

6. 略。

参 考 文 献

[1] 袁卫，庞皓，曾五一，等. 统计学[M]. 第 2 版. 北京：高等教育出版社，2000.

[2] 曾五一，肖红叶. 统计学导论[M]. 北京：科学出版社，2007.

[3] 向蓉美，王青华. 统计学导论[M]. 成都：西南财经大学出版社，2008.

[4] 贾俊平. 统计学[M]. 第 2 版. 北京：清华大学出版社，2006.

[5] 向蓉美，王青华. 统计学[M]. 成都：西南财经大学出版社，2011.

[6] 黄良文. 统计学原理[M]. 北京：中国统计出版社，2008.

[7] 王一夫. 新中国统计史稿[M]. 北京：中国统计出版社，1986.

[8] 戴维·R. 安德森，等. 商务与经济统计[M]. 张建华，等，译. 北京：机械工业出版社，2000.